NHK BOOKS
1256

壱人両名
——江戸日本の知られざる二重身分

owaki hidekazu
尾脇秀和

NHK出版

目次

第四章　こちらで百姓、あちらで町人――村と町をまたぐ両人別　131

校　閲　山本則子
ＤＴＰ　㈲緑舎

序章

二つの名前をもつ男

一人で二人

公家《くげ》の正親町三条《おおぎまちさんじょう》家に仕える大島数馬《おおしまかずま》と、京都近郊の村に住む百姓《ひゃくしょう》の利左衛門《りざえもん》。

二人は名前も身分も違うが、実は同一人物である。

それは、生《なま》のイカが干物《ひもの》のスルメになるように、時間の経過や環境の変化で、名前と身分が変わったのではない。彼は大小二本の刀を腰に帯びる、「帯刀《たいとう》」した姿の公家侍《くげざむらい》「大島数馬」であると同時に、村では野良着を着て農作業に従事する、ごく普通の百姓「利左衛門」でもあった。いわば一人の人間が、ある時は武士、ある時は百姓という、二つの身分と名前を使い分けていたのである。

江戸時代、彼のように、二つの名前と身分を使い分ける存在形態を「壱人両名《いちにんりょうめい》」と呼んだ。その言葉の原義は、〝一人で両《ふた》つの名前を同時に持っている〟という意味である。これが大島数馬＝《イコール》利左衛門だけの、異様で特殊な形態ならば、ここで話はおしまいだろう。

しかし江戸時代中期以降、様々な壱人両名が、江戸や京都などの都市部から地方の村に至るまで、あちこちに存在していたことが確認できるのである。

壱人両名の世界

伊勢国《いせのくに》の、とある村の百姓彦兵衛《ひこべえ》は、別の村では百姓仁左衛門《にざえもん》でもあった。武蔵国《むさしのくに》の、とある村に住む神職村上式部《むらかみしきぶ》は、その村の百姓四郎兵衛《しろべえ》でもあった。近江国《おうみのくに》大津の町人木屋作十郎《きやさくじゅうろう》は、別の村では百姓清七《せいしち》でもあった。陸奥《むつ》盛岡藩士の奈良伝右衛門《ならでんえもん》は、同藩領の富商・佐藤屋庄六《さとうやしょうろく》でもあった。幕府の御家人である河野勇太郎《ゆうたろう》の父河野善次郎《ぜんじろう》は、江戸の町の借家で商売を営む町人の善六《ぜんろく》でもあった——などなど。少し例を挙げてみても、兼ねる身分も存在する地域も様々である。各自に個別の事情があるのは当然だが、壱人両名の状態そのものは、いずれも共通している。

くどいようだが、彼らは、子供の留吉《とめきち》が成人して正右衛門《しょうえもん》に改名したというような、時間の経過などによって名前や身分が変化・移行したのではない。ある時は佐藤屋庄六でありつつ、またある時は奈良伝右衛門でもある——といったように、一人で二つの名前と身分を、同時に保持して使い分けていたのである。

それは、商家《しょうか》の店先で帳面《ちょうめん》を前に算盤《そろばん》をはじいている町人（写真序－1）が、別の日には帯刀した「士《し》」、いわゆる武士・士分《しぶん》の姿（写真序－2）になって出勤する——そんな光景であった。この「商」の姿の時と「士」の姿の時とでは、本人の立ち居振る舞いも周囲の対応も違ってくる。江戸時代中期以降、このような光景は現実にしばしば見受けられるようになっていくが（第二章）、それは一人の人間が全くの別人として、一人二役を演じているようにも見える。

　彼らは一体、何なのか。どうして、そんなことをしているのか。

　江戸時代は、身分秩序の厳格な時代だといわれる。武士と百姓・町人は、判然と区別された身分で、しかも世襲で固定されていた——という、近代以降に形作られた、現代人のイメージもあ

写真 序-1　「商」の姿
出典：『大全消息往来』（江戸時代後期刊）

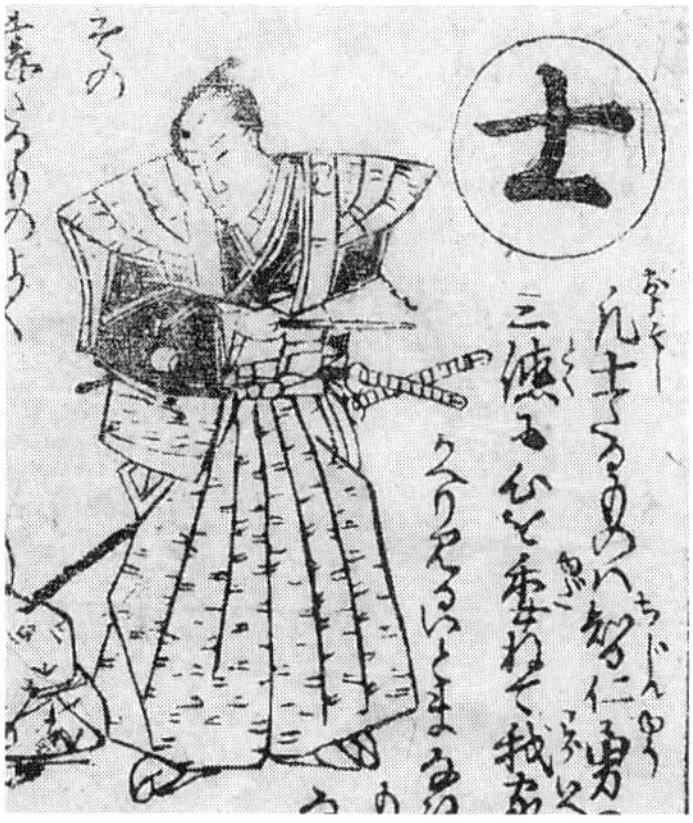

写真 序-2　「士」の姿
服装を整え、妻に見送られて出勤する姿。裃（かみしも）を着て脇差を差し、左手に刀、右手に扇子を持っている。外では刀も腰に差し、“二本差し”になることが「士」の証しであった。
出典：『消息往来』（文久２年〔1862〕刊）

る。これに基づくと、「士」であると同時に「商」でもあるなんて、絶対に〝いるはずのない〟存在である。だが現実には、それは広範に存在していた。壱人両名の存在は、幕府の公的な記録でも、百姓・町人らの私的な記録でも、どうしたって覆《くつがえ》しようのない明白な事実として確認できてしまうのである。

いつの時代も世の中は、原則や、綺麗ごとや、建前《たてまえ》だけでは成り立たない。どんな物事にも本音と建前がある。表と裏がある。融通を利かせたやり方がある。表だけ、建前だけを見たのなら、江戸時代は身分が厳格に固定されていて流動性に乏しい——確かにそんな姿しか見えてこない。だが本音と建前、表と裏の両方を見た時、壱人両名のような存在が、全く否定しようのない事実として浮かびあがってくる。

壱人両名は、なぜ、存在したのか。本書に登場する数多《あまた》の壱人両名の男たちは、誰もが知っている、名のある歴史上の人物ではない。いわば〝名もなき者〟たちである。だがそんな彼らの壱人両名というあり方に注目した時、長い期間、変わらなかったように見える江戸時代の社会、とりわけ身分の固定とか世襲とかいわれているものの、本当の姿が見えてくる。

丈右衛門という男

寛政十年（一七九八）、壱人両名にかかわる、ある男をめぐる事件が起こった。それは伊勢国多気《たき》郡《ぐん》馬之上村《うまのうえむら》の九郎兵衛《くろべえ》ほか二名が、「同郡斎宮《さいくう》村の丈右衛門《じょうえもん》ほか十五名が勝手に木を伐採した」と訴え出たのがきっかけであった（『祠曹雑識』）。

馬之上村は志摩《しま》鳥羽《とば》城主稲垣信濃守《しなののかみ》の領分《りょうぶん》（いわゆる鳥羽藩領）であり、斎宮村は伊勢神領、すなわち伊勢神宮の領地であった。このように支配領主が異なる百姓同士の争いは幕府が裁くことになっていたから、九郎兵衛たちも幕府の最高司法機関である江戸の評定所《ひょうじょうしょ》に訴え出た。評定所は九郎兵衛らの訴状を受理して、関係者に出廷の日を通知する召喚状を遣《つか》わした。評定所の御《お》白洲《しらす》で両者の言い分を聞く「対決」を行うためである。

対決の当日、評定所には「藤波殿《ふじなみどの》の家来、永嶋《ながしま》丈右衛門」と名乗る侍がやって来た。藤波家とは伊勢神宮の祭主《さいしゅ》を世襲した京都の公家である。百姓だと思って呼び出した丈右衛門は、その藤波家の家来「永嶋丈右衛門」という公家侍だったのである。

ところが訴訟人である九郎兵衛たちは、侍の姿でやって来た彼に対し、大いに異を唱えた。「そいつは伊勢街道沿いに住んで商いを営んでいる泉屋《いずみや》丈右衛門だ」と。

評定所は百姓丈右衛門を呼び出したのである。しかしやって来た本人は藤波家の家来永嶋丈右衛門と名乗った。一方訴訟人は彼を泉屋丈右衛門だという。百姓同士の訴訟・対決のはずだったのに、これではわけがわからない。御白洲では身分によって着席する場所も決まっている。百姓なのか武士なのかがわからなければ座る場所すら指示できない。困惑した評定所は、とりあえず対決の延期を宣言せざるを得なかった。

「両属ノ者」

人違いで、別の丈右衛門さんがやって来たのか。それとも丈右衛門が身分を詐称しているのか。あるいは九郎兵衛たちが嘘をついているのか。

この時、丈右衛門の身分について誰一人、嘘などついてはいない。彼は確かに百姓丈右衛門であり、泉屋丈右衛門でもあり、そして永嶋丈右衛門なのであった。

丈右衛門の住む斎宮村は、伊勢参りの人々で賑わう伊勢街道が村内を通っていた。そのため、村の百姓たちには街道沿いで商業を営む者があり、丈右衛門もその一人であった。江戸時代の「百姓」とは、村に属して年貢を納入している者などを指す言葉であって、農業専従者もいれば、農商兼業、あるいは商売だけ行う者など、その生業は様々であった。領主はそれらをすべて「百姓」として支配している。ゆえに旅籠屋《はたごや》でも小間物屋《こまものや》でも、商売上、泉屋とか山田屋とか屋号を私称しても、領主の支配が及ぶ「百姓」身分である事実に何の変わりもない。「泉屋丈右衛門」という呼称は、百姓丈右衛門に含有される私的な側面であって、領主が彼を「百姓」として支配する上では、何の支障もない話であった。

ここで問題になっているのは、彼が領主の支配する百姓「丈右衛門」なのか、領主の手出しできない藤波家家来「永嶋丈右衛門」なのか、つまり「士」なのか、一般百姓・町人などの「庶」

（庶民）なのか、この二つのうちどちらなのか、という点なのであった。

なお、この時代において、資力と社会的地位とは直接の関係がない。桁外れの大金持ちでも、その日暮らしの貧乏人でも、領主などの支配側から、同様に一般の百姓や町人身分だと把握されていれば、御白洲では一律に砂利《じゃり》の上に着座させられる。

しかし、「永嶋丈右衛門」は違う。士である「永嶋丈右衛門」なら、評定所はその対応を、庶民とはまるっきり変えねばならない。士分以上が御白洲に出る場合は、砂利ではなく、上椽《うわえん》や下《した》椽《えん》といわれる縁側《えんがわ》に座ることになっている（白洲の座席については第六章で述べる）。もし今回の対決で、彼が藤波家家来「永嶋丈右衛門」として評定所から扱われれば、丈右衛門だけが縁側に座って、訴え出た九郎兵衛たちは砂利に座る。その状態で、互いの意見を戦わせることになる。

九郎兵衛たちにとって、それは単に面白くないというだけの話ではない。永嶋丈右衛門の主人である藤波家は、伊勢にゆかりの深い公家である。その家来という身分を前面に出されたら、当然、この訴訟に忖度《そんたく》が働くことも憂慮せねばならなくなる。九郎兵衛たちが声を荒げて、「そいつは泉屋丈右衛門だ」とわざわざ主張したのは、あくまでこの訴訟を、〝百姓同士の争い〟として進めたかったからであった。

いずれにせよ評定所からすれば、なんとも厄介な男を呼び出してしまったことになる。事件を記録した評定所の役人は、丈右衛門のことをこう表現している。

「農商ニテ士ヲ帯《たい》スル両属ノ者」、と。

どちらでもあるのなら……

藤波家家来「永嶋丈右衛門」と百姓「丈右衛門」は、紛《まご》うことなき同一人物である。藤波家の家来でありつつ伊勢神領の百姓でもあるという「両属」である。冒頭の写真序－1の姿と、写真序－2の姿を使い分けた、まさに実例ともいえる存在であった。

但《ただ》し、こんな状態自体は別にそれほど特殊なものではない。同様の存在はざらに見られるからである。このとき評定所も、彼の「両属」の存在形態そのものに驚いたり、問題視したりは全くしていない。評定所が戸惑ったのは、〝今回この訴訟の場において彼をどう扱うか〟――という一点だけなのである。

士と庶では身分が違う。同じようには扱えない。それが江戸時代における社会の秩序であり、建前である。だが、同じように扱えない身分を、丈右衛門は両方持っている。その事実も否定できない。ならば、どうしたらいいのか？

評定所は、丈右衛門を最終的にどう扱ったか。それは本書の第六章で述べることにしたい。江戸時代の人々は、この時代の理屈によって、きちんと〝解答〟を出している。

江戸時代の社会秩序

江戸時代の身分は、本人が変えたくても変えることはできない——。一般には、いまだにそんなイメージがあるらしい。そのイメージを代表する言葉として「士農工商」がある。近代以降、ピラミッド型の固定された〝身分制度〟を示すものとして使われた言葉である。この言葉自体は江戸時代にも存在するが、その意味は、今とはまるっきり違うものであった。

江戸時代、一般庶民にとっての「士農工商」という言葉は、社会を構成する「諸職《しょしょく》」——世の中を構成している諸々の様々な職種——の総称であり、この四種類しか身分・職種がないとか、あるいは士・農・工・商という四段階の階級序列だとかいう意味はない（写真序－3、序－4）。世の中は、政治をする人、食糧生産に従事する人、服を作る人、物を交易する人……様々な職種の存在によって成り立っている。政治もして、米も野菜も作り、魚も獲《と》って、服も作る、なんてことを一人でこなすことはできない。だから、ある程度の文明が形成された社会では、分業によって社会が構成され、人はその社会の一員として、果たすべき役割を担うようになる。江戸時代における「士農工商」とは、そのような社会的分業と、それによる人々の差異を当然あるべき状態とする前提のもと、一般には肯定的な意味で使われていた言葉なのである。

江戸時代の人々は、このような社会的分業意識に基づいて、現在自分が受け持つ役割に精勤し、その役割を次代に継承させていけば、現状通り社会は安定し、自分も、家も、国も繁栄し続ける

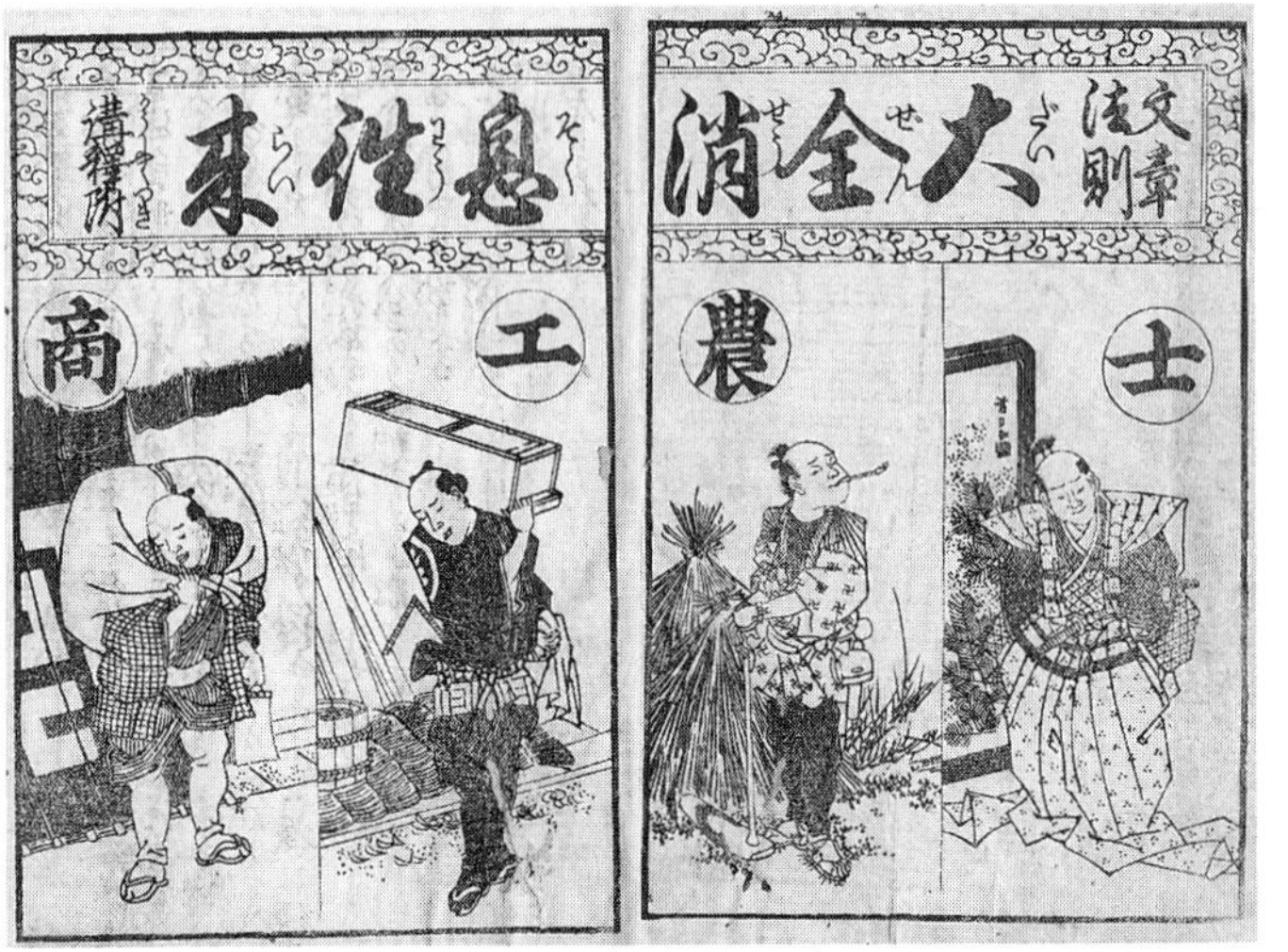

写真 序-3　「士農工商」という「諸職」

『消息往来』は手紙に使う文字を学習するための手習い手本で、江戸時代に刊行されて広く用いられた。同書では巻頭の挿絵に「士農工商」のイメージ図が添えられることが慣例のようになっている。「農」はイメージしやすいのか、田植え姿の女性が描かれている例も多く（右）、いろいろなバリエーションがあるが、いずれも社会的分業における各職種のイメージ図である。いわゆる“ピラミッド型”とか、四段階の階級のように図示されることはない。

出典：上『文章法則大全消息往来』（江戸時代後期刊）

右『大全消息往来』（江戸時代後期刊）

——そのような価値観を持っていた。ゆえに江戸時代は「各身分の生業に専念することを肯定する社会」（水本［二〇〇八・二〇一三］）ともいわれるのである。

その社会の安定には、各自がその役割を果たす上での、秩序も必要不可欠となる。特に治者と被治者（士と庶）、君臣・父子・夫婦・兄弟《けいてい》・長幼など、その人の社会的立場に基づく「上下の差別《しゃべつ》」も重視された（近代以前、「差別」という語は、通例サベツではなくシャベツと訓じることが多い）。上位者は下位者への慈愛、下位者は上位者への敬意を求められ、その逸脱はあるまじき行為とされる社会である。ゆえにそれぞれが、その地位・役割に相応《ふさわ》しい行動と務めを果たす「分相応《ぶんそうおう》」の生き方が美徳とされた。江戸時代の社会は、人には差《たが》いと別《わか》ちがあることを大前

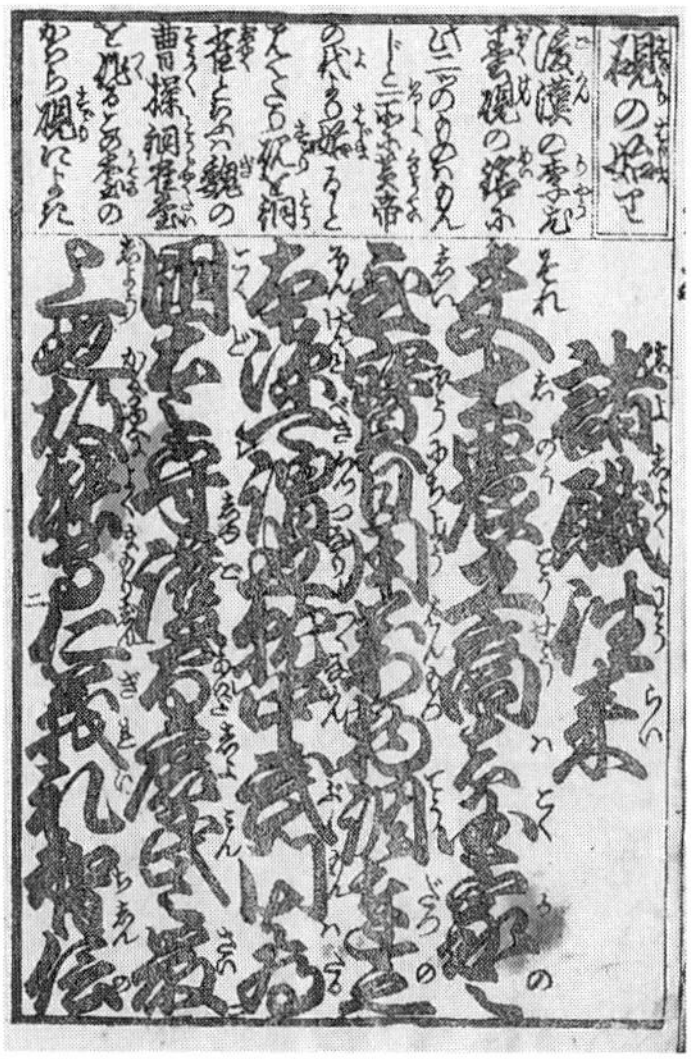

写真 序-4 『諸職往来』

『消息往来』や『諸職往来』は、往来物（おうらいもの）と呼ばれる出版物の一種。必要な文字の読み書きを習う手習いの教本として、民間で様々なものが刊行された。往来物は、士庶一般の子供が広く使用しており、自ずから教養の基礎となった。

『諸職往来』は「夫（それ）士農工商は国家の至宝、日用萬（万）物調達の本源」だという、諸職の存在を社会の根本とする一文で始まる。ここでは士を、農工商とともに社会を構成する「諸職」のうち「庶民之最上」として説明するが、士・農・工・商が四段階の階級で、固定されているかのような近代以降の意味は、やはりここでも説かれていない。

出典：『新版増補 諸職往来』（嘉永３年刊）

提として、それを肯定した上に成り立っていた社会である。

それは、個人の自由や平等の尊重を標榜《ひょうぼう》する現代社会の価値観とは、大きく異なっている。だが昔と今、どちらがいいとか悪いとかいう話ではない。現代人の価値観や考え方も、人間が到達した史上最高の、今後永久に変化しない判断基準ではない以上、過去の時代を考えるとき、現代の価値観でその是非を断じるべきではない。江戸時代は、「近現代社会とは異なる価値観や仕組み」（水本［二〇一三］）で成り立ち、人々はそれを当然として生きていたのである。それを忘れないようにせねばならない。

言葉に留意するということ

言葉は生きものである。「士農工商」にせよ、当時使われていた言葉が、のちの時代にはすっかり別の意味を帯びて使われることがある。例えば「自由」という言葉も、今では主に肯定的な意味で使用されることが多いが、江戸時代の「自由」という言葉は、「自分勝手」や「我儘《わがまま》」という語とほぼ同じ意味でのみ使用され、極めて否定的な意味しかなかった。

また現代社会での「差別《さべつ》」という言葉は、理不尽で不当な扱いを受ける、絶対的な悪としての意味で使われるが、江戸時代の「差別《しゃべつ》」とは、〝太陽と月は違う〟とか〝犬と猫は違う〟とかいうような、当たり前の物事の差異や区別を意味する言葉であった。なおかつ前述の社会的分業と

「分相応」の意識と相まって、「差別《しゃべつ》」は社会を安定させる秩序そのものでもあり、ほとんど肯定的な意味でしか使われていなかった。

「百姓」という言葉も、江戸時代と現代語の意味合いが、かなり異なっている。江戸時代の百姓たちは自ら「何々村　百姓何兵衛」などと名乗る。彼ら自身の署名などでも「百姓」という語は、町人の「何々屋」という屋号のように、名前の一部のような使われ方をすることも多い。「百姓」たち自身は、「百姓」という身分やその肩書に全く負のイメージを抱いていない。一方、現代の「百姓」という言葉は、時に田舎者を馬鹿にするような使われ方さえされることもあり、いわゆる〝差別《さべつ》〟的な表現とみなされることすらあるが、それは近現代以降の価値観に基づいて生じた、ごく新しい意味・イメージでしかない。

江戸時代と現代とで、字面《じづら》も訓《よ》みも全く同じ言葉が使われていたとしても、その意味が同じでないことも多い。ゆえに過去の史料に見える言葉を、現代社会の語感や意味で読みとらないよう、十分注意せねばならない。検討する時代において、その言葉がどのような意味で使われていたか。その当時の価値観や社会構造に即して、その時代における意味を正確に踏まえる作業が、歴史学の研究においては、考察の前提として重要なのである（青山［二〇〇〇・二〇〇六］）。本書第一章では、現代語にもあって江戸時代にもある「支配」や「身分」、あるいは「名前」という用語の意味が現在とは異なることを説明することになるが、それは、このような理由からである。

“名もなき者”たちは何を語るか

現代人から見ると、壱人両名の状態は奇妙で面白く見える。名前だけでは別人だが実は同一人物――。ある時は武士、またある時は町人だなんて、事実は小説よりも奇なり、という感じがする。だが彼らは、別に他人を面白がらせようと思って、そんなことをしているのではない。そこにはどんな理由があったのか。壱人両名を考えることは、江戸時代はどんな社会だったかを明らかにする、一つの視点ともなるのである。

なお壱人両名という言葉は、江戸時代の史料（いわゆる古文書や古典作品など）に見られる、江戸時代の人々が使用したナマの表現である。同義語として「壱人弐《に》名《めい》」「一躰《いったい》(体)両名《りょうめい》」「一身《いっしん》両名」などがある。「壱」（正字体「壹」）と「一」とは全くの別の漢字だが、古来通用されるので、「一人両名」などの表記も当然混用される（「弐《に》」も同様）。但し江戸時代の崩《くず》し字では、数値の表記でも「壱」を一般的に使用し、幕府の文書でも「壱人両名」の表記が多い。筆者は、最も代表的な表記であった「壱人両名」を、これらを総称する学術用語として使用している。よって本書でも壱人両名と表記するが、史料引用の場合は、その史料上の表記のままに引用して示すことにする。

ちなみに壱人両名という言葉は今ではすっかり死語で、一般の辞典には載っていない。しかし

『日本国語大辞典』（第二版）という、現在日本最大規模の辞典ともなると、「一人両名」という項目で、「一人で二つの名を持っていること」という意味がちゃんと載っている。筆者が一人両名ではなく壱人両名という表記を使うのは、明治初年以降、江戸時代とは違う意味を帯びて使用されていくことを踏まえて（第七章）、それと区別しておきたいという意図もある。

さて、これから始まる本書の主人公たちは、百姓六右衛門《ろくえもん》とか、松屋加兵衛《まつやかへえ》とか、山中主殿《やまなかとのも》とか、時代劇でも脇役・端役でしかないような〝名もなき者〟たちである。そんな彼らの織りなす壱人両名の様々な事例から、江戸時代の社会と、そこに生きた人々の実像を見ていくことにしよう。

本書は、一般書としての読みやすさを考慮し、次の処理を行っている。

史料は基本的に現代語訳・要約として示したが、一部重要な文言は原文を引用した。但しこの場合も、書き下しなどの処理を適宜行っている。また仮名遣いも、一部改めた箇所がある。

（例）「壱人ニ而両名」→「壱人にて両名」、「民籍を不脱」→「民籍を脱せず」、「衛士職ニおゐてハ」→「衛士職においては」

第一章
名前と支配と身分なるもの

一　百姓は自分の名前をどう書くか？

百姓たちの名前

むかしむかし、大瀬《おおぜ》村というところに、百姓の治左衛門《じざえもん》が住んでいました――と、昔話が始まっても、現代人は何となくイメージして、一応最後まで聞くことができる。しかし壱人両名を理解する場合、この〝何となく〟では、いずれ行き詰まってしまう。現代社会とは違う、江戸時代の社会の仕組みや人の「名前」について、いくつかの大前提を押さえておかねばならない。

　江戸時代のことは、通常「将軍がいて、大名がいて……」と、上から順に説明されるのが一般的だが、ここでは逆に、百姓個人の立場から話を始めたい。まず百姓自身は、自分の名前をどの

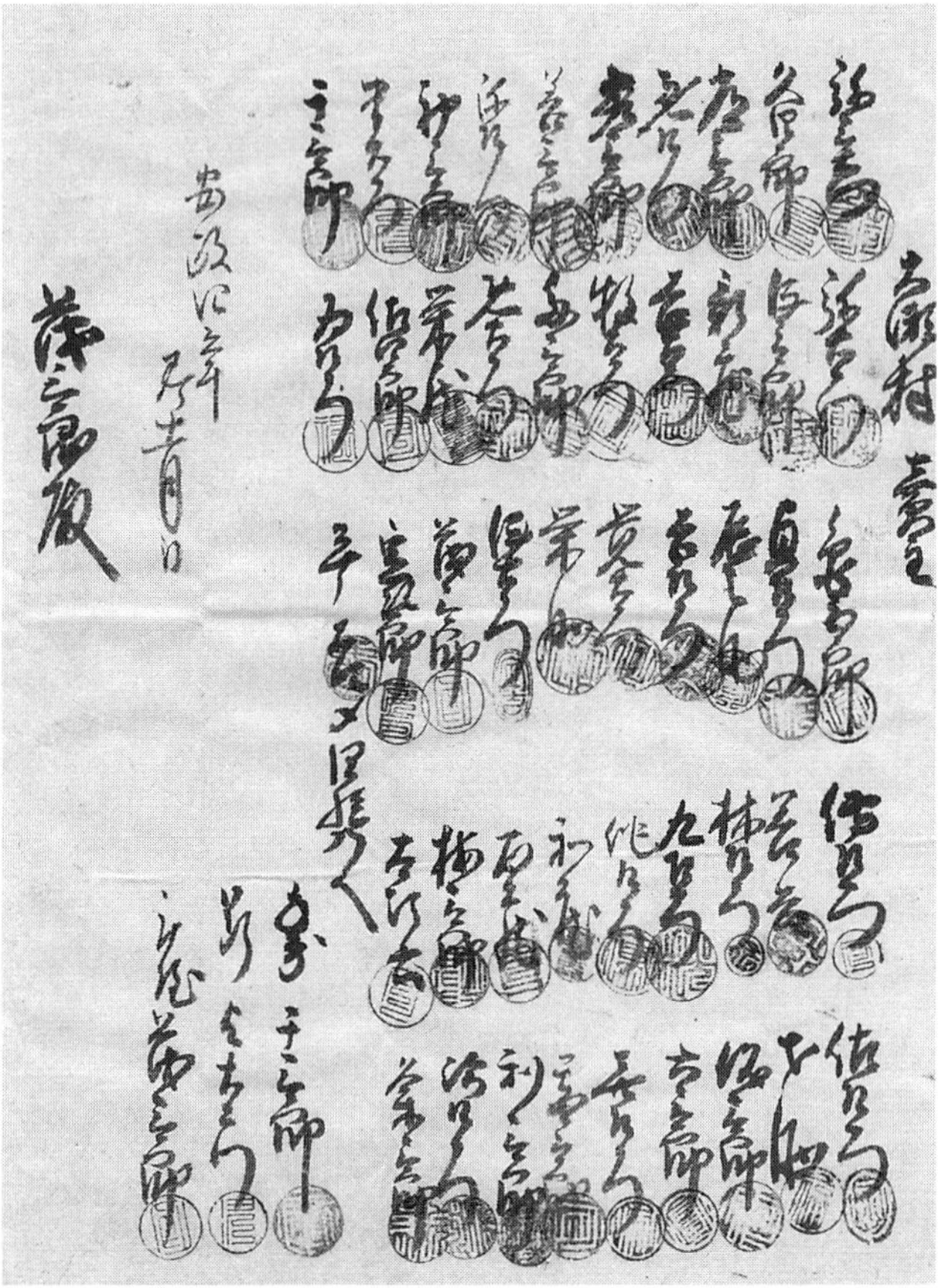

写真 1-1　百姓たちの連名・連印

証文の宛先の「茂三郎殿」は、差出人の 1 人である庄屋茂三郎その人である。彼は売主 48 人の中にも記名・捺印がある。この証文は、村の「惣持分」（共有地）を、庄屋茂三郎の名前にしてから他村の者に売却する、中継的な手続きのために作成されたものらしい。これだけの人数が差出人として連名・捺印するのは、証文としては、やや異例なものに属する。ちなみに、本文・名前、すべて同筆跡であるのは、通常、証文作成は記名まで一人の人間が書き、各人は自分の名前の箇所に実印を押していくためである。

出典：安政 4 年 11 月「永代売渡申田地之事」（部分。以下写真 1-3 まですべて個人蔵）

ように書き、そこにどんな肩書を付けたか。これを話の起点とする。

安政四年（一八五七）十一月、伯耆国河村郡《ほうきのくにかわむら》大瀬村で、村の土地の売買契約が結ばれた。その証文の末尾が、写真1－1である。差出人は「大瀬村　売主《うりぬし》」という肩書を負う、弥三右衛門《やざえもん》以下四十八名である。その後ろに、庄屋茂三郎《もさぶろう》、年寄千三郎《せんざぶろう》・与右衛門《よえもん》という、村役人と呼ばれる、村の百姓の代表者が、村の土地を管理する立場から名を連ねている。

ここで見てほしいのは、このズラリと記された名前とその実印である。ここには弥右衛門《やえもん》、亀五郎《かめごろう》、伝左衛門《でんざえもん》……善吉《ぜんきち》、才助《さいすけ》、常三郎《つねさぶろう》、新蔵《しんぞう》……などなど、ごく普通の百姓の、色々な名前が記されている。彼らは歴史上の有名な人物たちではなく、いわば〝名もなき者〟たちといえようが、当然ながら人間にはこうやって、ちゃんと名前がある。その名前の下に各自が実印を押すことで、公的な場面でも効力を持つものともなる。それは現代人に戸籍に登録された氏名があって役所に登録した実印がある、という関係と、とりあえず同じようなものと理解しておいてよい。

大瀬村の治左衛門

次の写真1－2は、安政三年（一八五六）二月、大瀬村の治左衛門《じざえもん》が、隣の本泉村《もといずみ》の千蔵《せんぞう》に土地を売った時の証文である。差出人は「売主　大瀬村　治左衛門」、宛先は「本泉村　千蔵殿」である。写真1－1の証文は売り手も買い手も大瀬村の百姓で、売買が村内で完結していたが、

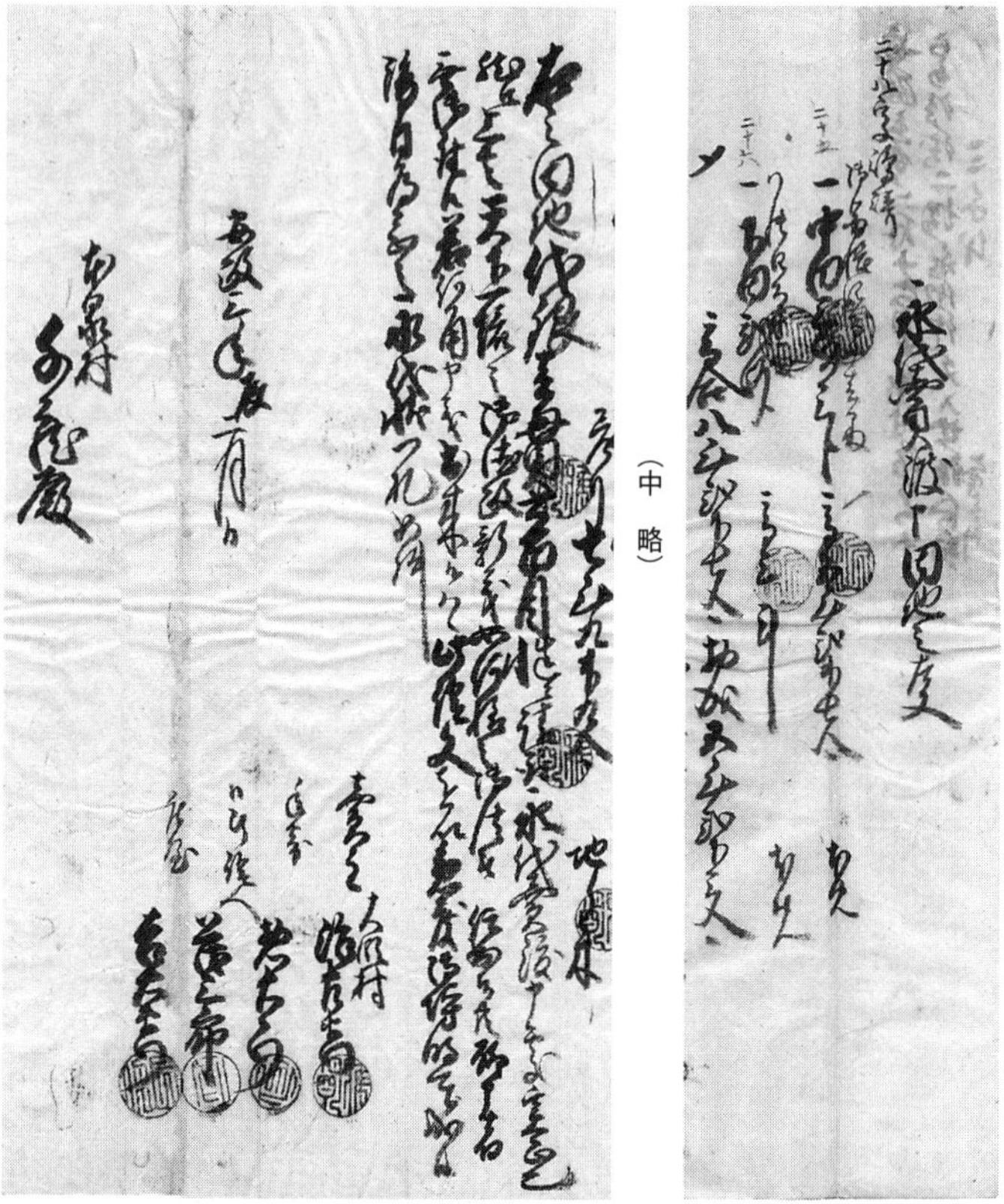

写真 1-2　大瀬村治左衛門田地売渡証文

売主１名に証人や庄屋・年寄２､３人が名を連ねた、標準的な売買証文の事例。一番右端が「売主　大瀬村　治左衛門」で、「年寄　惣右衛門」「同断　証人　茂三郎」「庄屋　吉右衛門」と続く。ちなみにこの４人は、写真 1-1 の証文でも同名同印で確認できる。この村の庄屋・年寄は輪番であるので、写真 1-1 で庄屋となっていた茂三郎は、この年には年寄役である。なお、本文中の土地の面積や金額の記載箇所には売主や庄屋が押印するのが通例で、前半の土地面積・高の箇所に庄屋吉右衛門、後半の金額の箇所に治左衛門が捺印している。

出典：安政３年２月「永代売渡申田地之事」（部分）

こちらは売り手と買い手が違う村の百姓なので、お互いの名前に村名を肩書として記している。

このような村名＋名前は、現代社会での住所＋氏名の表記と似ているが、その意味は全く異なる。「大瀬村　治左衛門」とは、治左衛門が単にその村に居住しているという意味ではなく、大瀬村という社会集団に所属していることを意味しているのである。江戸時代は、町や村をはじめとする、何かしらの社会集団に所属することが、社会の成員たりうる要件であった。年貢の賦《ふ》課《か》・納入も、個人の訴訟も、必ず村などの社会集団を通じてのみ行われるからである。名前の肩書は、対外的にその人物の所属、つまり社会的身分を示すために記すものである。まずはこの重要な点を、確実に押さえておいてほしい。

支配と肩書

更《さら》にその所属を正確に伝える場合、肩書に「伯耆国河村郡大瀬村　治左衛門」と国・郡名も加えていくが、江戸時代には、国・郡・村といった地理的区画とは別に、大名の領地や幕府の直轄地などが設定されていた。例えば大名領の場合、領主を主人とする家中《かちゅう》（武士の家臣団）が行政を担う社会集団として存在し、百姓が所属する村という社会集団は、その支配（管轄・統治）下にある。ゆえに百姓も、その所属する村が誰の支配する村なのか、その情報も必要に応じて肩書に明記する。実際にどのように書いたか、見てみよう。

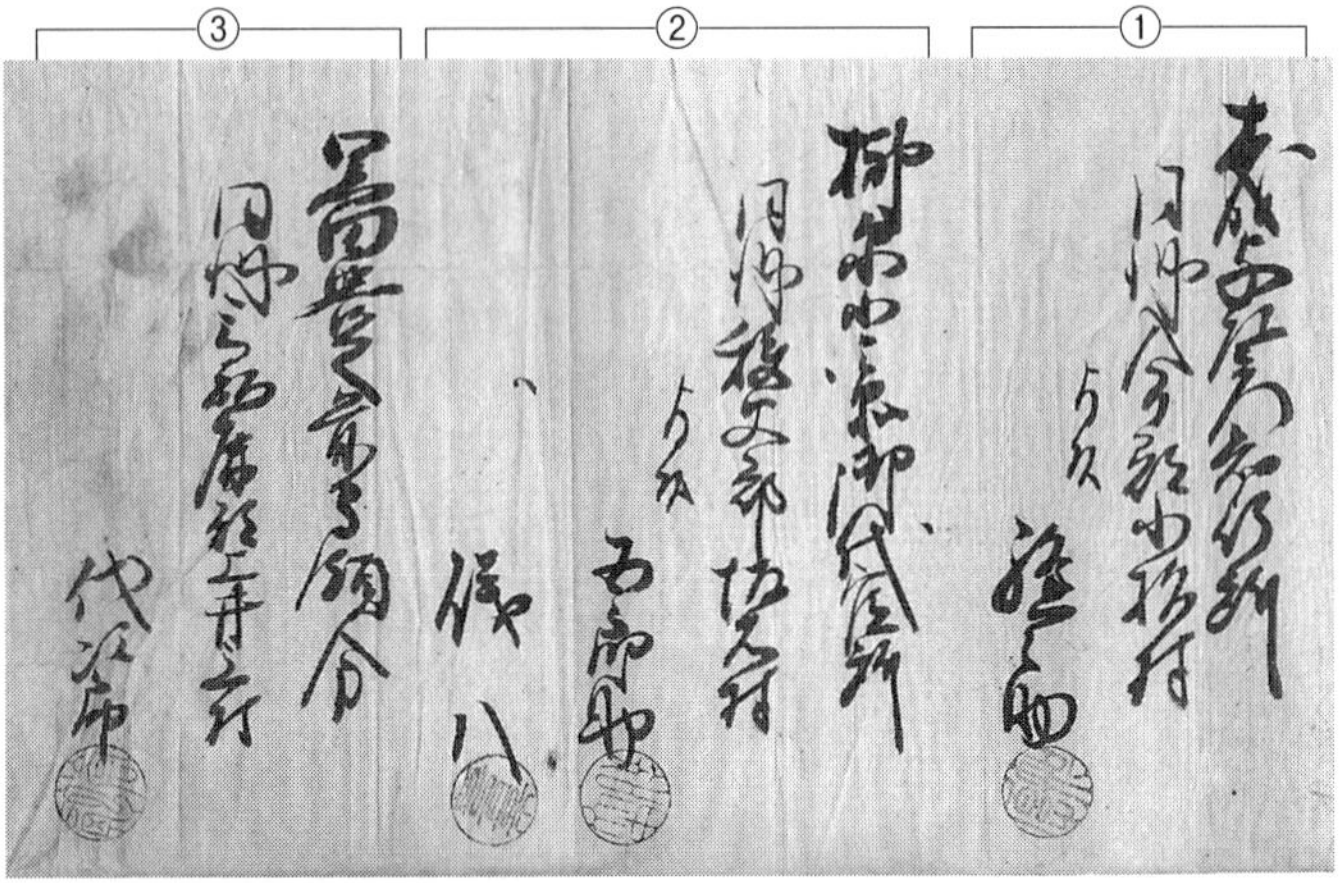

写真 1-3　支配を明記した肩書
出典：享和３年８月「差出申済口証文之事」（部分）

享和三年（一八〇三）八月、武蔵国入間《いるま》郡黒山村の入会地《いりあいち》（複数の村の共有地）をめぐる訴訟の示談が成立した。この時、訴訟の調停者（「曖《あつか》人《いにん》」という）であった他村の四人は、訴訟になった土地の領主の一人である、旗本島田庄五郎宛ての証文において、写真1－3のように記名・捺印している。①―③の番号を付けたので、これを一つずつ見ていこう。なお以下で「同州」と書いてあるのは、前半に訴訟人たちが「武州《ぶしゅう》入間郡黒山村」の肩書で記名したのを受けたもので、これと同じ州、つまり武州（武蔵国）を指している（江戸時代、国名は江州《ごうしゅう》〔近江国〕、城州《じょうしゅう》〔山城国〕などと、〇州と表記するのも一般的であった）。

①「森与左衛門知行所《もりよざえもんちぎょうしょ》　同州入間郡小杉村　与《くみ》頭《がしら》　縫之助《ぬいのすけ》」。これは小杉村が、森与左衛門という旗本の領地で、縫之助が与頭であることを示す。

このように旗本領は「〇〇知行所」、または「〇

○知行」と表記する。なお与頭は、名主《なぬし》とともに百姓を代表する村役人のことで、名主の補佐役である。

②「榊原小兵衛《さかきばらこへえ》御代官所《おだいかんしょ》　同州秩父郡坂石村　与頭　五郎助《ごろすけ》、同　儀八《ぎはち》」。これは坂石村が、代官榊原小兵衛の管轄する幕府直轄領で、五郎助・儀八がその与頭であることを示す。幕府領の場合は、このように管轄する代官の名前を書く。この「御代官所」とは、役所（建物）ではなく、代官の管轄領域のことを意味し、「御支配所《ごしはいじょ》」と表記することも多い。

③「黒田《くろだ》豊前守《ぶぜんのかみ》領分《りょうぶん》　同州高麗《こま》郡上井上村《かみいのうえ》　代次郎《だいじろう》」。これは上井上村が黒田豊前守という大名の領地で、代次郎がその村の百姓であることを示す（現役の名主や与頭ではないが、恐らく村役人経験者であろう）。黒田豊前守領分とは、現代人にわかりやすい表現でいえば、久留里《くるり》城主黒田豊前守の領地、つまり〝久留里藩領〟のことであるが、江戸時代において、通常「藩」なる表現を、こうした公的書面で用いることはない。大名領のことは、自他ともに、必ず「○○領分」と表記した。なお公家領は「○○家領」、寺社は「○○寺領」「○○社領」、御三卿《ごさんきょう》は「○○領知」と表記するなど、領主の種類によって明確な差異がある。

なお幕府の諸法令では、領分の主《あるじ》を「領主」、知行所の主を「地頭《じとう》」などと呼び分けるが、今日の学術研究では、これらをいずれも領主と呼んでいる。なお、どうしてもわかりにくくなってしまうため、本書でも藩主や何々藩という言い方を適宜使用する。

さて①―③のように、百姓側自らが表記している、このような肩書と名前が、彼ら自身が自覚して表明する、自らの社会的身分と名前なのである。百姓は村という集団に属し、村は領主などの支配に属する。江戸時代は、この「支配」関係を基礎とする社会である。だがこの「支配」という用語には、十分注意せねばならない。

「支配」の語感

「支配」は、江戸時代の重要なキーワードである。現代語の「支配」は、強者が相手の意思を踏みにじって思い通りにする、束縛、抑圧、コントロール……。そのような醜悪な意味で使われる。しかし江戸時代の「支配」には、まだそんな意味がなかった。

一般的な国語辞典で「支配」を引いてみてほしい。その意味は、①仕事を配分し、指図し、とりしまること。②物を分け与えること。分配すること。③統治すること。④ある者が自分の意思・命令で他の人の思考・行為に規定・束縛を加えること。そのものの在り方を左右するほどの、強い影響力を持つこと。——などと書いてある（『広辞苑』第六版）。

「支配」という言葉の元来の意味は、〝分配すること〟である（『日本国語大事典』第二版）。慶長八年（一六〇三）刊の『日葡辞書《にっぽじしょ》』でも、「支配」は「物を割り当て分配すること、あるいは、いろいろな人へ食糧などを分配すること」という意味しか書いていない。「支配」はこの原義から、上位の者から配分された仕事や領域、更には、分配されたそれらを管轄・統治することを意味するようになり、江戸時代には専らこの意味で使用された。

今日一般的になっている④の意味は、近代以降の発生で、実はかなり新しい。江戸時代の「支配」は、現代語の「管轄」などの言葉に置き換えると、概《おおむ》ね当時の意味合いに合致する。ちなみに先ほど触れた代官の「支配所」という表現を、江戸時代に広く普及していた、『節用集《せつようしゅう》』と呼ばれる字引で引いてみると、その同義語として、「管内《かんない》」と書いてある（文久四年〔一八六四〕刊『永代節用無尽蔵』）。江戸時代の人間にとっての「支配」という言葉の意味は、現代人のイメージする「支配」の語感と、よほど違っている。まず現代人の語感を捨てなければ、江戸時代の人々のいう「支配」が、全く理解できなくなってしまう。

領地のイメージ

江戸時代の日本は、徳川将軍が大名ら領主に領地を配分（宛行《あてがい》）して保証・承認（安堵《あんど》）する文書を与えることで、各領主にその支配（管轄）を委ねる、という形式を踏んでいた。「公儀《こうぎ》」（いわば全国を支配する権力）としての徳川幕府による全国統治は、この将軍の宛行・安堵のもと、各領主による支配が行われることで成立していたのである。

現代人の抱く一般的な江戸時代の領地のイメージは、恐らく実態とかなり違っている。江戸時代の日本は「ここから先が永井日向守《ながいひゅうがのかみ》様の御領分（大名領、いわゆる高槻藩領）で、ここからは御代官の小堀数馬《こぼりかずま》様の御支配所（幕府領）だ」などというように、領地が一定の地理的領域を限り、いわば日本列島の白地図に、各領地を色鉛筆で色分けできるような形では存在していない、ということを押さえておきたい。

将軍が大名に領地を宛行《あてが》う時の文書には、「武蔵国埼玉郡……（郡名五つ中略）……の六つの郡のうち七万三千九十四石余、相模国《さがみのくに》御浦《うら》郡のうち千百五石余……（中略）……以上を合計した八万石を宛行う」（武蔵忍《おし》城主阿部氏の事例）などと、おおよそのことだけが書いてあり、その詳細な村名などは、一緒に渡される領知目録《りょうちもくろく》と呼ばれるリストに書いて大名に渡された。そこに書かれた村と石高《こくだか》が、その大名の「領分」である。それは「八万石」という石高に該当する村を、将軍が大名に与えたものである。領主の支配する領分とは、このように将軍が石高を以て分配したものであるから、必ずしも一カ所の一定領域に固まっているとは限らない。もちろん大大名となれば、「何国何郡一円《いちえん》」という表現で、国や郡といった一定領域をまるごと宛行われ、結果的に国境と領分の境界線が一致する部分もある。しかしそんな大大名でも、「一円」から遠く離れた地域の村も「領分」の一部として与えられている例が少なくない。例えば仙台城主伊達氏の領分（いわゆる仙台藩六十二万石）のうち二万石余は、仙台からは遥かに隔たった、近江国や常陸《ひたち》国《くに》などの村々に散在している（大大名の場合は歴史的経緯も関係している）。

先に出てきた黒田豊前守領分（大名領）・森与左衛門知行所（旗本領）・榊原小兵衛代官所（幕府代官支配所）を例に、領主らと村との支配関係を図示してみた（図1-1）。江戸時代の領地と

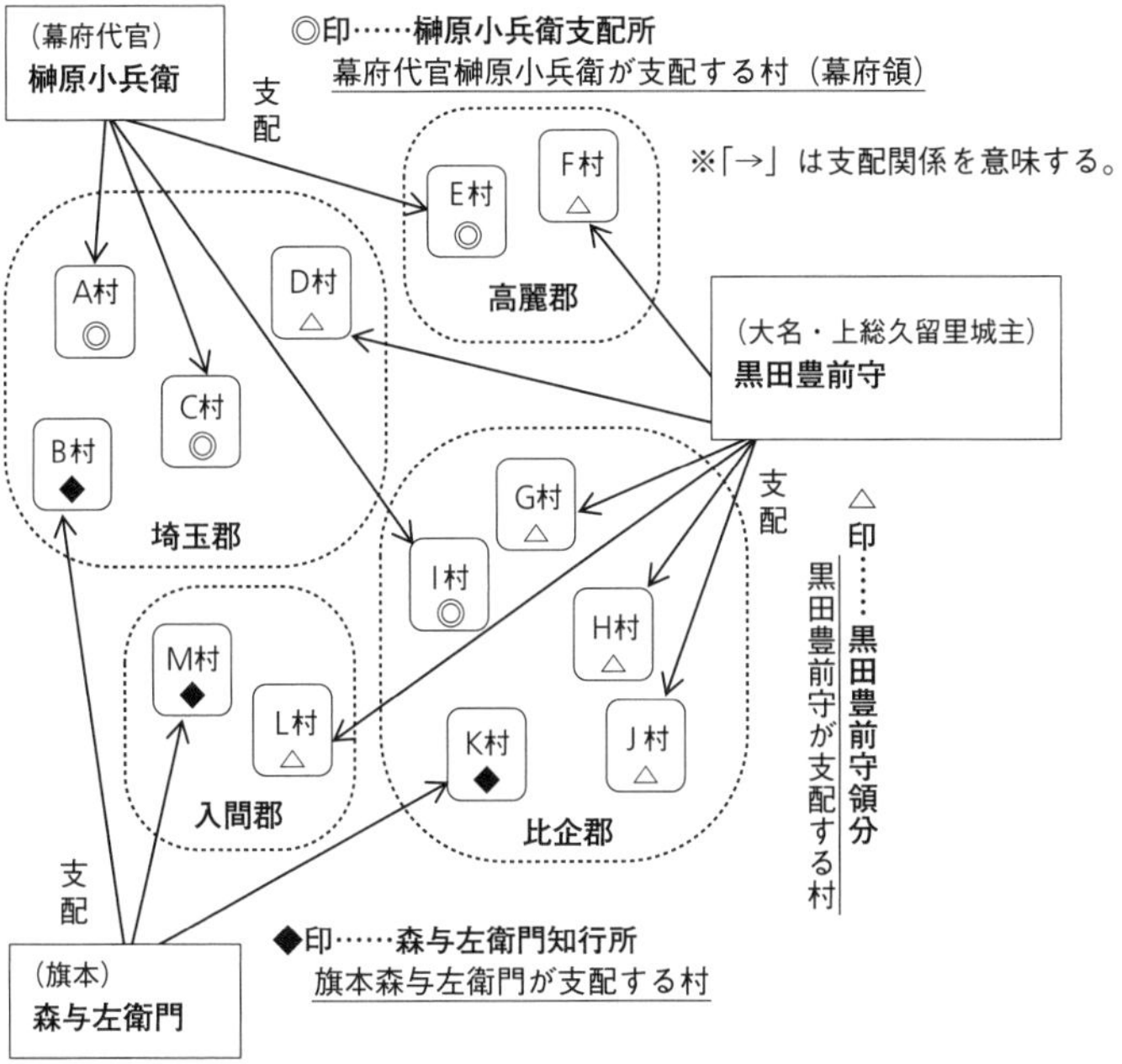

図 1-1　領主らによる村の支配（武蔵国をもとにした架空の例示）

註：実際の郡村の位置や村数を示した図ではない。また実際のこの地域には、かなり多くの「相給」が含まれるが、本図では概念の説明上これを省略している。相給については、第三章で解説する。

は、このように村とその石高を単位にして支配が宛行われているから、同じ郡内にも色々な支配が入り乱れて存在する。更に一つの村が複数の領主に支配されている「相《あい》給《きゅう》」も多い（第三章）。

　大名らの領地や幕府直轄領などは、地図上に線を引いたりして、一定領域を区切って設定されたものではないから、国・郡・村の名前だけでは、誰の支配かわからない。そのため江戸時代の百姓は、自分の属する村が誰の支配か、肩書として明記する必要も出てくるのである。

支配と支配違

江戸時代の行政は、領主などの「支配」ごとに行われた。以下では説明の都合上、幕府や領主など支配（管轄・統治）を行う大名家中などの集団・組織を示す場合は、「支配」とカッコ付きで表記・総称して、話を進めていきたい。

この各「支配」は、その支配領域・対象のみを管轄し、支配外に対しては、ほとんど何もなしえない。例えば大名A領分の百姓と、大名B領分の百姓が訴訟で争う場合、大名Aも大名Bも、単独でこれを裁くことはできない。殺人、窃盗の場合も同じである。大名Aは、捕まえた殺人犯が大名Bの領民なら、これを自分だけで処罰することもできない。自分の領分以外、つまり「他《た》領《りょう》他《た》支《し》配《はい》」に関係する事件は、大名から幕府老中に伺い出て、幕府評定所で吟味・判決を下すのが原則であった。もっとも煩《はん》瑣《さ》な手続きと負担を伴うため、内々に関係大名間で連絡を取りあって処理することもあるが、その場合も各支配を尊重して連絡することが必須であった。

このように「支配」が異なることを「支《し》配《はい》違《ちがい》」といった。先の図1－1でいえば、◎・△・◆印の村はそれぞれの「支配」を示しており、各村それぞれが「支配違」の関係にある。江戸時代は、いわば各「支配」の縄張り意識、あるいは各「支配」の頑《かたくな》なまでの縦割り行政が、かなり徹底している社会である。この現代とは異なる大前提も押さえておいてほしい。

二　評定所は人の名前をどう書くか？

「支配」側による名前の書き方

前節では百姓自身の署名を見たが、次に「支配」（幕府や領主など支配する側）が、百姓や町人の名前と肩書を、どのように記載したかという点から見ていきたい。幕府評定所や遠国《おんごく》奉行《ぶぎょう》（京都町奉行・大坂町奉行など）は「公儀」として、「支配違」の事件を扱う機関でもある。そのため評定所の判決文などに記される百姓の名前と肩書は、地名の前に「支配」の名を明記するのを当然とした（写真1－4）。

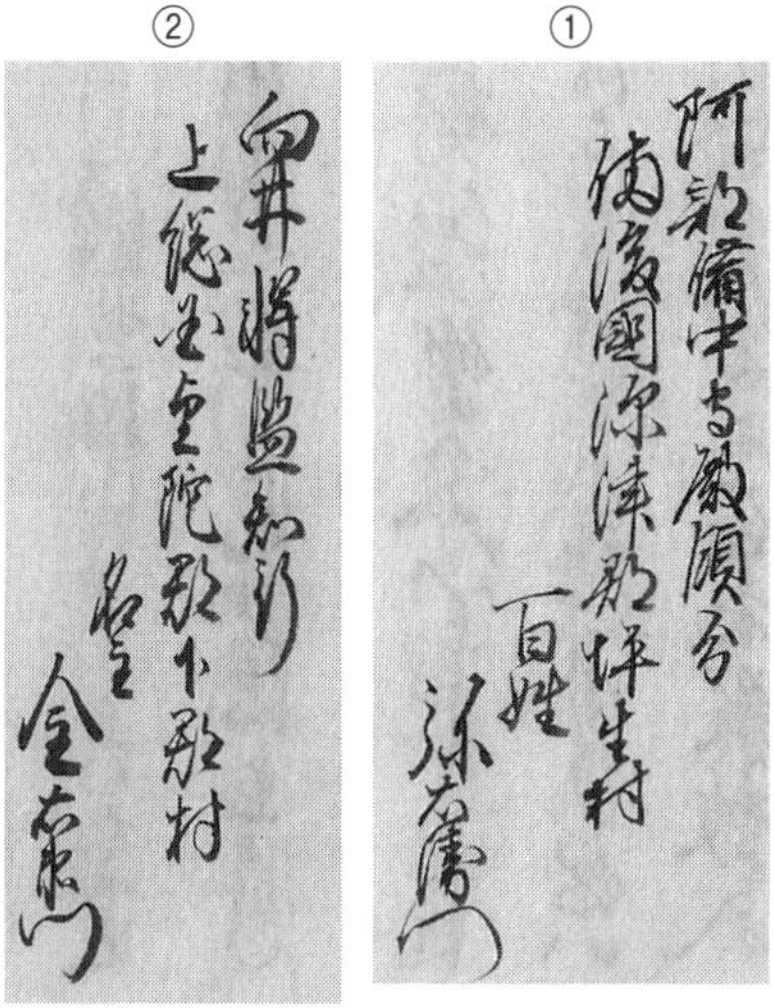

写真 1-4　評定所での肩書・名前表記の例
出典：『御仕置例類集』（国立国会図書館所蔵）

それは例えば①「阿部備中守殿領分　備後《びんごの》国《くに》深津郡坪生《つぼう》村　百姓　弥右衛門」、②「向井将監《しょうげん》知行　上総国望陀《かずさのくにもうだ》郡下郡《しもごおり》村　名主　金右衛門」などのように、先に百姓自身が書いていたのと同様の書式であった。評定所にとって重要な情報は、吟味対象がどこの村のどういう者か、更に誰の支配に属するのか、という点だったからである。

坪生村が阿部備中守領分である、ということくらいは、評定所にある帳面でも確認できるだろう。だが目の前の男が、「弥右衛門」という名前の「坪生村　百姓」だと、どうやって、確認・証明するのか。評定所は、この名前と肩書を、何を根拠にして記載しているのだろうか。

人別による証明

例えば江戸町奉行所で捕まった窃盗犯が、「何村の甚兵衛《じんべえ》だ」と供述したとしよう。町奉行は、領主など「支配」系統を介して、容疑者甚兵衛の身分を村にまで問い合わせる。問い合わせを受けた村役人は「甚兵衛は、確かに当村人別の者であります」とか、「甚兵衛は何年間に出奔《しゅっぽん》しており、人別から除外されています」などと、必ず「人別《にんべつ》」に言及して、返答するのを常とした。つまり自称「何村の甚兵衛」が、本当に「何村の甚兵衛」であるか否か（何村に所属しているか否か）は、人別の記載情報の如何によって、確認・証明されたのである。

人別とは、「宗門人別改帳《しゅうもんにんべつあらためちょう》」とか、「宗門改帳」とか呼ばれるものの略称・総称である。本来は、キリスト教禁圧の目的で行われた宗門改の帳面であるが、村の住民の名前を書き上げるので、江戸時代中期以降、次第に庶民の名前と身分を登録・公証する、戸籍的な役割を果たすようになっていった（詳細は後述。ここでは原則を押さえておいてほしい）。

写真1―5は、安政六年（一八五九）の越後国魚沼郡《えちごのくにうおぬま》木落《きおとし》村（桑名《くわな》城主松平《まつだいら》越中守《えっちゅうのかみ》領分。いわゆる桑名藩領）の宗門改帳である。拡大部分は、この村の百姓である庄左衛門《しょうざえもん》（二十六歳）の一家の記載部分である。庄左衛門には、女房《にょうぼう》（二十四歳）・弟庄八（二十五歳）、妹やと（十九歳）の三人が、その家族として書き上げられている。この三人は、庄左衛門という当主との関係を通して村に所属している。当主の庄左衛門は内容を確認し、自身の名前と合計人数の箇所に実印を押している。檀那寺《だんなでら》である浄土真宗西永寺《さいえいじ》も捺印して、庄左衛門一家が自身の寺の檀那（旦那と書くことも多い）であること、つまり切支丹《きりしたん》ではないことを証明している。

このような宗門改帳は毎年提出が原則で、これも木落村の庄屋佐忠太《さちゅうた》と組頭五左衛門《ござえもん》が、大肝《おおきも》煎《いり》酒井忠之助《ちゅうのすけ》・同見習酒井荘之助《しょうのすけ》の四人を加えた連名で、例年通り代官所（桑名藩領の代官所）に提出している。表紙を含め四十丁（八十頁）ほどの冊子に、百姓の軒数八十四軒・四百七十二人余を書き上げてある。ちなみにこの宗門改帳をよく見ると、本来、寺院が書くべき文言部分も含め、すべて村役人一人による同一の筆跡である。西永寺などの寺院は、村で作成されたこの帳面に、形式的に印を押しているに過ぎず、本来の宗門改としての役割は全く形骸化している。

本来の用途が形骸化した一方、人別が百姓の名前を登録し、身分を公証するといういわば戸籍のような役割を担うようになったのは、それが「支配」ごとに作成・提出されたからである（第

（見開き）

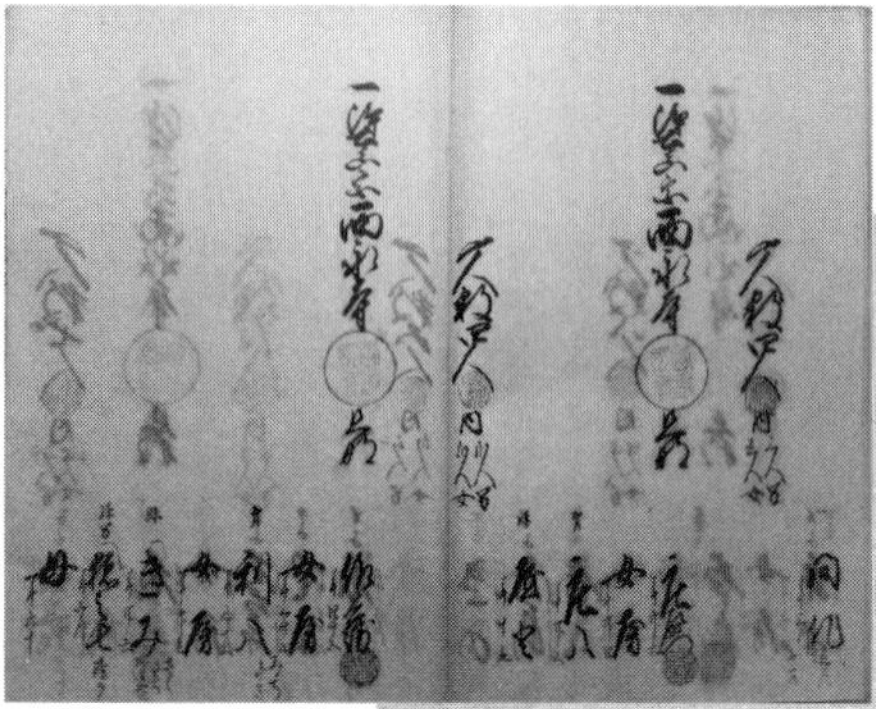

（部分拡大）

「一、浄土真宗西永寺㊞旦那」とあるのが、西永寺の印。

「庄左衛門」以下、「女房」、「弟　庄八」、「妹　やと」の名前とともに、「年廿六（にじゅうろく）」「年十九」などと現年齢も記載している。庄左衛門の印は、本人の名前の下と、合計人数を記した「〆人数四人　内弐人男弐人女」の箇所に押されている。

写真 1-5　宗門改帳の一例

出典：安政６年「越後国魚沼郡木落村浄土真宗人別宗門御改帳」（個人蔵）

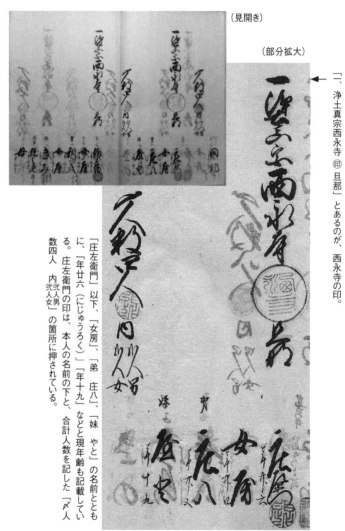

三章）。ゆえに領主も、自分の支配に属する領民のことを「当領分人別之者」、他領他支配の者を「他領人別之者」などとも呼ぶようになった。評定所は、民事・刑事事件において、裁判当事者・吟味対象の名前と身分を、この人別の記載情報によって確認したのである。

町人と当主以外の肩書

都市部の町に属する町人の名前の場合、評定所はその名前と肩書をどのように書いたか。いくつかの事例を写真1－6として示した。①「麻布坂下町《（江戸）》　家主　三郎兵衛《さぶろべえ》」。これは江戸の町に家を所有している町人の場合である（「家持《いえもち》」などともいう）。②「神田富松町《（江戸）》　金右衛門店　三之《さんの》丞《じょう》」。「〇〇店《たな》」は、借家人であることを示すもので、ここでは三之丞が金右衛門の所持する借家に住んでいるという意味である。江戸町奉行は公的書面において、町人に屋号を付けないのを通例としたが、上方《かみがた》では③「京橋四丁目《（大坂）》　伏見屋長八借屋　灘屋　半四郎」のように、屋号を付すのを通例とし（屋号については本章末で触れる）、また借家も江戸のように「店」とはいわず「借屋」と表記した。これらは管轄奉行所の慣習による表記の差異だが、評定所は各「支配」の慣習（「仕来《しきたり》」という）を重視し、取り扱いに支障を与えない限りにおいて、表記を改変・統一しないのを常とした。なお幕府直轄都市などの場合、町に所属する者はその所の町奉行支配であるので、百姓のように領主の名前などの「支配」名は、肩書として記載される必要がない。

③　②　①

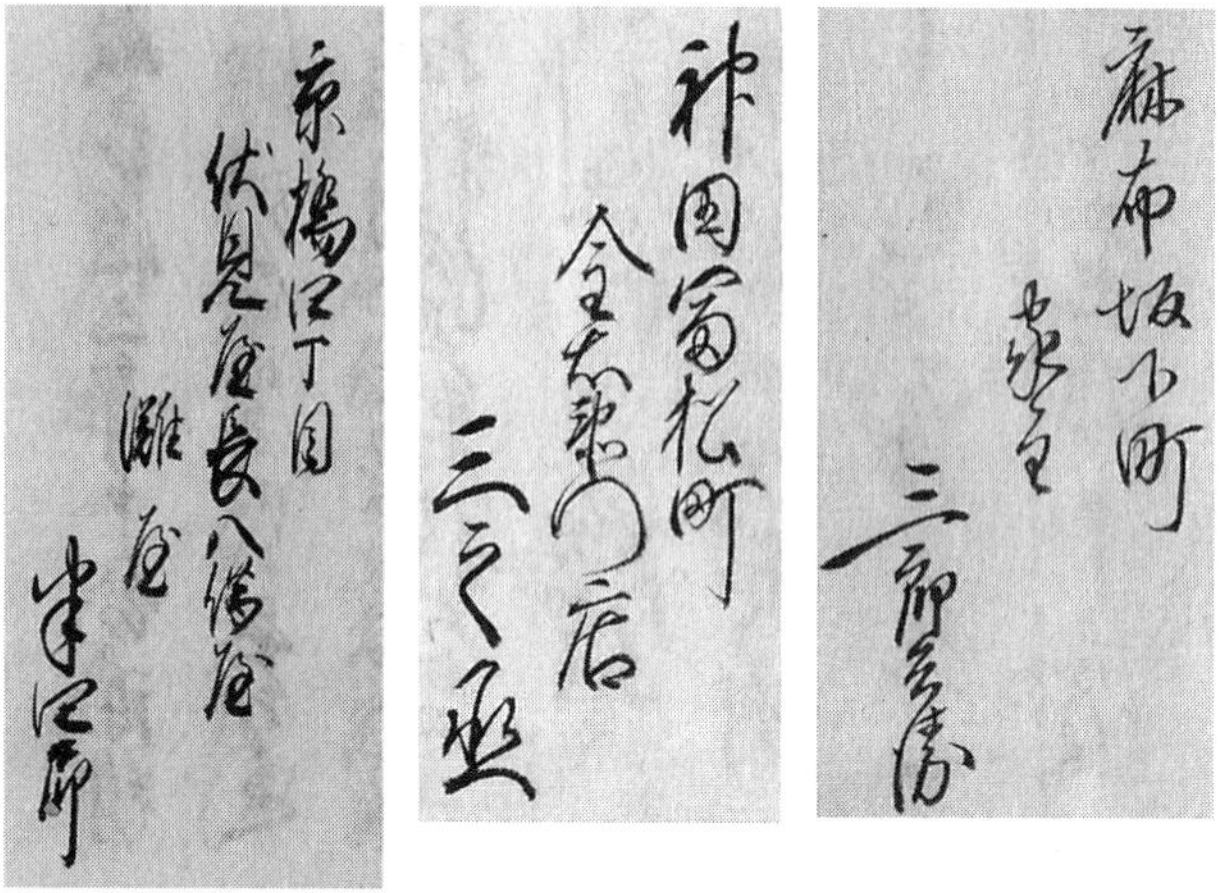

写真 1-6　町人の肩書

出典：『御仕置例類集』（国立国会図書館所蔵）

②　①

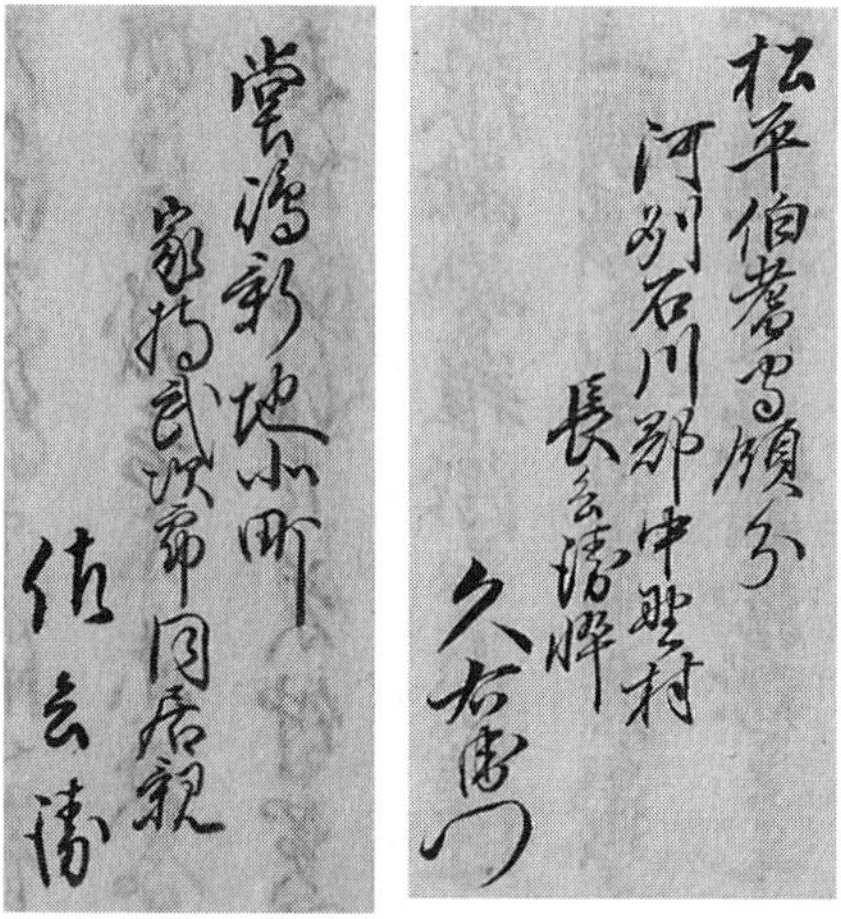

写真 1-7　当主以外の場合の肩書

出典：『御仕置例類集』（国立国会図書館所蔵）

これら町人の肩書も、それぞれの「町」という集団との所属情報を明記したものである。都市の行政は、町を単位として町名主《まちなぬし》など町の代表者が担い、町人も町を単位に宗門人別帳が作成されていた。町人の場合も、どの町に所属しているかという情報が重要であった。町の集団の正規の成員は持家《もちいえ》のある「家持」であるため、それ以外の借家人の場合、③のように家持の誰を介して「支配」と接続しているかを書いた。

なお村・町とも、集団の成員は当主だけで、当主以外の家族・同居人・召仕《めしつかい》などは、直接に集団とはつながっておらず、当主との関係において、社会集団やその上の「支配」に接続していた。そのため彼らの肩書は、写真1－7の①「松平伯耆守領分　河州石川郡中野村　長兵衛忰《せがれ》　久右衛門」とか、②「堂嶋新地北町　家持武次郎同居親　佐兵衛」などのように、必ず当主との関係を肩書に明記した。

武士たちの名前と肩書

ここまでは百姓・町人の話であったが、いわゆる武士などの場合はどうだったのか。評定所では、幕府御家人以下、大名そのほか私領主の家来、足軽や中間《ちゅうげん》などまで、吟味・判決を受ける。そこでは彼らの名前と肩書は、どのように記されたか。

幕臣の場合は、写真1－8の①「町奉行　榊原主計頭《かずえのかみ》組同心　鈴木庄蔵」、②「本多《ほんだ》丹下《たんげ》支配

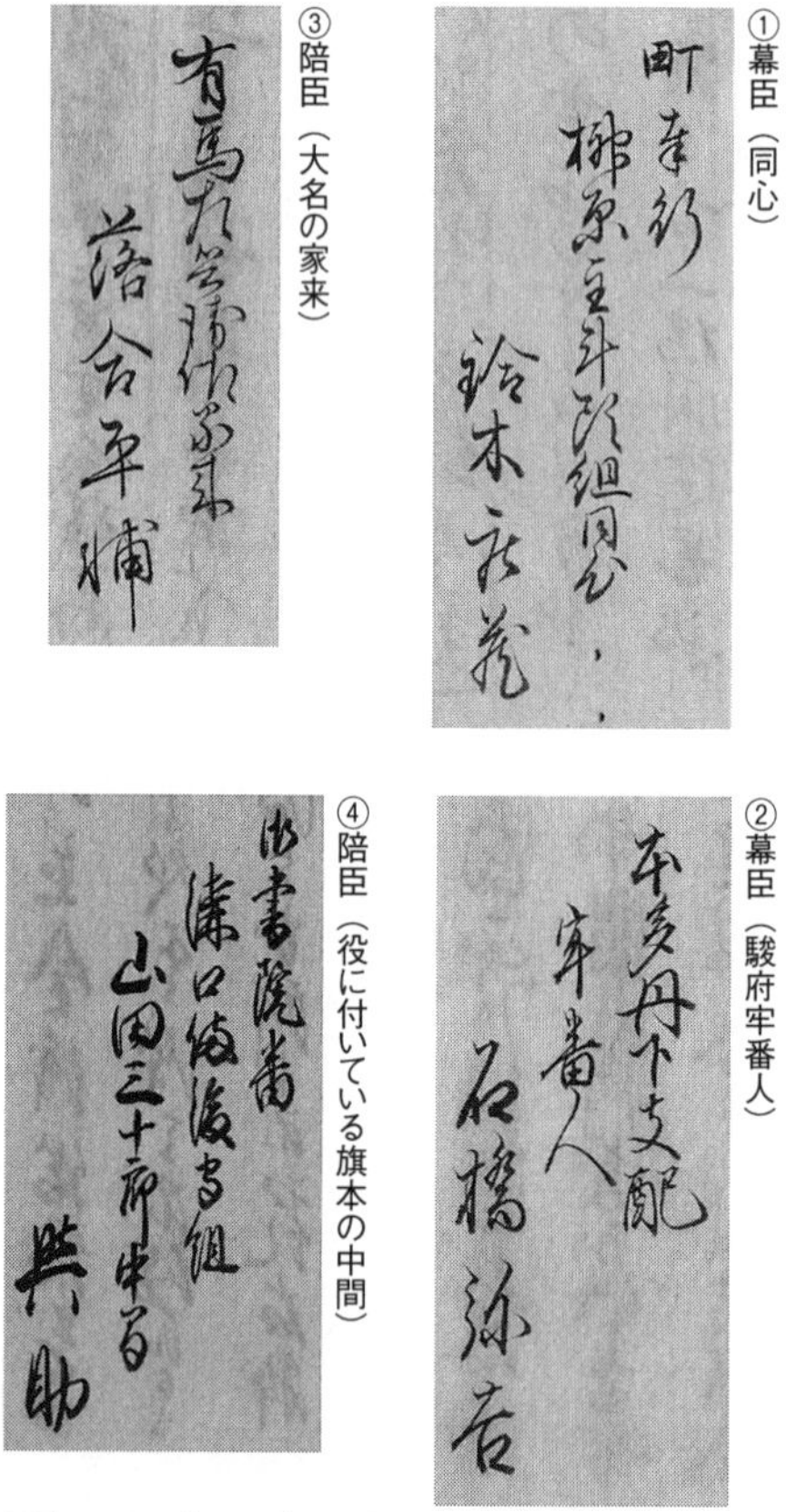

写真 1-8　武士などの肩書
出典：『御仕置例類集』（国立国会図書館所蔵）

牢番人　石橋弥吉」などのように、その役職や所属部署名（その部署長の名前）が肩書として明記される。①鈴木庄蔵は江戸町奉行の部下、②石橋弥吉は駿府町奉行本多丹下の部下、という意味である。

幕臣や大名家中などの行政を行う集団・組織においては、役職や部署の管轄・所属関係を「支配」と呼んだ（図1－2）。例えば老中は、町奉行や勘定奉行などを管轄している。これら老中管轄の役職を「老中支配」（老中の管轄部署）と総称した。また勘定奉行は、その下に勘定組頭や代

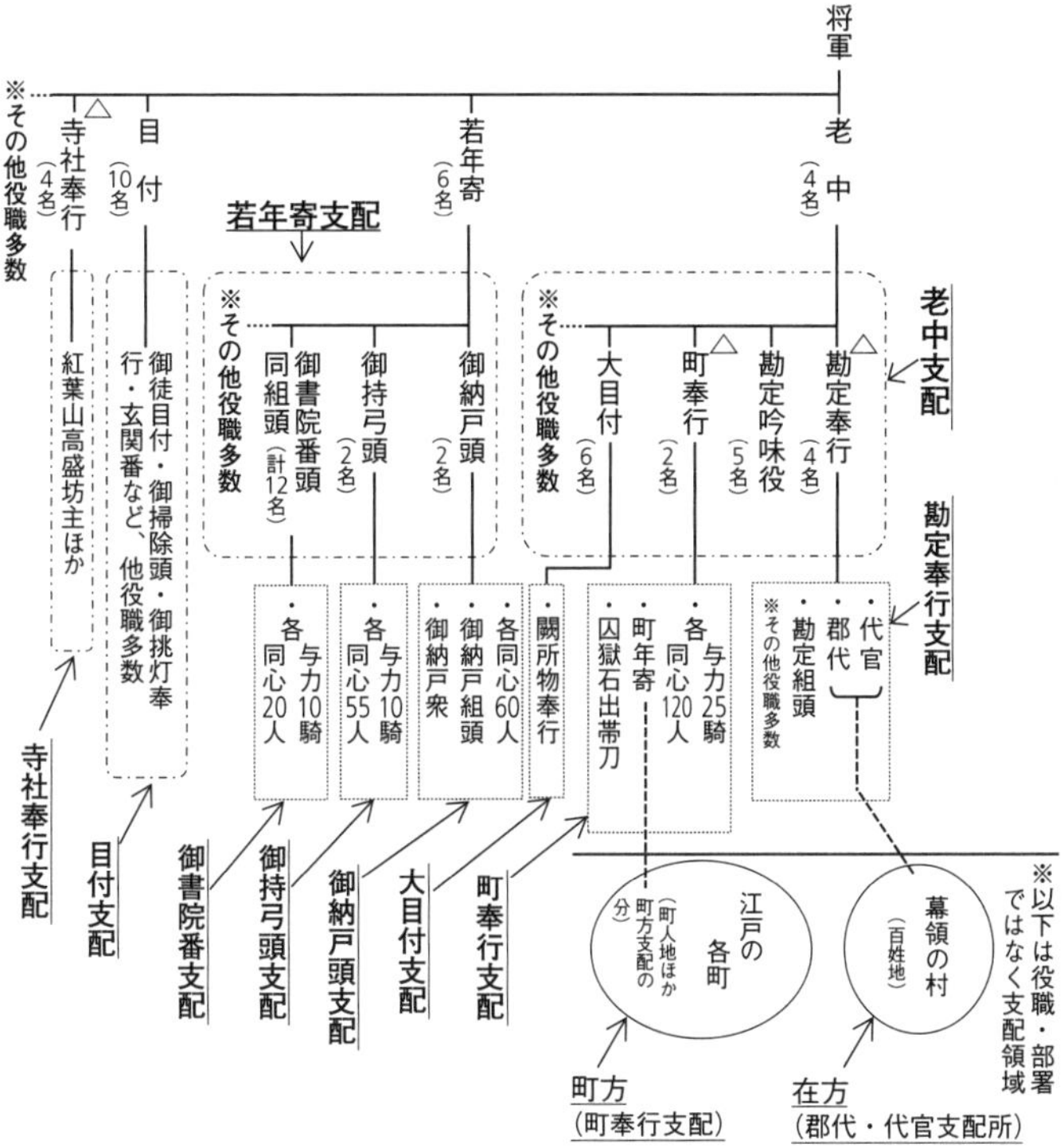

図 1-2　幕府役職の支配（管轄・部署）系統

註：人数は天保８年（1837）時点。江戸幕府の職制すべてを示した表ではなく、役職の支配系統を説明するため、天保８年版『袖玉武鑑』などをもとに、一部役職から例示したもの。△印……評定所を構成する寺社・町・勘定奉行。これを「三奉行」と称した。なお、幕府直轄都市には京都町奉行、大坂町奉行などという遠国奉行（老中支配）もいるが、江戸の町奉行のみ、単に「町奉行」といった。

官など、関連する下位の役職（部署）を従えるが、これらが「勘定奉行支配」と呼ばれる組織上のグループを形成していた。こうした幕府の各役職・部署は、それぞれが管轄領域・対象を異にして、いわゆる縦割り行政を行う集団であり、幕臣らはこのいずれかの「支配」（役職・部署の集団）に属した。婚姻などの私的な申告等も、「支配」の上司に届け出るのであり、その所属関係は公私にわたる。彼らはこの「支配」に属しているため、庶民のように、村や町といった居住空間の社会集団には属さない。

いわゆる陪臣《ばいしん》（藩士など）も、大名家中の内部構造は幕府と似たものであるが、評定所においては、③「有馬《ありま》左兵衛佐《さひょうえのすけ》家来　落合平輔」（この有馬は越前丸岡藩主）のように「誰々家来」といった肩書で主人を明記した。大名家中という社会集団に、「家来」として属しているという表現で、彼ら自身による対外的な署名も、これと同書式が使われている（評定所としては、彼を支配する主人が誰かがわかればよいため、家中内部での役職はほとんど表記されない）。なお旗本や御家人の家来や奉公人の場合、主人が幕府の公職にある場合には、その主人の名前に肩書が付くので、④「御書院番　溝口備後守組　山田三十郎中間　与助《よすけ》」などと長くなる（組までは主人の山田〈旗本〉の肩書）。彼らはその主人の支配に属している。武士にせよ庶民にせよ、名前の肩書とは、「支配」への所属、誰の支配管轄を受けているのかを表示するものなのである。

江戸時代の身分秩序は、武士とそれ以外、すなわち治者（治める側）である「士」と、被治者（治められる側）である「庶」（庶民一般）の社会的分業に基づく区別を基礎としている。この両者の違いは、行政などを担う治者の社会集団に属するか、村や町など被治者の社会集団に属するかという、所属する社会集団の違い、つまり「支配」系統の違いでもあった。

集団での立場・役割

肩書によって記載されるべき重要な点は、どの集団に属しているか、誰の支配か、という点だが、これに次いで重要なのが、その所属する社会集団での立場や役割の情報であった。同じ大名家中に属していても「家来」（正規の武士身分）か「中間」か、また百姓の場合も「百姓」・「名主」・「組頭」、町人は「家持」か借家人かといった、社会集団内部における地位に上下の違いがある。あるいは「（江戸神田）連雀《れんじゃく》町　五兵衛店　町医　元琢《げんたく》」など、「支配」とは関係がないが、実際の行動にかかわる職業情報も、場合によっては肩書として表示されることがある。また当主を介して社会集団に属する者は、誰々悴とか誰々女房などと、当主との家族関係も、前述の理由から肩書として表記された。

評定所は、「支配」との関係から、その所属する集団内部での立場・役割まで、その人物が背負っているものを、社会的身分としてその肩書に明記し、刑罰を申し渡した。その判決の本文では「百姓の身分として不埒《ふらち》」といった文脈で、「名主の身分」、「親の身分」、「武家奉公いたし候《そうろう》身分」などと、社会的・家族的地位のいずれも「身分」といって、これらを区別することがない。

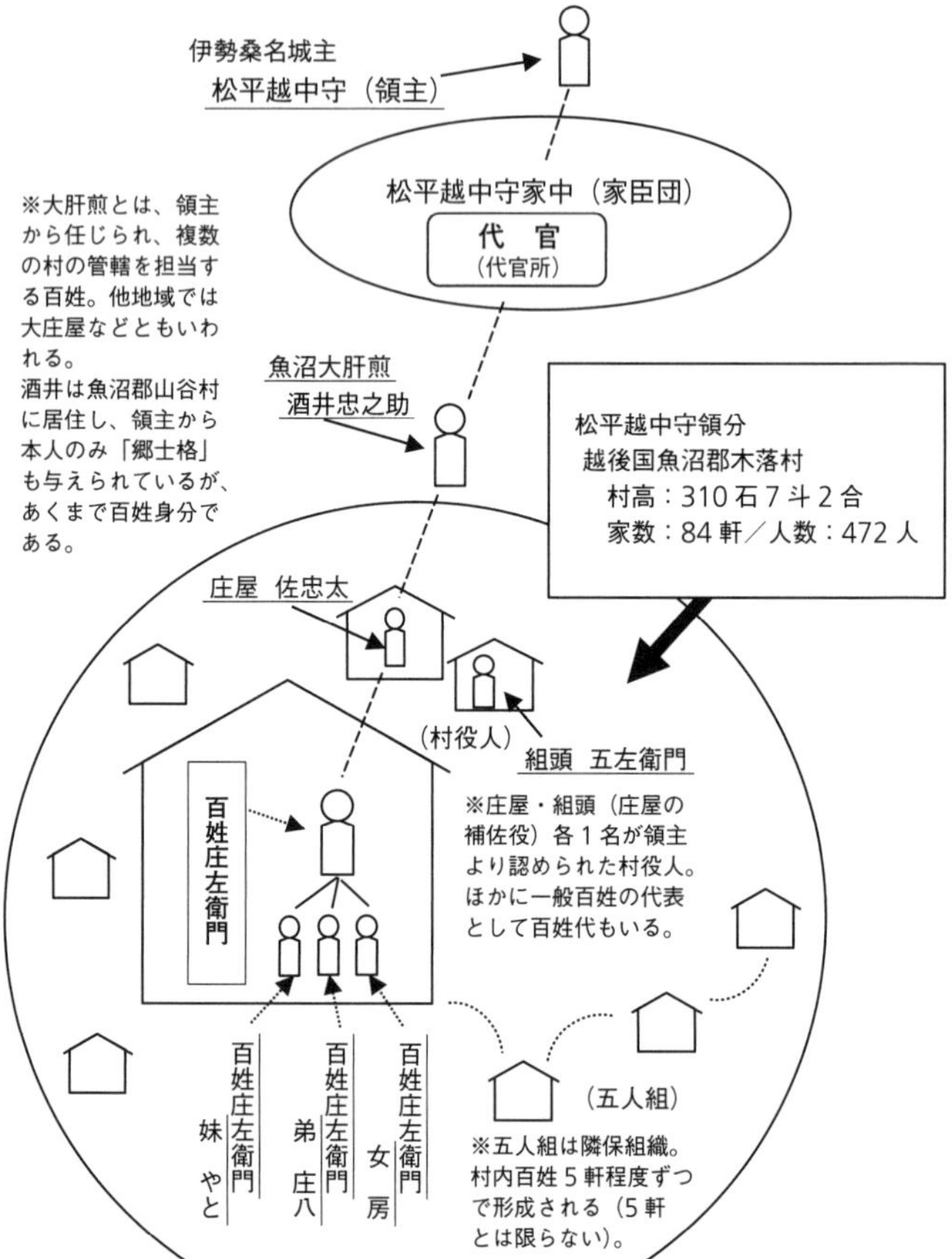

図 1-3　百姓庄左衛門を起点に見た、百姓の支配関係抽象図

註：⌂は1軒の百姓家を示す。但し領主に「1軒」と申告された百姓当主とその家族が、現実に同じ屋敷に同居しているとは限らない。あくまで領主向けに百姓役を果たす「1軒」という単位であることに注意を要する。
なお、木落村には、信濃川を越える渡し場がある（木落渡し）。そこには領主から扶持（ふち）を与えられて渡し舟を運航する渡し守が数軒居住している。いうまでもなく、村には様々な人が住むが、本図は本書の理解に必要な百姓の支配系統を抽象的に示すためのものであるので、それ以外の要素は捨象している。

江戸時代の人間にとっての「身分」とは、名前が背負う肩書に記された、所属する社会集団との支配系統、及び他者との関係における社会的立場を意味したのである。

先に見た、松平越中守領分越後国魚沼郡木落村の百姓庄左衛門個人を起点として、その「支配」との関係を図1－3に示してみた。人はこのように集団を通じて、社会のどこかの支配系統につながっている。江戸時代、人はどこかに所属し、その中での立場があった。それが「身分」と呼ばれていたのである。つまり江戸時代における「身分」とは、「支配」との関係に基づく社会的地位であるといえる。それは今日、学術的に云々される「身分」という用語とは、かなり違ったものであった。

江戸時代の大前提

いささか小難しい話になってしまったが、ここまでの説明で押さえておいてほしい江戸時代の社会の大前提は、次の二点なのである。

①江戸時代の人は、たくさんある「支配」のうち、どこか一つの「支配」に属している。

②「支配」は、それぞれがその支配領域・対象だけを管轄し、いわゆる縦割り行政に終始している。

この大前提は、現代日本人が、日本のどこにいても日本国の「国民」として同じ義務や権利を有しているのとは、大きく異なっている。「支配」の違いは、今でいえば所属する国家が違うのと同程度の違いともいえる。各「支配」・集団を束ねる領主や、部署・集団の頭《かしら》は、自身の支配領域・対象のみを管轄し、それ以外の「他支配」「支配違」となると、お互い直接には手も出せない。この「支配」別——徹底した縦割りといってもよい支配構造を持つ多くの集団によって形作られているのが、江戸時代という社会である。江戸時代、社会の成員として認められる人間は、そんな数ある「支配」系統のいずれかに属していた。これらの大前提が、壱人両名を理解する上で重要になってくるのである。

三　名前とは何か？

名前は一つ

よく、「昔の人は名前がたくさんあった」といわれる。しかしこの表現は、極めて不正確で誤解を招く。結論から言えば、江戸時代の人間に、「名前」は一つしかない。現代人が勝手に「たくさんある」と思い込んでいる理由は、大きく二つある。一つは改名という習慣である。

ある百姓の子供が、留吉《とめきち》という幼名《ようみょう》を付けられ、成人して庄次郎《しょうじろう》と名乗り、父親の死後、その家を継いで九郎左衛門《くろざえもん》と名乗って、老いて隠居・剃髪して、鏡円《きょうえん》と称する――。原則として改名が認められない現在と違って、江戸時代は、出世魚のように改名するのが普通であった。鏡円さんの人生には、振り返れば〝いくつも名前があった〟わけだが、九郎左衛門でありつつ留吉でもあった、ということはない。彼の公《おおやけ》に認められていた「名前」は、いつも、その時点での人別に記載された一つの「名前」だけである。同時にいくつも「名前」はない。

江戸時代の人々が、「名前」と認識し、事実そう呼んでいたのは、留吉とか庄次郎とかいう、俗に「通称《つうしょう》」と呼ばれるものだけである。武士や苗字御免の百姓・町人などの場合は苗字も公称するが（第二章）、苗字は家の名で、いわば「名前」（通称）を装飾する要素である。江戸時代において「名前」とは、通称のみか、あるいは苗字＋通称のことだけを指す言葉であった。それはここまで見た彼ら自身、あるいは評定所による名前・肩書の表記からも明らかであろう。

正式な官名

俗人が名乗る「名前」（通称）には、大別して、①正式官名《かんめい》、②擬似官名、③一般通称という、三ランクがある。つまり通称の種類で、相手の身分の高下が、おおよそわかる。以下、本書に必要な最低限のことを述べておきたい。

まず①正式官名。これが、格式《かくしき》（社会的な格付け）としては最も高い。勅許《ちょっきょ》を経て与えられるものだからである。一般的には、「大岡越前守」とか、「榊原主計頭」など、大名・旗本の通称として よく知られている。公家では「徳大寺中納言（ちゅうなごん）」とか、朝廷に奉仕する下級役人である地下官人《じげかんじん》の場合は、「森内蔵大属（くらのだいさかん）」、「南大路《みなみおおじ》左衛門権大尉（さえもんのごんのだいじょう）」、「舟木《ふなき》長門目（ながとのさかん）」など、古代律令制下の官名を朝廷より与えられて「名前」として名乗った。これは律令時代の太政官とか、省庁や地方国の四等官《しとうかん》（長官《かみ》・次官《すけ》・判官《じょう》・主典《さかん》）に任じるという形式をとる。例えば「主計頭《かずえのかみ》」は、「主計寮《かずえりょう》」（税務監査を司る役所）の長官、という意味である。但《ただ》し江戸時代には、主計寮の仕事をしているのではない（古代の主計寮のような役所は、江戸時代には影も形もなくなっている）。それは左大臣とか右大臣にしてもそうである。こうした官名は、江戸時代には実態としての職掌を原則として持たない。それは身分格式を表すものとして朝廷から与えられ、公私において「名前」（通称）として使用することにより、自他内外に地位を示すためのものだったのである。

なお戦国時代には、勅許を経ない正式官名の自称が蔓延《まんえん》したが、江戸時代には秩序の整備・形成に伴い、徐々に遠慮・禁止されたため、一部の例外を除き、それらはほぼ消滅している。

擬似官名・一般通称

②の擬似官名は、国名《くにな》と百官名《ひゃっかんな》（京《きょう》百官・東《あずま》百官）である。国名は「越前」とか「陸奥」など

で、京百官は「掃部《かもん》」とか「内膳《ないぜん》」などである。①の正式官名のように勅許を経たものではなく、「守《かみ》」や「目《さかん》」（これを下司《したづかさ》という）といった四等官を付けないものをいう（「上野介《こうずけのすけ》」、「掃部頭《かもんのかみ》」、「内膳正《ないぜんのかみ》」などなら①の正式官名になるため、「山城正《やましろのかみ》」（①なら山城守）、「主税之介《ちからのすけ》」（①なら主税助）など、①の正式官名とは訓みは同じでも異なる表記にした、①とまぎらわしい国名・百官名や例外も存在する）。東百官は、「数馬《かずま》」とか「頼母《たのも》」などで、平将門《たいらのまさかど》がつくったという虚説が流布して相馬百官《そうまひゃっかん》ともいわれたが、単に京百官っぽく聞こえるだけで、文字にも言葉にも全く何の意味もない。これらの国名・百官名は、江戸時代には格の高い名前として使用され、一般庶民は、正当な由緒でもない限り、使用は遠慮すべき「名前」と認識されるようになった。

この①・②を除く「名前」（通称）を、③の一般通称といってよい。ただの「右衛門《うえもん》」「左衛門《さえもん》」「右兵衛《うひょうえ》」などなら、②の百官名（京百官）だが、上に一字付けた「源右衛門《げんえもん》」や「仁左衛門《にざえもん》」「次兵衛《じへえ》」などは、一般的には百官名とはみなさず、自由に使用された。地方の村には、昔から住む百姓しか「何右衛門」「何左衛門」を名乗らせないなどという、村独自の規定が存在することもある。但し「吉助《きちすけ》」や「久米八《くめはち》」より、「権左衛門《ごんざえもん》」が偉いとかいった格付けが、普遍的に存在した事実はない。

ちなみに本来の意味でいうと、「太郎」は長男、「三郎」は三男という意味だが、江戸時代には、親の名前や先祖の名前を名跡《みょうせき》として襲用するようになったため、そんな意味とは何の関係もなく、代々当主になると「常三郎」を襲名したりする。むしろ「何三郎」だから三男だとか連想するのは、現代人、あるいは中世人の感覚で、江戸時代にはあまりない。

本姓と実名

「昔の人は名前がたくさんあった」という誤解のもう一つの原因が、実名《じつみょう》や本姓《ほんせい》、更には雅号《がごう》などの存在である。大岡越前守忠相とか、遠山左衛門尉《さえもんのじょう》景元などと、「忠相《ただすけ》」「景元《かげもと》」などを実名というが、実名は江戸時代には「名乗《なのり》」と呼ばれ、これを「名前」ということはない。元をただせば、古代には実名こそが人間の真の名であるから、実名とか諱《いみな》（忌み名）といわれた。これを他人が呼ぶのは失礼とされたので、代わりに官職などで人を呼ぶようになった。そこで発生したのが、官名などで相手のことを呼ぶ「通称」である。しかしやがて通称が個人名としての「名前」として定着した結果、本来の個人名である実名の方がすっかり形骸化してしまった。

江戸時代において、人々が自ら実名、つまり「名乗」を使用するのは、花押《かおう》（書判《かきはん》ともいう）とセットの「名乗書判《なのりかきはん》」という、丁重なサインの時くらいである。写真1－9は老中が連署したその実例である。「酒井雅楽頭《さかいうたのかみ》」という「名前」を書き、その横に花押、その上に「忠清《ただきよ》」と名乗を小さく書く。これが名乗書判の、上級武士から庶民に至るまでの作法である。名乗書判は、貴人への書状とか、誓紙《せいし》とか、相当丁重な場合に限られている。人別に記載・登録される「名前」と違って、「名乗」は公《おおやけ》に登録もされていない。庶民も名乗を何と決定しても構わないが、

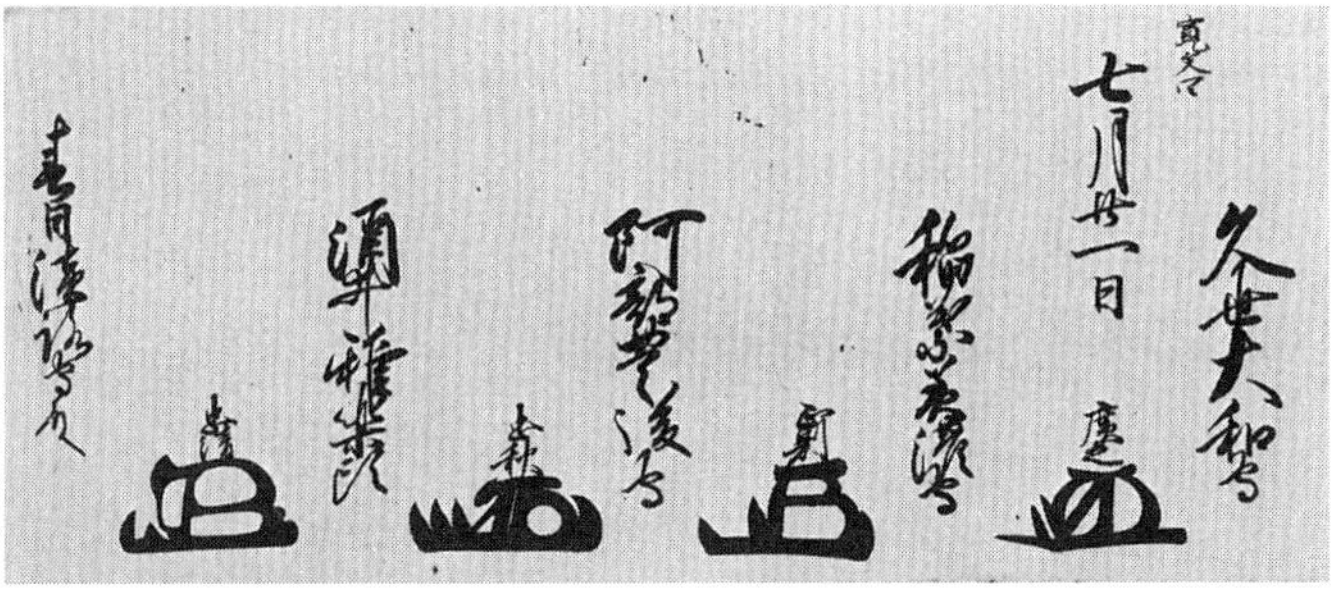

写真 1-9　名乗書判の例

右から久世大和守（広之）、稲葉美濃守（正則）、阿部豊後守（忠秋）、酒井雅楽頭（忠清）。
出典：「老中酒井忠清他三名連署書状」（久我家文書〔國學院大學図書館所蔵〕、部分）

それを書く機会も届け出る必要もない。江戸時代の「名乗」は、せいぜいサイン・儀式専用の名前といった用途のものであり、「名前」とは呼ばれることのないものであった。

但し江戸時代の朝廷の世界では、普段は「三条中納言《さんじょうちゅうなごん》」という「名前」で呼んでいても、正式の場合は、古代以来の風習に擬して、「[A]藤原《ふじわらの》 [B]朝臣《あそん》 [C]実美《さねとみ》」などの「姓名」も使用した。Cの実名（名乗）は、このようにAの姓《せい》（氏《うじ》。本姓）と、それに付属するBの「尸《し》」（姓《かばね》）と組み合わせて使用するのが正式であるが、Bを除いたA＋Cを「姓名」といって多く用いた。だが「姓名」（姓尸名）は①の正式官名を与えられる公家や大名、あるいは地下官人など、朝廷社会に関係する者でない限り、全く用がなかった。「姓名」は「姓名」として「名前」とは別に存在しており、「名前」としての使用はない。当然「姓名」を「名前」ということもなかった。なお、苗字のことを一般には「姓《せい》」とか「氏」といったりして、呼称こそ古くから混乱しているが、儀礼用の「姓名」と日常の「名前」（苗字と通称）が別のものであること自体は、両者の用途が全く違うこともあり、江戸時代には極めて明確であった。

明治初年、王政復古の直後、新政府では、こうした「姓名」を正式とする朝廷の風習に合わせる政策がとられ、政府に出仕する諸藩士にも、正式文書での姓名の使用が強要された。それは実用面の不便さなどから政府内での混乱を生じさせ、苗字＋実名という、折衷案的な書式も生み出した。結局公家勢力が政府中枢の要職から排除された直後の明治四年（一八七一）十月、政府は正式の場合に姓名を使用する、旧来の朝廷式の習慣を廃止し、やがて明治五年五月以降、現代式の「氏名」へと整理されていく（尾脇［二〇一九］、終章でもこの点は多少触れる）。

屋号は肩書

繰り返すが、江戸時代、個人の「名前」といわれたのは通称だけ、または苗字＋通称のことである。「通称」には、「百姓」や「何々屋」といった「名前」と一体化するような修飾的肩書も附属する。百姓・町人で商売などを営む者の使用する「何々屋」などの屋号は、「名前」のように用いられるが、正確には「名前」ではなく肩書であり、ましてや苗字とは全然別のものである。

屋号に限らず、肩書は通称に接続して「荘《庄》屋弥吉」・「年寄市兵衛」・「柏屋七郎兵衛」などと、名前のように書かれることもあるが（写真1－10の②・④）、写真1－10の①「荘屋　弥吉」や③「下村

①名前の右肩に書く（庄屋・年寄）

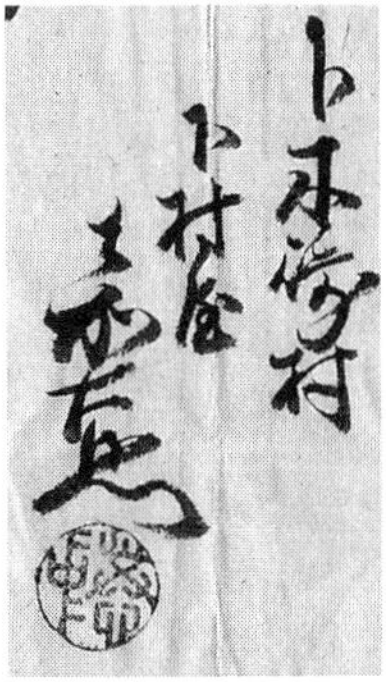

③名前の右肩に書く（屋号）

②名前の上に接続して書く（庄屋・年寄）

④名前の上に接続して書く（屋号）

写真 1-10　肩書の記載位置（土地売買・借用証文での例）

①と②は、記載順序は違うが 3 人とも同じ人物で、園部村の庄屋（「荘屋」とも表記する）弥吉、年寄市兵衛、同伝兵衛である。③は「下木崎村　下村屋　嘉右衛門」、④は「売主宮町　柏屋七郎兵衛」。各文書名は省略するが、いずれも土地売買や金子借用の証文である。

出典：「丹波国船井郡園部村関係文書」（個人蔵）

屋　嘉右衛門」のように、小さな字で、通称の肩に書くのも標準的な表記であった（前掲写真1－6の③も同じ。なおいずれの書き方でも、意味に違いはない）。一方、苗字の場合は、必ず通称の上部に接続して、通称と同じ大きさで表記する。通称の肩に小さな字で、肩書のように表記はしないのが原則である。これが「名前」である苗字と肩書との、明確で最も端的な差異でもある。

苗字は、明治三年（一八七〇）九月、平民の苗字公称が各自の自由とされた後も、庶民、とりわけ商売人は従来の慣習から称する必要を感じず、使用しないものが少なくなかった。だが政府は、徴兵事務への支障を背景に、明治八年二月、平民に苗字を必ず名乗るよう強制した。現在、間々《まま》苗字と屋号を混同する意識は、この頃にやむなく屋号を苗字として戸籍に登録した平民が、あることなども関係していよう。

くどいようだが「名前」とは

「名前」とは何か。それは百姓・町人たち自らの署名や、先に示した評定所での「名前」の書き方が、すべてを物語っていた。「名前」と「姓名」とは全く別のものであり、また「名前」の改名が習慣として存在するが、それは複数の通称を同時に使用するものではない。また私称としての雅号などもあるが、それは今もあるペンネームの類である。現在でも婚姻届などにペンネームを書いても受理されないのと同様、江戸時代にも、それは公的には「名前」として使用できない。

くどいようだが、江戸時代の人間も「名前」は一つしかない。公的に使用できるのは、人別などを通じて「支配」に把握された「名前」だけである。この一人に一つしかないはずの「名前」を、同時に二つ持つ者を壱人両名といったのである。次章では、いよいよ、その実態を見ていきたい。

第二章
存在を公認される壱人両名——身分と職分

一　壱人両名の出現

怪しい男たち

名前が同時に二つある、壱人両名の人物たち。それが問題として認識されるようになるのは、十八世紀半ば以降のことである。領主らはその施政上、判断に迷う事案が発生した場合、幕府評定所を構成する三奉行（寺社奉行・勘定奉行・江戸町奉行）や大目付《おおめつけ》・目付などに対して、その対処方針などを問い合わせた。その中に次のような、壱人両名に関するものが出現し始める。

寛政二年（一七九〇）七月、伊勢久居《ひさい》藩主藤堂佐渡守《とうどうさどのかみ》は、幕府の目付神保喜内《じんぼうきない》に対して次のように問い合わせた（『三奉行問答』）。「町方では、町家に住んで「何《なに》右《え》衛門《もん》」と名乗っている者が武家奉公にも出ていて、奉公先では「何兵衛《なにべえ》」と名乗る。そんな「壱人にて両名」を名乗る行為は、あってはならぬことだと思います。そう理解してもよろしいでしょうか」。つまり、壱人両名が違法行為かどうか、確認を求めたのである。これに対して神保は、「そのような行為は、もちろんあってはならぬことである。そんな疑わしい者がいるのなら奉行所に呼び出して吟味すべきである」と回答している。

寛政十二年（一八〇〇）八月、丹波《たんば》園部《そのべ》藩主小出信濃守《こいでしなののかみ》は、江戸町奉行小田切土佐守《おだぎりとさのかみ》に対して次のように問い合わせた。「武家、百姓、町人、そのいずれでも、「壱人にて両名」を名乗ること は「御禁制《ごきんせい》」だと思います。もしそんな者が何か願書などを出してきた場合、ほかに何の悪事を働いたわけでもなく単に両名を名乗っているだけである時には、どの程度の処罰を申し付けるのが適当なのでしょうか」（『諸家秘聞集』）。これに対し小田切は次のように回答した。「壱人両名が「御禁制」であるのは、もちろんである。しかしそのような者への処罰は詳細がわからねば回答できないので、実際にそのような事件が発生した時に、その委細を認《したた》めてお問い合わせなさるべきである」。この時、小田切の用人《ようにん》（家来）である中西平左衛門《へいざえもん》は口頭で次のように申し添えた。「武家の壱人両名は、かなり重く罰するのが先例です」。

これらの問い合わせと回答に見られるように、壱人両名はあるまじき「御禁制」とされている。それは、後で見る事例でも「御禁制の一人両名」とか、「壱人両名は天下の御法度《ごはっと》」などという表現がされていることからも明らかである。しかしそれを明記した幕府の法や触書《ふれがき》が存在するわけでもなく、一種の常識的・慣例的な意味での「御禁制」であった。ゆえに領主たちは、壱人両名と遭遇し始めた頃、その処置に困惑して、このような問い合わせを行ったのである。

山本玄蕃と播磨屋新兵衛

これらの問い合わせ以前に、実は評定所でも、既に壱人両名が問題になったことがあった。しかもそれは、園部藩に回答した江戸町奉行小田切土佐守自身が、その十二年前の大坂町奉行在任時代に遭遇した事件がきっかけであった。

事件は、天明八年（一七八八）、大坂北久宝寺町《きたきゅうほうじまち》五丁目で起こった（『御仕置例類集』）。帯刀した男が泥酔して刀を抜き、町内を暴れ歩いたのである。この酔漢は弥兵衛《やへえ》という名前の男であった（所属不詳）。そこに同町居住の町医者・山本玄蕃《げんば》が通りかかった。玄蕃は弥兵衛の刀・脇差をもぎ取って突き倒した。弥兵衛がなおも襲いかかってきたため、玄蕃はやむなく彼を殴りつけた。弥兵衛は南の方角へと逃げていったが、どうやら当りどころが悪かったらしい。その後、近くの南久宝寺町《みなみきゅうほうじまち》五丁目で行き倒れ、そのまま死んでしまったのである。

大坂町奉行所はこの事件を吟味することになったが、そこで厄介な事実が発覚してしまう。実は「山本玄蕃」と名乗るこの町医者は、町内では「播磨屋新兵衛《はりまやしんべえ》」と名乗り、その名前で町の人別に記載されている、借家住まいの平《ひら》町人に過ぎなかったのである。

評定所の見解

大坂町奉行小田切土佐守は困った。小田切は評定所に次のように伺い出た。「播磨屋新兵衛は、町医者として往診に出る場合などには山本玄蕃と名乗っております。こんなふうに「壱人にて両名を名乗」る行為は問題ないのでしょうか」。

この伺いを受けて評定所では、「壱人にて両名を名乗候もの《なのりそうろう》」の取り扱いについて評議が行われた。そこで出されたのは次のような結論であった。

彼のように「壱人にて両名を名乗候計之儀《ばかりのぎ》」、つまり一人で二つの名前を名乗っているだけの者は、町家には間々、同様の類の者がいる。もっとも、二つの名前を同時に名乗っている状況といっても、①人別が二重に把握されている「両給人別《りょうきゅうにんべつ》」(「両人別《りょうにんべつ》」ともいう。つまり一人の人間が異なる二つの「支配」の人別に記載されている二重戸籍状態)や、あるいは②両人別でなくても、「別人之躰《べつじんのてい》に取拵《とりこしらえ》、内々《ないない》両名を名乗」る行為、つまり全くの別人であるかのように擬装して、秘密裏に一人で二つの名を名乗っている状態ならば、処罰するべき不埒な行為である。しかし播磨屋新兵衛は、①・②とは違う。医師としての「職分《しょくぶん》」――つまり医師の職業に関する場面でのみ、医師に相応しい名前として「山本玄蕃」と名乗っているだけのことである。二つの名前を使うことで、ほかに何か罪を犯したという事実もない。③その「職分」に限り、別名を名乗っているだけならば、問題視すべきことではない。「山本玄蕃」という「職分」での私称については、本事件の吟味上、一切取り上げる必要はない。

この評議内容は、壱人両名についての幕府の見解が窺《うかが》える重要なものである。以下本書では、これをすべての起点にして話を進めていくことにする。

三種類の壱人両名

この評議から評定所は、壱人両名——一人の人間が同時に二つの名前を使い分けている状態——を、①両人別、②秘密裏の二重名義使用、③身分と職分による別名使用、という三種類に大別し、①・②は認められない処罰すべき非合法的な行為だが、③は構わない、と認識していたことがわかる（図2－1）。いずれも壱人両名という状態は同じだが、「御禁制」として存在を許されない非合法なものとされたのは、①と②のことであった。

①とは、一人の人間が、A村では彦兵衛《ひこべえ》、B村では仁左衛門《にざえもん》と名乗って、A・B両村の人別に、二重に記載されているといった状態を意味する（同名の場合もある）。

②は、武士の「杉本伝次」が、三味線弾きの「伝次郎」と名乗って町人にもなっているといっ

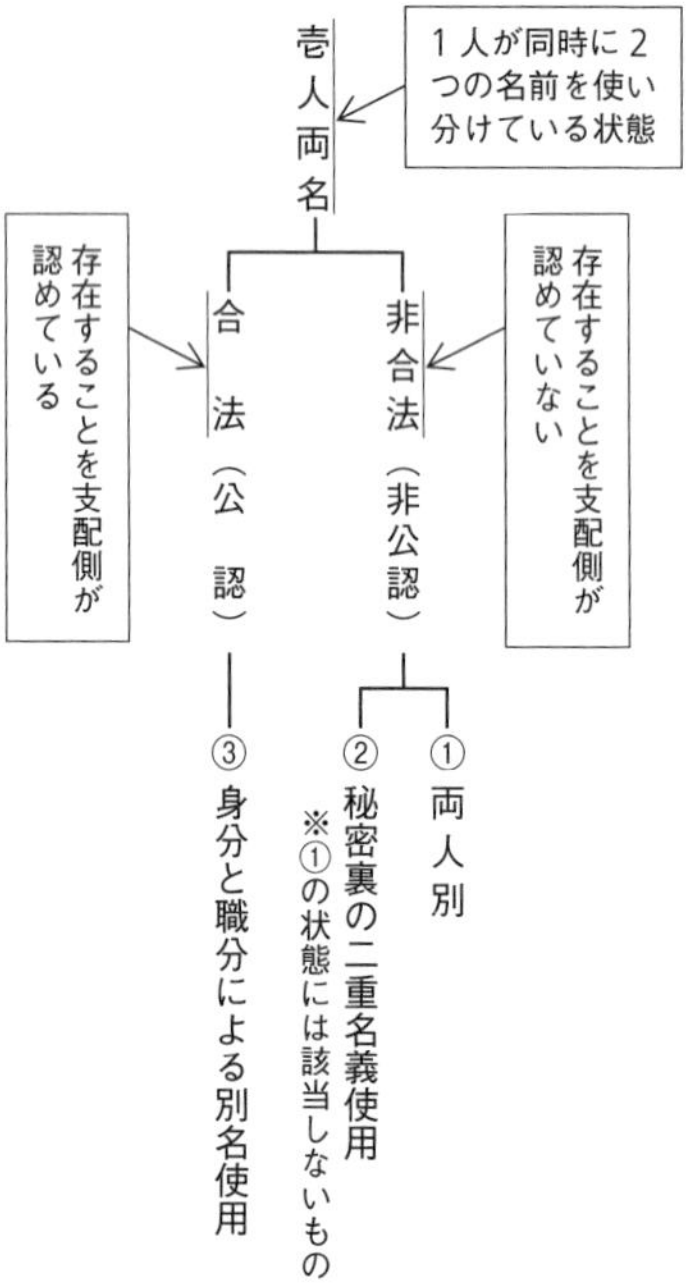

図2-1　3種類の壱人両名

た、「支配」に対して秘密裏に、本名とは別の名前で別人を装い、別人として扱われる状態を指す。①については本書の第三・第四章、②については第五章で詳しく述べることにし、本章では③について述べていきたい。

　播磨屋新兵衛＝山本玄蕃という壱人両名は③であり、①・②いずれにも該当しない。人別に記載された町人身分としての名前は「播磨屋新兵衛」ただ一つであり、「山本玄蕃」という名前は人別には載っていないのだから、①でないことは明らかである。また山本玄蕃という名前は、町奉行などの「支配」に対して、播磨屋新兵衛という身分を隠したり、擬装したりする目的で名乗っているのでもないから（詳細は後述）、②にも当たらない。「山本玄蕃」は、医師の「職分」において名乗っているものであり、彼の本名、つまり公的な名前は、町の人別に記載された「播磨屋新兵衛」だけである。幕府は、「職分」での別名使用による壱人両名を違法ではないと認識した上で、彼はあくまで町人身分で、その公的な名前も「播磨屋新兵衛」ただ一つであるから、本件において、「山本玄蕃」という名前については一切触れる必要がないと断じたのである。

かくして大坂町奉行所は、彼を「北久宝寺町五丁目　河内屋吉左衛門《きちざえもん》支配借屋　播磨屋　新兵衛」という、登録された身分の名前で吟味・処罰した。「山本玄蕃」という名前は、最終の判決文（申渡《もうしわたし》）を含め、一切触れられていない。ちなみに新兵衛は、「相手から不法をしかけられ、やむなく殺害に至ったものは、遠島《えんとう》」という『公事方御定書《くじかたおさだめがき》』（幕府の司法法典）の条文が適用されて、「遠島」（いわゆる島流し）に処されている。

医師らしくあるために

なぜ播磨屋新兵衛は、医師としては山本玄蕃と名乗っていたのか。これは別に素性を隠したりするためではない。江戸時代には、僧侶には僧侶の、武士には武士の、商人《あきんど》には商人の、それぞれの身分に相応しい名前と姿（外見）があり、それは身分や職業を、おおよそ他者に知らせる役割もあった。

江戸時代の医師は剃髪《ていはつ》して、十徳《じっとく》と呼ばれる服を着るのが基本の姿である（写真2－1）。のちに剃髪しない惣髪《そうはつ》などの医師も増えたが、こちらは俗医とも呼ばれた（写真2－2）。それは元来、頭を丸めて俗を脱した出家風の姿が医師としての標準的な姿であったためにほかならない。なお当時の人々は、榕庵《ようあん》という医師なら剃髪した姿、山本玄蕃という医師なら俗医の姿を連想したであろう（但し実際にどんな髪型かは、全く個人の趣味による）。医師らしい名前と姿とがあって、はじめて医師と認識される。それが当時の社会の慣習であり、常識であった。

江戸時代には現代のように、全国統一の医師免許があるわけではない。領内に独自の政策で医師免許制を設けている領主や、百姓・町人が医師活動を行う場合に届け出を求める領主もあるが、基本的には、本来の身分を勝手に放棄しない限り、医師になることは自由である。但し世間で信用ある医師と認められるためには、三都（京・大坂・江戸）や長崎などの著名な医師のもとに遊学し、その門人となって修業するのが普通であった。医師らしい名前と姿は、医師として活動する第一歩であり、当然の慣習であった。播磨屋新兵衛が山本玄蕃と称していたのは、このような慣習と目的によるものである。

写真 2-1　剃髪した医師
一般的な医師の姿。
出典：元禄 3 年（1690）刊『人倫訓蒙図彙』

写真 2-2　惣髪の俗医
小児科医で、脈を診ているところ。
出典：同上

江戸時代の町医者・村医者たちは、患者のもとへ往診に出向くのが基本である。そのため、山本玄蕃を往診先でしか知らない人の中には、「山本玄蕃」を本名だと思っている人もあろう。しかし同じ町内や近所に住む人間は、「播磨屋新兵衛さん」だと前から知っている。つまりそれは、「支配」が町人として把握している名前と、普段本人が医師として名乗る名前が違っていて、しかも後者の名前について、「支配」側は全く把握していないことになる。そんな二つの名前が日常的に使用されれば、やはり混乱は避けられないのではないか。小田切が播磨屋新兵衛について、その違法性の有無を問い合わせたのも、そう感じたからにほかならない。

「医者になったら、改名届を出して人別の名前も変えろ」とか、「名前をどっちか一つにしろ」などと命じたら、この混乱は解消するように思える。実際、そのように命じている領主も確かにあったのである。しかしそれは、果たして賢明な方法であったろうか。実例を見てみよう。

尾張藩の対応

尾張藩では、享和元年（一八〇一）八月、百姓が医者になる場合の手続きについて、村々に触書を出している（『新編一宮市史 資料編 七』）。その触書では、医師への入門時に届け出をするなどの手続きさえ行えば百姓が医師になることを認める、と明記した一方、無届けで私《わたくし》に医師になることなどを厳禁した。その触書の中では医師としての「名前名乗方《なのりかた》」にも言及し、既に存在していた壱人両名を止《や》めるよう、次のように厳命している。
・百姓のうち、私に医師の姿になり、苗字を名乗り、医師らしい名を付けていながら、奉行所などの役所向きには、これまで通りの名前（何兵衛などの「已前之俗名《いぜんぞくみょう》」）を書いて出す者がいる。こんなふうに「両名名乗」る「紛敷《まぎらわしき》」ことは、決して行ってはならない。
・百姓の内で、私に（外見を医師らしい）姿に変えて、苗字を名乗って医師の名を名乗りながら（医師と届け出ず）、内輪では「隠居」などと称している行為は、一切あってはならない。
つまり百姓が私的に医師となって「医師之名」を名乗りながら、領主に対しては、相変わらず、百姓何兵衛などと従来の「俗名」を名乗る行為を止めること、更《さら》に人別などでは百姓の「隠居」（隠居は剃髪するのが一般的）ということにして無届けでの医師活動をごまかす方法を止めるよう命じている。要するに、医師になったら領主に届け出て、人別記載の名前を一つだけに統一せよ。名前が二つあるのはまぎらわしいし、色々とごまかすな。そう言っているのである。実にわかりやすいが、そうできるものなら、最初からこんな状態になりはしない。尾張藩は事態の本質を何もわかっていないのである。

さすがに幕府評定所は、尾張藩のように「名前を一つにしろ」と命じることを解決方法とは考えなかった。「身分の名前と、職分の名前とは違ってもよい」という見解であった。なぜ③は、ほかの壱人両名（①・②）のように違法とされず、認められたのか。その背景には、当時行われていた、一人の人間の「身分」と「職分」とを分離して取り扱う方法の浸透がある。この方法を踏まえなければ、評定所の見解は恐らく意味不明なものに映る。次に、この方法と、それがもたらした〝一人が二人のようになる〟現象を、見ていくことにしよう。

二　二つの支配系統に跨る方法

身分と職分

前章で述べたように、江戸時代において社会の成員たる者は、どこか一つの「支配」に帰属していた。この「支配」との帰属関係が、公的な意味での「身分」そのものであった。なおかつ各「支配」別の管轄が原則であったから、一人が二つの「支配」から二重に管轄を受ける状態は、当然望ましいものではなかった。しかし十八世紀半ば以降、様々な事情によって、複数の「支配」に跨《またが》って活動する者たちが生じてきた。そこで発生したのが、一人が有する「身分」と「職分」とを切り分けて、各「支配」がそれぞれを管轄する、という方法であった。

例えば、天明八年（一七八八）十月、江戸の富裕な町人三九郎《さんくろう》（のちに苗字御免、三谷《みたに》三九郎と称す）らが「勘定所御用達《ごようたし》」に任命された。つまり町奉行支配に属する町人が、幕府財政などを担当する勘定奉行のもとで、その「御用《ごよう》」（幕府の公務）にも従事することになったのである。

この際、彼らの「身分支配之儀」、つまり彼らの身分を、今後、町ではどのように取り扱うかが問題となった。そこで町奉行・勘定奉行は、「勘定所御用達に任命された町人は、勘定所の「御用向」については勘定奉行の支配である。しかしその「身分」は、これまで通り町奉行の支配である」と決めたのである（「安永撰要類集」、横山［二〇〇五A］）。三九郎らは、勘定所の「御用向」、つまりその仕事の面だけが勘定所（勘定奉行）の支配となるが、それ以外の町方での普段の生活や私的な商業活動については、これまで通りの一般町人として、町奉行支配にすることで処理されたのである（勘定奉行支配である為替御用達を務める町人も、これ以前から同様の方法で支配されていたという）。

江戸時代は各「支配」がそれぞれの支配対象・領域のみを管轄する、徹底した〝縦割り行政〟であった、という大前提を思い出してほしい。町奉行支配と勘定奉行支配は、対象・領域とも、本来は重なり合うことがない別の「支配」である（第一章の図1－2参照）。しかし三九郎らの場合、勘定所御用達への任命により、町奉行支配の町人が、「御用向」では勘定奉行支配に属するという、異なる二つの支配系統に跨る状況になった。このような場合、従来から属している「支配」との関係による地位や側面を「身分」といい、それとは別の「支配」下にある「御用向」（「御用」「役儀」などという）などの側面を「職分」などと呼んで、「身分」とは分離して支配するようになっていく。それは一人の人間について「身分」（従来の「支配」との所属関係）を本体としたまま、「職分」をその副次的な側面と位置付けて「身分」とは切り離して支配する方法であった。そうすれば、各「支配」が、それぞれの支配を重複させずに済むわけである。

それは、一人が二つの支配系統に属するので「両支配《りょうしはい》」ともいわれるようになったが、両人別のように「身分」が二つの「支配」から重複して把握されてしまう二重身分ではない、という理解で処理された（但し当初は取り扱いが統一されておらず、実際には両人別に近い曖昧《あいまい》な状態も生じている）。この方法は、勘定奉行のみならず、そのほか作事奉行《さくじぶぎょう》や御納戸頭《おなんどがしら》が、町方の町人に「御用」を担わせる場合などにも、使われるようになっていく。

「両支配」成立の論理

「勘定所御用達」に任用したら、町奉行支配を抜けさせて勘定奉行支配一つに所属させたらいではないか。そう思われるかもしれない。完全な身分移動、つまり所属する「支配」の変更手続きは「支配替《しはいがえ》」といい、それも実際に可能である（後述）。それをしない理由はいくつかあるが、まず「支配」側の事情からみよう。

勘定所御用達への任用を、下級の幕臣になることだとみなし、町方人別から除外して、完全に町人身分を離脱させて勘定所支配の身分へと変更する「支配替」を行った場合、同じ町内に、町奉行支配の一般町人と、勘定奉行支配の人間が混住することになる。町という空間自体は「町方」と呼ばれる町奉行の支配領域である。しかし町方支配を離れて勘定奉行支配になった人間は、

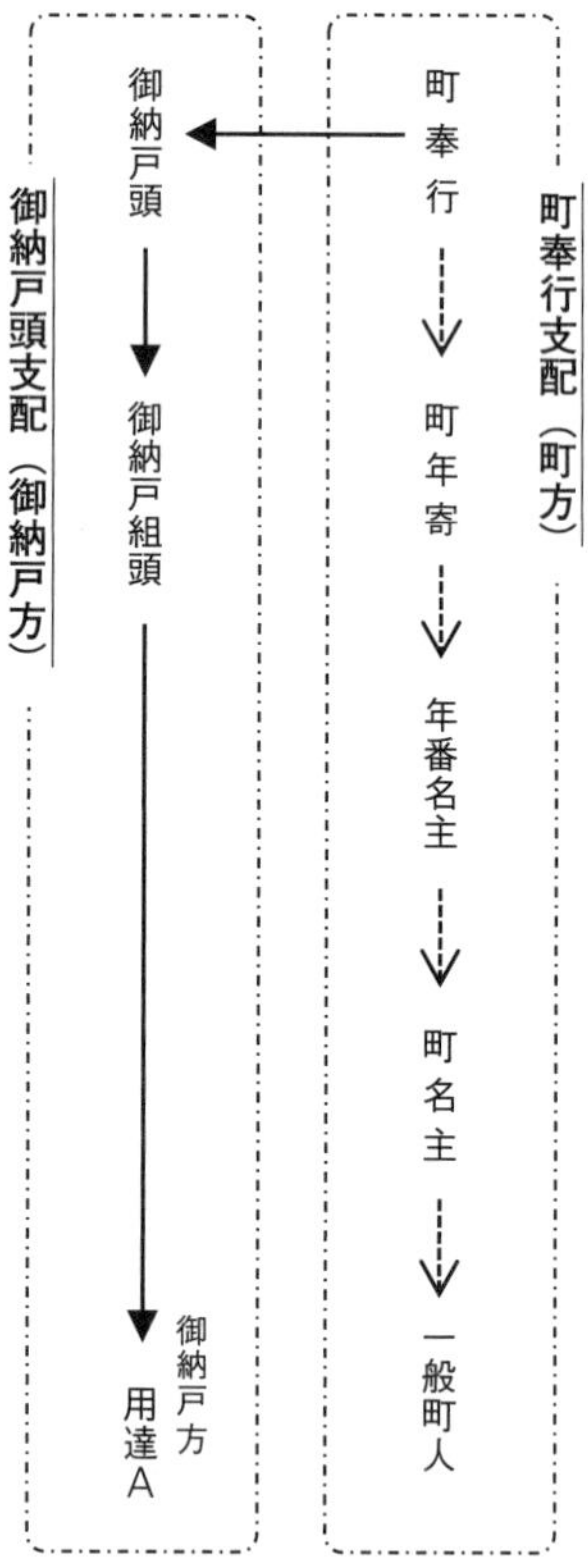

図2-2　支配違の召喚伝達経路
──▶……町奉行が御納戸方用達Aを召喚する場合の伝達経路
┈┈>……町奉行が一般町人を召喚する場合の伝達経路

町に住んでいても、町の役人からみれば「支配違」であるため、町方は彼に直接干渉できなくなる。

例えば江戸町人のAが、将軍の衣服や調度品の調達を行う御納戸頭（旗本の役職）から、その用達（御納戸方用達）に任命されて、完全に町奉行支配から離脱して御納戸頭支配に移る、「支配替」が行われたとしよう（御納戸頭支配は、第一章図1－2参照）。御納戸頭用達となったAは、これまで通り町家に住み続けていても、町奉行は「支配違」である彼を、一般町人同様に扱うことができない。町人から訴訟があって、その容疑者や参考人などとしてAを呼び出す必要がある場合、町奉行から御納戸頭に、「用達Aに用があるので、町奉行所に出頭させてほしい」と依頼して、御納戸頭からその支配系統を通じて、用達Aに通知せねばならない（図2－2）。非常

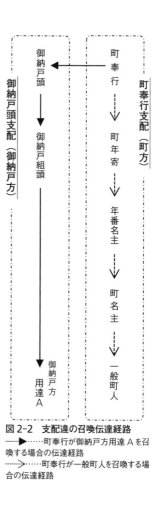

に面倒なようだが「支配」が違うと、実際にこれが行われるのである。「支配替」してしまうと、いわば大名の領分の「他領他支配」と同じような状況が、町内に現れることになってしまう。

一方、勘定所での仕事にかかわる「御用」（「職分」）だけを勘定奉行支配とし、それ以外はこれまで通り町奉行支配の町人「身分」として扱う「両支配」ならば、そのような問題は生じない。「両支配」なら、身分と職分で「支配」の棲《す》み分けが行われるため、その「御用」に関係しない「町人」としての事案では、町奉行は一般町人と同じように、直接召喚できる。一人の人間が二つの「支配」に跨った時、従来の支配関係も変化させず、新たな役割・側面をも兼帯させる。これを可能にしたのが、「身分」と「職分」を分離するという方法だったのである。

「支配替」との違いは何か

やがて一般の町人が、町奉行以外の「支配」から「御用」を命じられた場合、町奉行所としては「両支配」と「支配替」という、二つの選択肢を示すようになる。江戸時代後期までに、これがかなり整理されていった。「支配替」ではなく「両支配」となる理由を、町人側の事情からみてみたい。

江戸深川大和町の町人（家持）である惣七《そうしち》は、嘉永元年（一八四八）十二月に「小普請方御役所指物《さしもの》御用請負人」として小普請奉行支配にも属した。しかしその身分は町奉行支配のまま、小

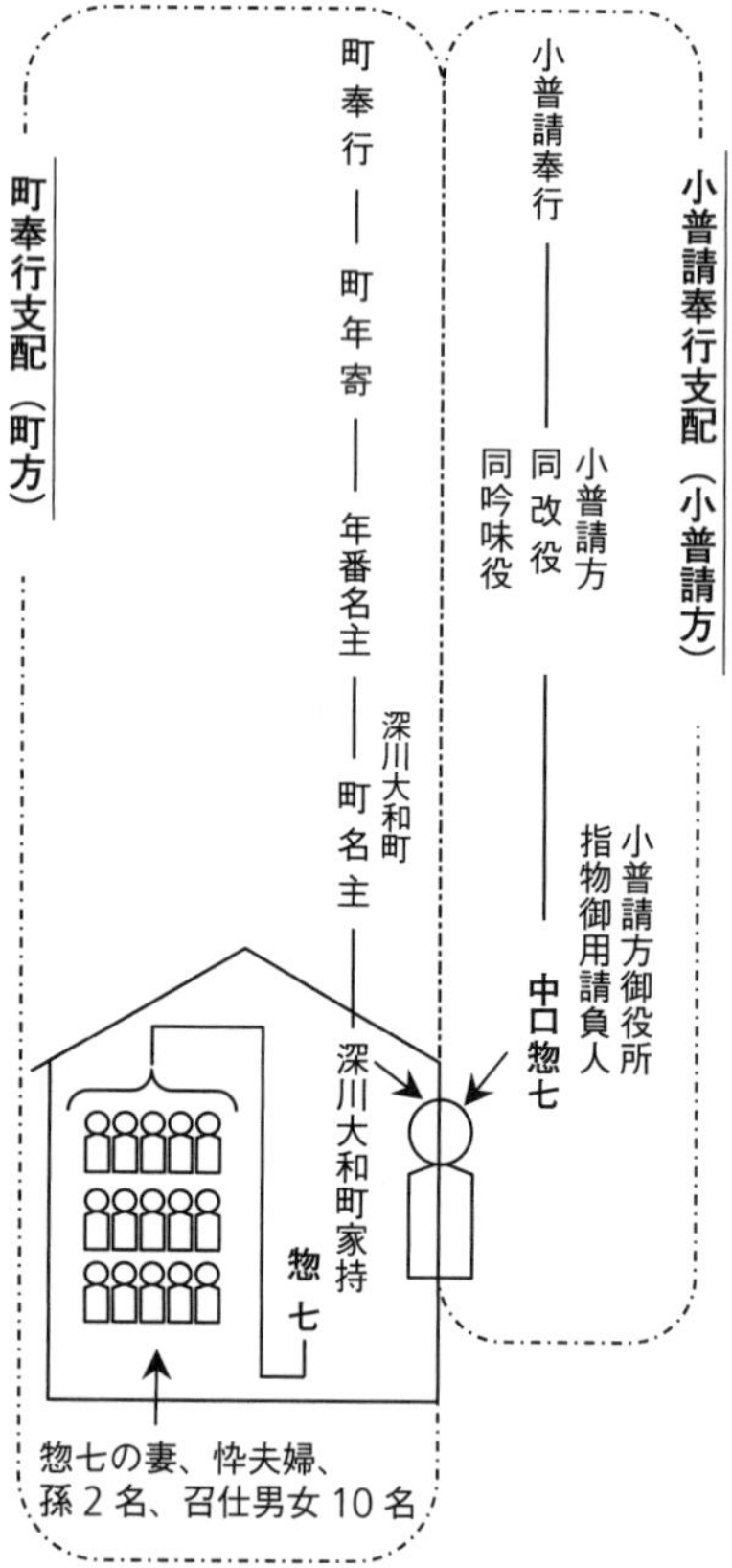

図2-3　両支配の支配関係図（惣七の場合）

普請奉行支配としての「御用」でのみ「中口惣七」と苗字を公称する「両支配」形式であった（「市中取締類集」）（図2-3）（「御用」のみでの苗字公称については、次の項目で述べる）。

彼は小普請奉行支配への「支配替」を望んでいた。しかし手広く一般町人向けの「材木商売」や「普請請負」なども行っていたため、町奉行は、その「商売筋」を止めて小普請方の「御用」のみに専念し、町ではこれまで同様に、町のルールに従って生活するのなら、町方支配の証明である「町方人別」から除外して「支配替」を認めるが、一般向けの「商売」を続けるのなら、「身分は町方支配で、御用のみ小普請奉行支配」という「両支配」で許可すると述べた。

町という空間と、そこで行われる「商売」は町方の支配である。一方「御用」は小普請方の支配である。「商売」と「御用」とは同じ一人の人間が担っていても「支配違」であり、その支配は全く別々に行われる。もし完全に小普請奉行支配の身分でありながら、町で一般商売も続ければ、町での些細なトラブルも、町方で処理できなくなってしまう。ゆえに町奉行は、一般向けの「商売」を止めるのなら「支配替」を許可するとしたのである。町人側からすれば、「御用」で与えられる収入が少なければ、当然町方での「商売」も続けねば生活が成り立たないという事情もあろうから、「御用」専業とならねばならない「支配替」より「両支配」の方が都合がよいのである。結局惣七は商売も続けたかったらしく、「両支配」での処理を選択したのである。

一方、嘉永三年（一八五〇）十月に横山町一町目の伝兵衛《でんべえ》（同町清七地借）は、「町方人別」より除外されて「御細工頭支配」になる「支配替」を行っている（同上）。伝兵衛はもともと「上総屋《かずさや》伝兵衛」として町で鼈甲《べっこう》細工を扱いつつ、「御細工所小買物其外《そのほか》御用」を務めて、その「御細工所御用之節」限定で「木厚伝兵衛」と名乗っていた（つまり「両支配」）。しかしその後、町での商売は悴《せがれ》の伝次郎に譲って、自らは「伝次郎同居父伝兵衛」となっており、町人としての当主ではなかった。そのため伝兵衛だけが御細工頭支配への「支配替」になり、御細工方支配「木厚伝兵衛」になることを許された（図2－4）。

「町方人別」から除外されて町方支配の身分ではなくなる「支配替」の場合、従来の「商売筋」など、町方での活動を原則として止めることが最大の条件であった。「支配替」とは所属す

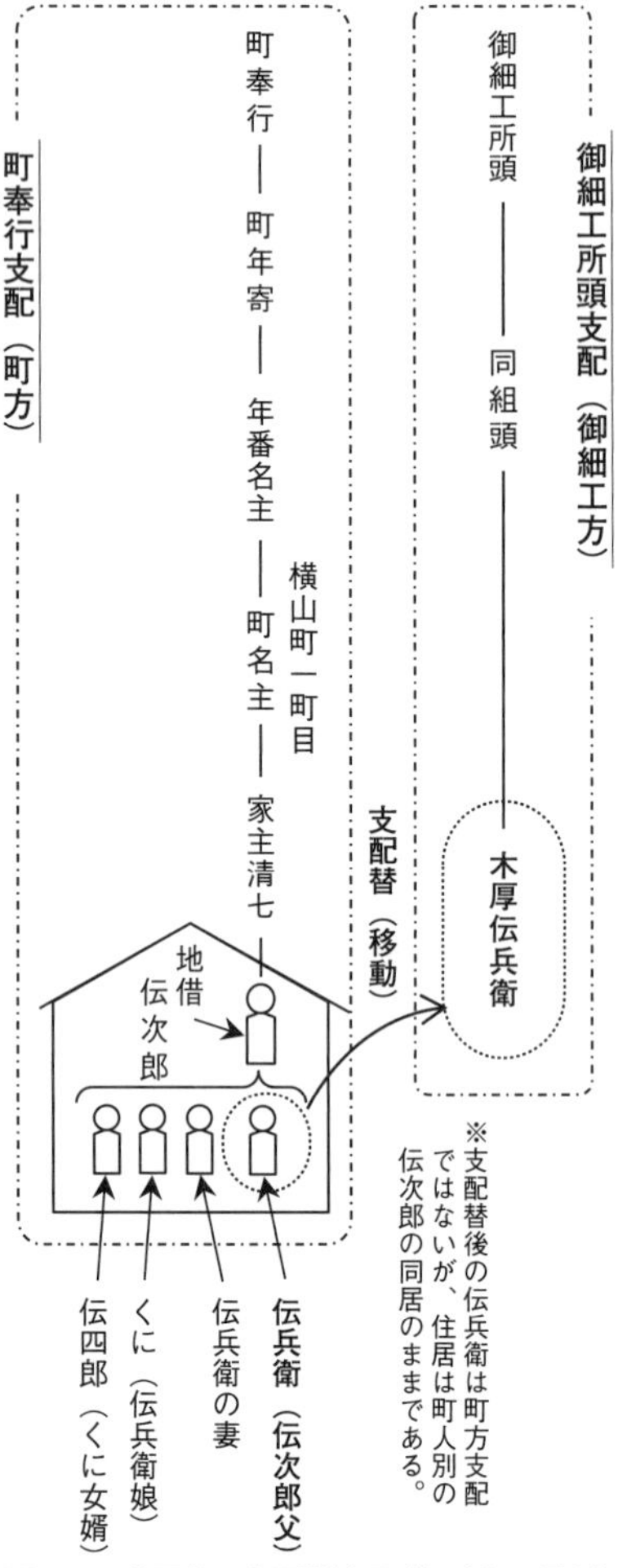

図 2-4　支配替の支配関係図（伝兵衛の場合）

る「支配」の変更、すなわち身分そのものが変わることである。ゆえにこれを実現するには、これまでの「商売」、言いかえれば町方町人としての「身分」を、忰なり誰かに譲渡するなどして処理した上で、新たな身分に移動せねばならない。伝兵衛の場合、忰伝次郎が一般町人として家業の商売を行い、伝兵衛本人だけが町方支配を離脱して御細工頭支配に属する身分となり「御用品」のみを扱うという、父子の分業を行うことで、「支配替」の条件をクリアしたのである。

　現代人は、同じ「家」なら、江戸時代の人の身分は全員同じだと勝手なイメージを持っているが、「支配」の構造上、父子の「身分」が違う状態は折々見られる。もっともこのような状態こそ、やがて壱人両名発生の主要因の一つともなっていく（第三章以降）。

時空限定の身分格式――〝百姓ときどき武士〟の発生

身分と職分を分けて扱ったのは、身分と職分とに、身分格式という、いわば社会的地位を自他内外に示す格の違いが存在した点も、大きな理由である。

十七世紀末以降、次第に身分格式として重きをなすようになったのが、苗字帯刀と呼ばれた身分標識である。江戸時代の治者、つまり士分なり〝お役人〟といわれる者は、その身分標識として、苗字を公称して帯刀（刀・脇差と呼ばれる、大小二本を差すこと）した。その名前と外見で、被治者（庶民）ではない、治者側の人間だと識別されたのである（尾脇［二〇一八A］）。

十八世紀になると、幕府や藩などでは、百姓・町人を下級役人などに任用するようになる。その際、「召抱《めしかかえ》」と呼ばれる、専業の武士身分として登用する方法もあったが、その場合は従来の身分を他者に譲渡して、本人は旧身分から完全に離脱する手続きが必要であった。これは、属する「支配」の変更、つまり身分が変わることであるから、「支配替」と同様の処理方法が必要になったのである。

しかし、百姓として潤沢な収入のある豪農が、現状の財産を手離して三人扶持《ぶち》（年に米十五俵の給与）くらいの小役人になることを望むかどうか。薄給では、従来の百姓としての生業も続けねば暮らしていけない。このような場合、百姓を武士身分に登用するのではなく、百姓身分のまま、下級役人の仕事を兼業させる方法がとられた。「身分」はあくまで百姓・町人のままにして、「役儀」など勤務中のみ、身分標識として、外見や名前は武士と同じになるよう、「苗字帯刀」させたのである。これは「両支配」と同じ理屈での、身分・職分を分離した方法といえよう。

但しこのような場合の苗字帯刀の許可は、全くその個人への許可で（史料では「其身《そのみ》壱人《いちにん》」などと表現される）、なおかつ任用期間中、ずっと許可されているのでもなく、その勤務時間と特定の場所だけに許されていることに注意してほしい。つまり仕事の時は帯刀して苗字も名乗り、武士のような態度をとって、他者からもそのように遇される。事実その期間は武士である。だがその日の仕事が終わって家に帰ると、もう帯刀してはならない。「私用」では、一切帯刀してはならないのである。しかし仕事の日になると、また武士の姿になる。言ってみれば、〝百姓ときどき武士〟である。身分と職分を分離して支配する方法は、当事者が二つの姿を使い分ける光景を生み出した。このような帯刀は「非常《ひじょう》帯刀」や「勤中帯刀」などと呼ばれ、同様の許可は町人にも見られる（尾脇［二〇一八A］）。「其身壱人」（個人）への許可であるから、息子でも親でも、許可された本人以外が帯刀すれば、違法行為として処罰される。

「苗字御免」などの格式免許も、「帯刀」と全く同様に、時間と空間での限定的許可のものがある。「両支配」の用達町人の場合、たとえ小普請奉行から苗字を許可されても、それは「役所限り」などとされた。つまり「御用」を務める小普請方の役所では苗字を公称できても、町奉行支配である町方の場面では、苗字を公称することは許されない。先の図2－3でいう「中口惣七」はこの意味であり、町奉行は絶対に彼を「惣七」としか呼ばない。本人は「支配」に応じて名前を使い分けねばならない。一方、町方支配を離れている「木厚伝兵衛」の場合は、常に公称して差し支えなく、町方も他支配の「木厚伝兵衛」として遇する。ここでも「支配」別の〝縦割り行政〟は、至極徹底しているのである。

身分と職分での苗字の有無

「御用」「役儀」などの職分でのみ苗字帯刀する百姓身分が生じていった時、村を支配する幕府代官が、その取り扱いに混乱をきたしたのも当然であった。

安永二年（一七七三）五月、勘定奉行らは、幕府領のすべての代官に対し、苗字帯刀御免の百姓身分の名前などの取り扱い方について、村々に次のように通達するよう命じている。「これまで苗字帯刀御免になった百姓の取り扱いの仕来《しきた》りは、まちまちであったが、今後は人別帳や中札《なかふだ》（年貢米を納入する時に付ける名前を書いた札）にも、苗字付きの名前で記載させて「都《すべ》て壱人にて両名」を名乗ることのないようにせよ。苗字帯刀御免でも、役儀以外の事は（ほかの百姓同様に）村役人の指示に従わせよ」と命じている（『公裁録』）。ここでの苗字帯刀御免の百姓とは、多くの場合、下級役人として任用された者たちのことである。勘定奉行は、彼らを「役儀」以外では村役人の指示に従うべき「百姓」身分であると注意し、身分と職分とを分離して扱うように指示したのである。但し、公的な場面で使用される名前については、苗字付きの名前に統一するよう命じた。百姓身分としては何右衛門と名乗り、職分ではそれに苗字を付ける、という状況が、「壱人にて両名」の状態とみなされて、その対処策が講じられたのである。ところがこの処置が、余計に混乱を引き起こしたらしいことも、野廻《のまわ》りという下級役人への対応事例によって窺えるのである。

野廻りは、幕府の鷹匠支配《たかじょうしはい》（これが「何々奉行」などと同様の役職名である）の支配に属し、村の名主や一般百姓から任命され、鷹狩りに使う鷹の訓練などを行う場所を見回ったりする役職である。幕府から二人扶持も給付されるが、身分は百姓のままである。

安永二年（一七七三）六月、勘定奉行安藤弾正少弼《だんじょうのしょうひつ》は、村役人のうち野廻りを務め、苗字帯刀している者について「「野廻り役」に関する時は苗字帯刀し、「地方《じかた》に附候《つきそうろう》村用」（村での百姓としての用事）では苗字帯刀しないという、これまでの「仕来《しきたり》」の通りとせよ。但し「壱人にて両名」を付けるようなことをさせてはならない」と命じている（「類例秘録」）。ややわかりにくいが、前月の勘定奉行からの指示が前提にあることを踏まえれば、野廻りの場合は、これまで身分と職分とで苗字帯刀の有無も使い分けてきたという、現場の「仕来」を認めつつ、やはり人別や中札では、前月の指示通りに苗字付きの名前に統一し、公的には壱人両名で把握されないよう、命じたものであろう。身分と職分とで名前が違う状況に、勘定奉行は当初、相当神経をとがらせていたことが窺える。

苗字と屋号の壱人両名

なお、このような方法で生じた苗字の有無の違いも壱人両名とみなされたことは、鋳物師《いもじ》たちの事例からも窺える。鋳物師は百姓・町人身分であるが、江戸時代を通じて、次第に京都の地下《じげ》官人《かんじん》である真継《まつぎ》家が、鋳物師としての職分を支配するようになっていく。この場合、真継家の支配である鋳物師の職分では「苗字」を名乗り、その居住・所属する町の町人としては「屋号」を名乗るという状況が生じていた。

例えば嘉永二年（一八四九）閏四月、加賀藩で起きた鋳物師間の争論において、町人釜屋九左衛門は「鋳物師としては苗字御免であるが、町では「商売之名」を使用して、屋号である「釜屋」を使用し「釜屋　九左衛門」と名乗っている」と述べている（『金沢市史　資料編 7』）。実際に彼は鋳物師としては「横河九左衛門」の名前で真継家の免許を得ており（笹本［一九九六］）、身分では屋号、職分では苗字と、名前を使い分けていた。なおこの時、九左衛門の訴訟相手は、「三都では（こうした）「一人両名之義、御見通《おみとおし》」になっております」と述べており、このような苗字有無の使い分けにも、「一人両名」という表現を使っている。

名前も身分も違うのに……

百姓・町人が苗字帯刀する役儀を帯びた場合、それを「私用」（身分）と「役儀」（職分）とで厳格に使い分けた。このような使い分けを命じた早い例として、元禄五年（一六九二）、京都における、町人身分ながら、朝廷に奉仕する地下官人を兼務した者への対応がある。

幕府は、そのような兼務の場合、地下官人の「役儀」の時だけ帯刀し、それ以外の町人としての私的な「常之《つね》用事」・「私用」では刀を差してはならない、と命じた（『京都御役所向大概覚書』・『京都町触集成』）。苗字帯刀は、被治者、つまり一般庶民たる百姓・町人の身分では、通常まといえない格式であるから、これを「職分」限定として、「身分」とは切り離す。それにより、町人と地下官人という、異なる身分の兼帯を許可したのである。

江戸時代の地下官人は、古代のように役所に出勤して仕事をするわけではない。朝廷儀式などの必要な時のみその役割を果たす、いわば儀式の運営要員であった。その役目の都度手当を支給されるが、下級の者にはそれ以外での給与がない。彼らは別の仕事で生計を立てているのが前提であるから、「官人なら商売を止めて専業でやれ」とは朝廷も幕府も言えないし、現実にそれはできない。どちらかにしろというのなら、当然官人を辞めるしかないが、そうなると朝廷儀式が滞る。このような事情から、町人と官人の身分を使い分けることを条件に、兼帯することが認められたのである。幕府の用達が「両支配」になっていたのと同様の理由といえよう。
かくして一人の人間が、「身分」と「職分」とで格式を使い分けながら、治者である武士身分と、被治者である百姓・町人身分とを兼帯する方法までが生まれていった。それは各「支配」別の〝縦割り行政〟の大前提のもと、身分格式の違いや当事者の活計《かっけい》という現実的な理由から生じたものであった。

例えば文政四年（一八二一）、京都町人の恵比須屋荘兵衛《えびすやしょうべえ》は、地下官人である御香水役人《おこうずいやくにん》という役職を金銭で購入した（手続き上は前任者の退任に伴う「相続」である）（尾脇［二〇一三］）。彼は町人としては「恵比須屋荘兵衛」と名乗り、御香水役人としては「前川靫負《まえがわゆきえ》」と称し、二つの名前を使い分け、そのどちらでもあった。荘兵衛は町人で帯刀できないが、前川靫負としては帯刀した姿になる。朝廷側では、このような地下官人を「町家兼帯《ちょうかけんたい》」と呼んでいた（第六章）。第六章でも見るように、このような壱人両名は、身分・職分の分離という理屈によって、かなり数多く存在していたのである。

三　神職たちの壱人両名

村上式部と百姓四郎兵衛

身分と職分で全くの別名も使用された。その事例と意味を、百姓による神職の兼帯という現象から見ていきたい。まずは一つの事例を示そう。

寛政八年（一七九六）十一月、武蔵六浦《むつら》藩主米倉長門守《ながとのかみ》は、次の事案について寺社奉行松平右京亮《うきょうのすけ》に問い合わせた（『時宜指令』）。「私の領分である相州大住《おおすみ》郡堀山下村の百姓「四郎兵衛《しろべえ》」は、代々百姓で組頭も務めています。しかし古来、村の八幡宮の神職も兼勤し、神事などでは「神職名前」として「村上式部《むらかみしきぶ》」と名乗っております。この八幡宮は、将軍の朱印状によって社領五石を与えられている、由緒ある神社で、将軍代替わりごとに発給される朱印状を頂戴する時にも、「村上式部」という名前で受け取っています。これは「壱人両名之《の》筋《すじ》に相当《あいあた》」るのではありませんか」。

これに対して寺社奉行は、次のように回答した。「神職「村上式部」でありながら、異なる「百姓名前」の「四郎兵衛」という名前で、村の人別に入っているのであれば、まさに「壱人両名と申す不相当之事《ふそうとうのこと》」（相応しくないこと）である。以後は朱印状をいただいている「村上式部」の名前を、村の人別にも記載すること、しかし神職とはいえ、田畑を所持している以上、その年貢諸役などについては、「百姓並《なみ》」とすべきである」。

村上式部＝四郎兵衛については、八幡宮が徳川将軍から社領を与えられた格の高い神社であり、その朱印状で宛名となってきた、代々の神職たる「村上式部」名義が、消し得ぬ本体として優先された。以後は百姓「四郎兵衛」の名前を使わず、村の帳面も「村上式部」名義に一元化して処理されたのである。しかしあくまで村での身分取り扱い上は「百姓並」とされ、村人別に属する身分で、神職という職分を果たす、分離した支配方法が適用されたのである。但し「神職名前」と「百姓名前」とは、全く違う名前である。こんな状態は、どうして発生しているのだろうか。

増える神職とその名前

江戸時代後期、百姓や町人身分ながら神職を兼ねる存在が増加していく。そこには、吉田家と白川家という、神職に許状《きょじょう》（神職の許可状・免許状）を発給して支配する二家の勢力争いが、密接に関係していた。

京都の公家である吉田家は、中世より朝廷から神祇大副《じんぎのたいふ》（神祇官の次官）に任じられ、神祇管《じんぎかん》領長上《れいちょうじょう》という勝手に創作した肩書を称し、全国の神職に支配を及ぼした（神職すべてではない）。

同じく公家の白川家は、吉田家より上位の神祇伯《じんぎはく》（神祇官の長官）に任じられた家柄だが、吉田家のような神職支配は展開していなかった。しかし十八世紀半ば頃から白川家は、吉田家が組織対象としてこなかった、村の神事に携わる百姓などを対象として、彼らに許状を与えるようになる。かくして白川家と吉田家は神職支配をめぐって競合したが、それは語弊を恐れずに言えば、支配下を増やして礼金などを得るための、一種の縄張り争いであった。入門の免状にはランクがあるが、ほとんどは推挙人と礼金によって獲得できた。神職は慣例的に帯刀も認められていたため、神職の増加には、百姓・町人側からすれば、身分とは異なる格式を手に入れて他者との差異をまとおうとする、人間の虚栄心も強く作用していた。

吉田家や白川家は、支配下の神職たちに「呼名《よびな》」と呼ばれる、神職としての名を与えた。呼名は国名《くにな》・百官名《ひゃっかんな》であり、前章で述べた通り、格が高いとみなされた名前である。これによって、百姓何兵衛でも、神職としては格の高い苗字＋呼名を名乗る、壱人両名の状態が生じてきた。

『白川家門人帳』と呼名

白川家は、神職として支配した人物の名簿を作成している（『白川家門人帳』）。ここに記載された白川家門人の神職たちは、大きな神社に属する専業の神職などもいるが、多くは、百姓・町人身分のまま、神職としての職分と、それに相応しい「呼名」を与えられた者たちである。『白川家門人帳』は、領主が支配・把握する百姓・町人身分としての名前ではなく、白川家が与えた「呼名」を主体として、次のような書式で記載していることが多い（入門項目など、多くを省略して抜粋）。

秋本（元）但馬守殿領分
丹南郡日野西村
百性（姓）与八事
河　上　掃　部

これは上野国《こうずけのくに》館林城主秋元但馬守《たじまのかみ》領分である河内国丹南《かわちのくにたんなん》郡日野西村の百姓「与八《よはち》」が、白川家では「河上掃部《かわかみかもん》」という神職としての名前で登録されていることを示している（天保十三年〔一八四二〕の例）。『白川家門人帳』は多くの場合、このように門人を「呼名」で記載し、その本名（領主など、身分支配で把握される名前）を「事《こと》」で脇に小さく表記する形式をとる。こうした「A事B」という名前の併記は、①AとB両方の名前の同時使用を意味する場合と、②AからBに改名した場合とがあるので注意が必要だが、ここで見られるのは、ほとんどが①の用法である。

いくつか同様の例を挙げると、「勢多郡（上野国）下田沢村　百性（姓）民蔵《たみぞう》事　加藤常陸《ひたち》」（文政八年）、「入間郡（武蔵国）難畑新田村　百性（姓）佐五右衛門事　柳下権頭《ごんのかみ》」（天保四年）などと「百姓」身分であることを明記する例は、各国の村々で枚挙に遑《いとま》がない。町人にも「大坂備後町四町目　漆屋次郎兵衛事《うるしやじろべえ》　木村主水《もんど》」（宝暦七年）、「（京都）烏丸御池下ル　丹後屋惣兵衛事　磯部中務《なかつかさ》」（寛政五年）などのほか、特に大坂では「吉原町　泉屋甚兵衛借屋　岩田屋善助事　加藤主馬《しゅめ》」（寛政八年）や「京町堀二丁目　扇屋忠兵衛支配借屋　能登屋甚兵衛同居　吉蔵事　西田但馬」（文政十年）といったように、借屋人やその同居人などもかなり多く確認できる。ちなみに女性も、「大坂釣鐘上之町　天満屋善助借家　近江屋太兵衛同居　するゑ事　安藤織江」（天保三年）といった形で記載されており、町人ながら巫女としての許状（呼名や千早《ちはや》の授与）を得て、巫女を職分とする女性の壱人両名も存在した。

町人の漆屋次郎兵衛が、神職としては木村主水、百姓の民蔵が、神職としては加藤常陸と名乗る。身分と職分で名前まで全く違うものとなっている。もちろん白川家が支配するのは神職の職分だけで、身分については領主などの支配であるから、一切干渉できない。木村主水や加藤常陸は白川家の支配であるが、漆屋次郎兵衛や百姓民蔵はその支配ではない、といえる。奇《く》しくも格式に起因する名前の違いが、身分と職分の分離支配を明確にしているのである。

なお百姓の場合、村の神社や小さな祠《ほこら》などに関係している場合も多いが、町人の場合は神社などに属せず、町の借家などで暮らしていて、借家の一室に祠を祀《まつ》っている程度の者たちがほとんどである。こうした町の神職は、当時「神道者《しんとうしゃ》」ともいわれた存在であった。播磨屋新兵衛の一件で、評定所が「一人で二つの名前を名乗っているだけの者は、町家には間々、同様の類の者がいる」と言っていたのは、主にこういう神道者が念頭にあったとみられる。

そこに二重身分はいない……

「職分なら、身分とは別の名前があってもよい」。播磨屋新兵衛の一件で幕府評定所が示したこの方針の背景には、支配系統と、名前や帯刀の有無といった身分格式の相違を両立させた、身分・職分の分離という方法があった。

もっとも医師の場合、神職における吉田家・白川家、鋳物師における真継家のように、医師の職分を全国規模で支配している者がない（医道を家業とした公家の錦小路家や、典薬寮《てんやくりょう》小森家が、金銭を払えば医師免状を出したが、神職のような職分支配は展開できていない）。そのため播磨屋新兵衛＝山本玄蕃の場合、その職分に「支配」があるわけではなく、「両支配」というわけではないが、町人と医師という身分と職分には、格式の違いがあった。「山本玄蕃」という名前の格式は比較的高く、神職の「呼名」同様、町人身分では名乗ることのできない、実に「分不相応」な名前なのである。身分・職分の壱人両名は、格式の異なるがゆえに生じていたのであり、名前を単純に一つに統一できない（しない）のは、その意味でも当然であった。

職分に「支配」が存在しても、あくまで従来の「身分」が主体、「職分」は副次的側面と解釈され、各「支配」の管轄領域は重複しない。「支配」ごとに完全なる棲み分けが行われていれば、身分と職分を持つ状態は、決して違法な二重身分にはあたらないのだ――とされた。一人の人間が、身分と職分とで異なる二つの「支配」に属し、異なる格式を兼ねていて二つの名前を持っていても、それぞれを使い分けていれば問題ない。それは各「支配」別の管轄、いわば徹底的な縦割りを原則とする社会の中で兼業を成り立たせる、一つの作法でもあった。

しかし、一人の人間に体は一つしかない。本当にこれは、支配の重複がない状態だといえるのだろうか。身分・職分の分離という方法は、論理上は明快であるのだが、現実にはそんなに割り切れるものではない。それは実は、様々な矛盾や調整を孕《はら》んで成立している。それがどんなものので、やがてどんな問題を引き起こしたか――それは、第六章で述べることになろう。

第三章

一人で二人の百姓たち——村と百姓の両人別

一　村の両人別

両人別とは何か

次に、播磨屋新兵衛一件で述べられていた三種類の壱人両名のうち、第一に非合法とされた①「両人別」について見ていこう（第二章の図2－1参照）。

両人別とは、簡単に言えば二重戸籍のことである。先に述べた通り、江戸時代は、領主などの「支配」ごとに人別が作成され、それが「支配」との帰属関係、すなわち「身分」を公証する役割を持つようになっていた。そのため二つの人別に記載される両人別は、各「支配」の貫徹に支障をきたす二重身分である。それは前章で述べた「両支配」や身分と職分の使い分けが、各「支配」の管轄領域を重複しないよう棲み分けていたのと違い、一人の人間が二つの「支配」から把握されて、身分が重複している状況である。しかもそれは、被治者側が虚偽の届け出をして治者たる領主などの「支配」を欺《あざむ》く違法行為であるから、「上下の差別」を重視する社会秩序において、絶対に許すことはできない。ゆえに両人別は、社会の秩序を乱すあるまじき二重身分として処罰される――というのが、江戸時代の「支配」側の建前であった。

ここで、やや専門的な注記をしておきたい。江戸時代、百姓・町人の人別が二重化している状態は「両給《りょうきゅう》人別」または「両人別」と呼ばれていた。人別が両《ふた》つの給地《きゅうち》（領主から年貢が賦課・徴収される土地、つまり「領分」や「知行所」などの村）に跨る場合には「両給人別」、給地ではない都市部の人別が関係する場合、すなわち村―町、または町―町間の人別の二重化の場合には、「両人別」と呼ばれる傾向がある。但し人別の二重化という性質は全く同じであるから、両者は同義語として混用もされ、「両人別」の語を以て、その総称とした例もある（「撰述格例《せんじゅつかくれい》」）。本書ではこの総称としての意味で、「両人別」という用語を使用する。

では、そのあるまじき両人別は、なぜ発生し、存在したのか。更に両人別では、二つの別の名前を使用して、壱人両名になっていることも少なくない。以下本章では、まず村の百姓たちによる両人別・壱人両名を追う。それは江戸時代の百姓の身分実態を、浮かびあがらせてくれるだろう。

源四郎と八郎右衛門

安永三年（一七七四）、武蔵国埼玉郡久米《くめ》原《はら》村（東粂原《ひがしくめはら》村）の百姓源四郎《げんしろう》が、両人別の罪によって処罰された（「撰述格例」）。まずはこの事件から、両人別の実態を見ていこう。

当時の久米原村は、大名・旗本ら三人の領主が治める村であった（図3－1）。このように一つの村を複数の領主が分割支配する状況を相給《あいきゅう》といった（相給の相は、相部屋《あいべや》の相と同じ意味。給は給地の意味である）。相給は村内に境界線が引かれて分割されているのではない。図3－1のように、村の石高と百姓軒数が各「支配」ごとに分割されているのである。村の田畑なども、一《いっ》筆《ぴつ》ごと（土地一区画ごと）に領主が決まっているため、村内のあちこちに領主の異なる土地が飛び飛びに存在している。もし村の地図があって、領主ごとに土地を色分けしたら、モザイク画のような図面になるだろう。

百姓各戸は、相給が設定される初期段階で、どの領主に属するかが決められている。百姓五十八軒ほどの久米原村の場合は、図3－1に示した通りの内訳である。集落が領主ごと別になっているわけでもないため、何兵衛さんは大名堀田《ほった》相模守《さがみのかみ》の百姓だが、そのお隣の何右衛門は旗本渥《あつ》美《み》九郎兵衛《くろべえ》の百姓だ、などという状況になっている。年貢は各領主別に集めて上納されるため、百姓の代表者である名主《なぬし》などの村役人も領主ごとに任命されて存在するから、村の中には名主が何人もいる（久米原村では三名）。いわば同じ村内に異なる領主支配のグループが存在するのが、

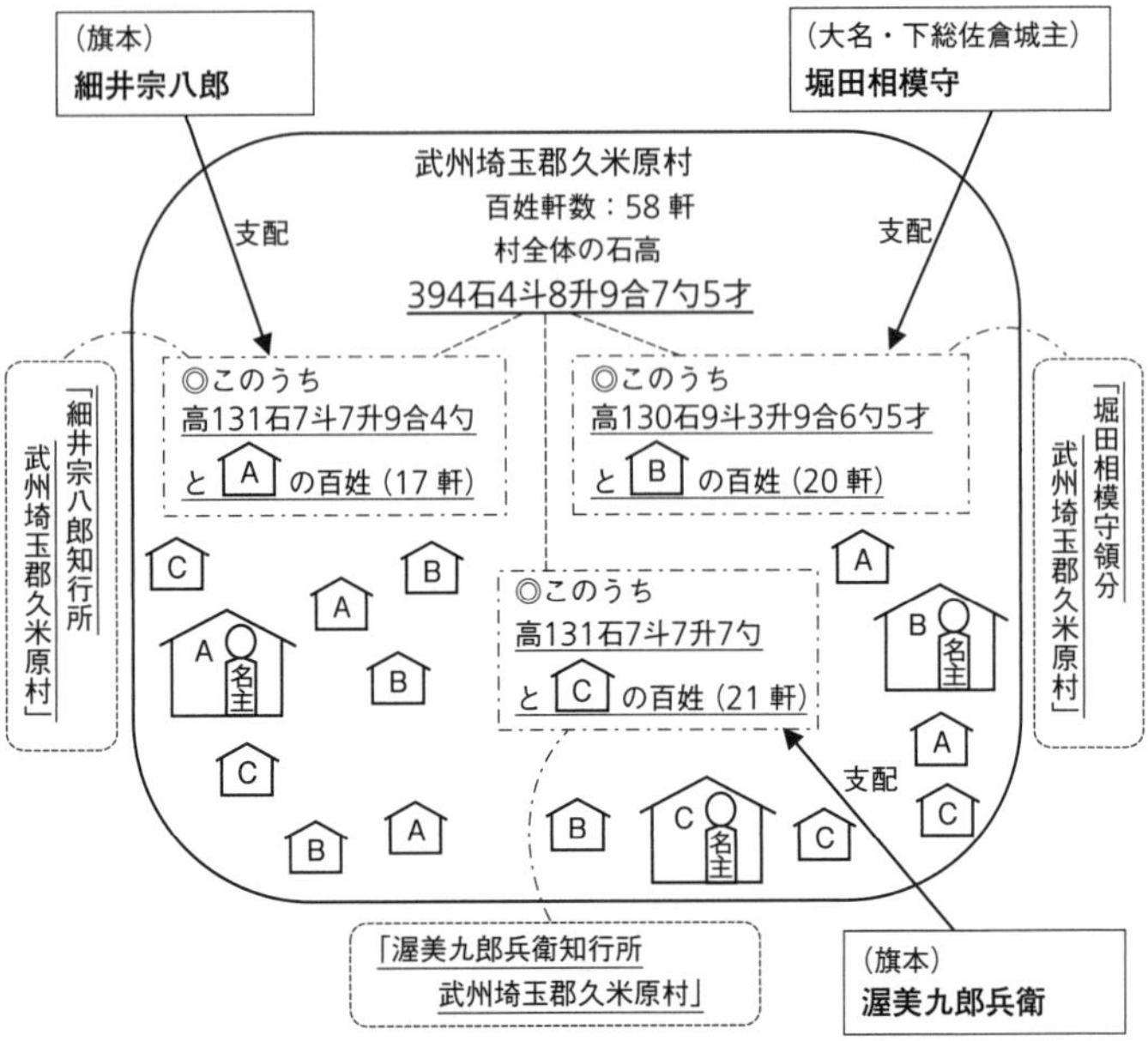

図 3-1　相給村落の支配構造略図（江戸時代後期・久米原村）

⌂ は 1 軒の百姓を示す（図 1-2 注記参照）。各領主が支配しているのは、自領として設定されている土地（通常、村の一定領域に偏らず、村内あちこちに散在している）と、支配の百姓軒数のみ。それ以外の土地及び百姓は「支配違」である（近世「支配」別の原則通り）。江戸時代後期における同村百姓の総軒数は 58 軒で、各「支配」帰属の内訳は、堀田領分 20 軒、細井知行 17 軒、渥美知行 21 軒であった。本図ではわかりやすさを優先して、この軒数を入れて図示した。百姓は支配設定の初期段階で、いずれかの領主との帰属関係が設定され、その領主に対してのみ百姓役を果たす。原則として、その帰属関係は相続者に継承される。この村は、おおよそ均等な三分割であるが、全く不均等な相給も普通に存在する（表 3-1 の石見上里村など）。

註：本図は概念を示す図であり、百姓の実数を示す図ではない。また、同村には他の複数村に跨って開発された笠原新田（幕領、つまり幕府代官支配所）が存在するが、本図では説明上これを省略した。

出典：宮代町教育委員会『東条原村岡安家文書（宮代町文化財調査報告書第 12 集）』（2003 年）所収史料等を参考に作成

相給の村の特徴であった。江戸時代の関東や畿内では、ごく普通に存在した状態である。相給の場合、村内に領主の「支配違」が存在している状態である。これだけ見るとややこしく見えるが、実は江戸時代の領地・支配というものの基本構造が、ごく狭い範囲に凝縮されているだけのことともいえる（第一章の図1－1を参照）。

この村の百姓源四郎は、村内の二人の領主、すなわち旗本細井宗八郎知行所と武蔵久喜《くき》藩米津《よねきつ》越中守《えっちゅうのかみ》領分とに属する「両給人別」であった（のち領地替えで、米津領分は下総佐倉藩堀田相模守領分となった）。彼は同じ村の中で、細井知行所では源四郎、堀田相模守領分では八郎《はちろ》右衛《え》門《もん》という百姓であり、まさに壱人両名の状態になっていたのである。しかも「両名・両印」（「両判・両名」とも表記）、つまり二つの名前にあわせて、実印まで全く違うものを使用していたから、書類上、源四郎と八郎右衛門は、全く別の人間としか認識できない。領主ら「支配」側から見た場合、二人が同一人物だと知る方法もなく、通常なら発覚のしようもなかった。

村と「我意」

この状態が表沙汰になったのは、安永元年（一七七二）十二月、久米原村細井知行所の名主幸《こう》右衛《え》門《もん》が、源四郎を「我意《がい》」を振るう存在、つまり自分勝手な理屈で村の秩序を乱す人物であると、幕府勘定奉行に出訴したことによる（『東条原村岡安家文書』）。源四郎の両人別は、村に米津越中守領分があった時代に一度解消されたが、宝暦十三年（一七六三）、米津領分が堀田領分に変更（領地替え）になると、源四郎は同村堀田領分の名主七右衛門《しちえもん》に依頼して、再び両人別になったのだという。幸右衛門は、「源四郎が「壱人にて両判・両名、弐《ふた》ツ所持」して「宗門人別二重に御双方《ごそうほう》へ書載《かきのせ》」ているため、細井氏の吟味も行き届かない（堀田領の領民でもあるため、「支配違」で手が出せない）。どちらかの人別一つに片付けて、「両判・両名」にならないように命じてください」と訴えたのであった。

　かくして安永三年（一七七四）十二月、この一件は、源四郎を五十日間の手鎖《てじょう》、更にこの状態を放置していた村役人も責任を問われ、「細井宗八郎知行　同国埼玉郡久米原村　名主　幸右衛門」を過料《かりょう》五貫文、「堀田相模守領分　同国埼玉郡久米原村　名主　七右衛門」を過料十貫文に処して落着する（「撰述格例」・「御仕置例」）。「細井宗八郎知行武州埼玉郡久米原村百姓　八郎右衛門事源四郎」という名前で処罰が申し渡されており、細井知行所の百姓身分が、もともとの本体だと判断されたらしい。しかし源四郎がなぜ両人別になったか、その動機などは語られておらず、史料からは、これ以上の情報は得られない。

　但し、ここから重要な要素も読み取れる。まず源四郎の両人別の発覚は、これを公《おおやけ》に訴え出た名主幸右衛門のせいであること。その彼が訴えたのは、源四郎の「我意」を理由としていたこと。この発覚の経緯と「我意」という用語を、よく覚えておいてほしい。

　この両人別は、同一村内での出来事である。久米原村は図3－1で示した通り、百姓五十八軒ほどで構成されている小中規模の村であるから、百姓たちは、お互いの顔を知っていると考えてよい。だから普段の生活で、「やあ源四郎どの！」「いや私は八郎右衛門です」などという滑稽なやりとりは、どうしたってありえない。細井知行と堀田領分は交ざり合っている。村内に境界線があって、そこを境に八郎右衛門と源四郎を使い分ける、というような状況も、やはり発生しようがない。八郎右衛門＝源四郎という壱人両名は、彼自身が日常的に別人を装う行為ではありえない。ただ書類の上だけのことである。ならばこの両人別・壱人両名に、一体何の意味があったのか。その謎を解くためには、いろいろと順を追って見ていく必要がある。

人別の戸籍化

まず、両人別が違法なのはなぜか。それは、人別が戸籍として「支配」への帰属を公証するという前提があるためである。しかし人別は最初からそんな戸籍として制定されたものではなく、時代の推移とともに戸籍のように利用され、次第にそのような性質を帯びていったものであった。人別の戸籍的役割は、いわば後付けの性質といってよい。

しかしこの後付けの性質が、十八世紀半ばには重要性を増したのである。幕府は、人別に記載されることを、町や村に居住する際の必須条件とみなし、人別への加入なしに居住することを違法行為とするようになった。『公事方御定書』には、寛保二年（一七四二）の制定として、「人別帳にも加えず、他のものを差置候《さしおき》もの」には、当人や、それを居住させた者は所払《ところばらい》（居住地からの追放刑）、名主は重き過料、組頭は過料に処するとの条項が見える。但しこれは、既に成立していた慣行を明文化したものだと注記されて、正徳三年（一七一三）の判例が先例として挙げられており、寛保二年から始まったのではない（『徳川禁令考 後集第二』）。もっとも幕府は、人別作成上の細則などを領主らに指示したことはなく、そのため領主ら「支配」ごとで、人別内容の精度や記載方針もまちまちであり続けた。しかし百姓・町人などの庶民はどこか一つの人別に加入していて、それが社会の成員たる証である、人別に記載された「支配」に帰属しているのだ——。そういう常識が次第に醸成されていったのである。

社会の成員たる者は、どこか一つの「支配」に属する——〝一人の身分は一つ〟という大前提にしても、実は幕府が明確な制度として、初期段階で設定したものではない。それは「支配」ごとの〝縦割り行政〟の浸透や人別の戸籍化などを通じて徐々に形成され、やがて人々の間に大前提の常識として定着したものなのである。

両人別へのまなざし

享保六年（一七二一）、幕府は全国の人口調査を指示し、更に同十一年には、以後子年《ねどし》と午年《うま》、つまり六年ごとにその調査を幕府に申告するよう、領主たちに命じた（『徳川禁令考 前集第六』）。

それはそれぞれ「領分限り」で「二重」にならぬことを命じている。人別が「支配」との帰属関係を証明する意味を帯び、その二重化を回避する意識は、このような施策も一つの契機となったのであろう。

　村の両人別の関係者が処罰された、管見の限り最古のものは、次の事例である（「撰述格例」）。明和二年（一七六五）十一月、下野国《しもつけのくに》都賀《つが》郡乙女《おとめ》村の百姓良仙父子《りょうせんおやこ》は、常陸国吉沼村（同国筑波郡・茨城郡に同村名あり。どちらか不明）へ移住して借家していた。それにもかかわらず、乙女村の人別帳に移住の事実を記載しないまま、「文右衛門」（良仙の改名前の名前）という名前で記載され続け、両人別となっていた。そのため乙女村の名主は過料三貫文、組頭は急度《きっと》叱《しか》り（厳重注意）に処せられた。これは人別を作成した村役人の過失ということで処罰されている。

　繰り返すが、人別の戸籍的役割は後付けの性質である。ゆえにそのような性質・用途が広がる以前、異なる人別に一人が二重に記載されても、別にそれを違法行為と見る意識は、必ずしも存在しなかったのではないか。それを窺わせる事例もある。

　寛政二年（一七九〇）十二月、旗本戸田藤右衛門知行所である常陸国河内郡甘田《あまた》村の百姓市之《いちの》丞《じょう》、助右衛門事加茂左衛門《かもざえもん》、十右衛門の三名は「親の代からの仕来りで、何とも思わずに、二つの村（甘田村と、どこかそれ以外の村）の人別に加わっていた」として処罰された（「撰述格例」）。市之丞は領主から吟味中の宿預け（外出禁止）も守らなかったため過料銭三貫文、ほか二名は急度叱りに処されている（助右衛門事加茂左衛門の「事」表記は壱人両名なのか、改名による事件発生時と処罰時点での名前の違いか、いずれかは不明)。同四年(一七九二)には、旗本筧《かけひ》新太郎知行所である上野国新田郡今井村の百姓惣兵衛《そうべえ》(元名主)と八郎兵衛が、領主への年貢納入を滞らせ、領主の呼び出しにも応じなかった事件の吟味の際に両人別が発覚している。惣兵衛が過料五貫文、八郎兵衛が過料三貫文の処罰を受けた。この時も「従来の仕来りで、なんとも思わずに「両給人別」であった」という事情が記されている(「撰述格例」)。彼らは親の代から両人別で、それを単に「仕来《しきたり》」として続けていた者たちであった。両人別は「人別」が戸籍的役割を帯びていく中で、処罰すべき違法行為とみなされるようになったのである。

どこが誰の領地で、誰がどこの領民だ、などという支配関係は、「支配」側の都合による設定である。しかし生身の人間は、活動範囲を広げ、隣村の土地や家を買ったり、更には移住したりもする。「支配」の都合による領民の把握と、現実の活動との間には、どうしても齟齬《そご》が生じていかざるを得ない。そのとき人別は、どうなるのだろうか。

二　人別と百姓株

百姓株という前提

両人別の発生には、「百姓株《ひゃくしょうかぶ》」と呼ばれるものが、重要な前提となっている。

江戸時代、身分や権利が物権化したものを「株」といった。江戸時代の身分は「株」として、売買や擬制的な養子手続きによって、譲渡・相続（継承）されうるものであった。百姓や町人が旗本や御家人などの株を買って武士になったという話は、今やよく知られていよう。株の譲渡・継承を通じて、身分は変わる。それは江戸時代の特徴といってよい。ゆえに累代の「何々家」の継承に見えても、実は赤の他人が名前を襲名しているだけで、血統上は何度も入れ替わっていることが少なくない。

こうした株による相続は、百姓の場合も同じである。仮に「何々村百姓源右衛門」という身分と名前が、何代にもわたって襲名・継承されていたとしよう。しかし代々の源右衛門が全員血縁関係でつながっているかどうかは、わからない。先代の「何々村百姓源右衛門」と、当代（現当主）の「何々村百姓源右衛門」とは、たとえ表向き実子ということになっていたとしても、本当は何の血縁関係もなく、ただ当代が先代から、百姓としての名前や権利や財産、つまり百姓株を買い取って継承していた――などということは、ごく普通のこととして存在したからである。

江戸時代の身分は、名跡《みょうせき》や権利が一体になった「株」となって、その譲渡売買が行われている。「数百年間、何々村には源右衛門という百姓が、代々ずっといる」という状況は、これを前提に作り出されている。その「源右衛門」は、いわば〝椅子《いす》〟のようなものである。そこに座って「源右衛門です」と名乗る人間が、確かにいる。しかし昨日の源右衛門と、今日の源右衛門は、実は全く別人かもしれない。あるいはその椅子には本当は誰も座っていなくて、必要な時だけ、八郎右衛門という、別の椅子に座っている男が、源右衛門の椅子に座って「私が源右衛門です」と言っているだけかもしれない。しかし領主ら「支配」からは「わが領民の源右衛門は、ずっと継承されて、そこにいる」ように見える。江戸時代の身分の「株」とは、こんな〝椅子〟のようなものと考えることもできる。代々の名前を名跡として継いでいるのは、いわば昔からの〝椅子〟の名前を名乗ることによって、その存在と権利継承の正当性を保つためであろう。

次の仁左衛門＝彦兵衛という百姓の両人別・壱人両名の事件は、「支配」をまたいだ活動と、一人で二つの百姓株を保持することで生まれた、具体的な事例である。

彦兵衛と仁左衛門

天明元年（一七八一）一月、伊勢八田《はった》藩加納《かのう》遠江守《とおとうみのかみ》領分である伊勢国三重郡西阿《にしあ》倉川《くらがわ》村の百姓仁左衛門《にざえもん》（当時六十六歳）は、領主加納遠江守から御用金を出すように命じられた。しかし彼はこの要求を、こう言ってはねつけた。「私は大和郡山藩松平甲斐守《まつだいらかいのかみ》領分である伊勢国三重郡四《よっ》日《か》市《いち》宿《しゅく》川原町《かわらまち》の百姓彦兵衛《ひこべえ》である。四日市宿の人別に記載されている。加納領分である西阿倉川村の人別に加わっていないから、加納氏の支配に属する百姓ではない。だから加納氏の御用金を出すいわれがない」――仁左衛門こと彦兵衛は、人別を根拠にして加納との支配関係を否定、要求を真っ向から拒否したのである（『百箇条調書』）。

結論からいえば、四日市宿の彦兵衛と西阿倉川村の仁左衛門は、壱人両名の同一人物なのであるが、もとよりただ者ではなかった。彼の亡父の代には、西阿倉川村に百石もの持高を有していた。西阿倉川村は、村全体で五百六十四石余であるから、村の五、六分の一近くを一人で所有していたことになる。村では誰もが知っている、そんな男であったろう。但し彦兵衛は当時、四日市宿に居住して商売を営んでおり、そちらが生計上の本業になっていた。なお四日市宿は東海道五十三次に数えられる宿場町だが、行政上は村であり、事件時同宿の商売人たちは、大和郡山松平甲斐守の支配に属する「百姓」であった。

彦兵衛（仁左衛門）は親から継いだ四十石余の土地を西阿倉川村に持っていた。彦兵衛はそれを出作《でさく》地と称した。出作は「でづくり」とも読み、他村や所属する領主以外の田畑を所持・耕作していることである。出作の場合、年貢はその土地の領主に納めるが、身分は人別を提出している領主に属し、出作地の領主の支配は受けない。彦兵衛は「西阿倉川村（村という社会集団全体）に賦課された御用金なら、自分の出作地の石高に応じた割合で出すが、別段の御用金は納得できない」とも発言しており、領主加納氏は、金持ちの彦兵衛にだけ多額の御用金を出させようとしたらしい。西阿倉川村の村役人も彦兵衛の説得を試みたが、遂に彼の態度は変わらなかった。かくして領主加納氏は、仁左衛門が加納領分の百姓であることの確認・証明を求め、幕府評定所への出訴に踏み切ったのである。

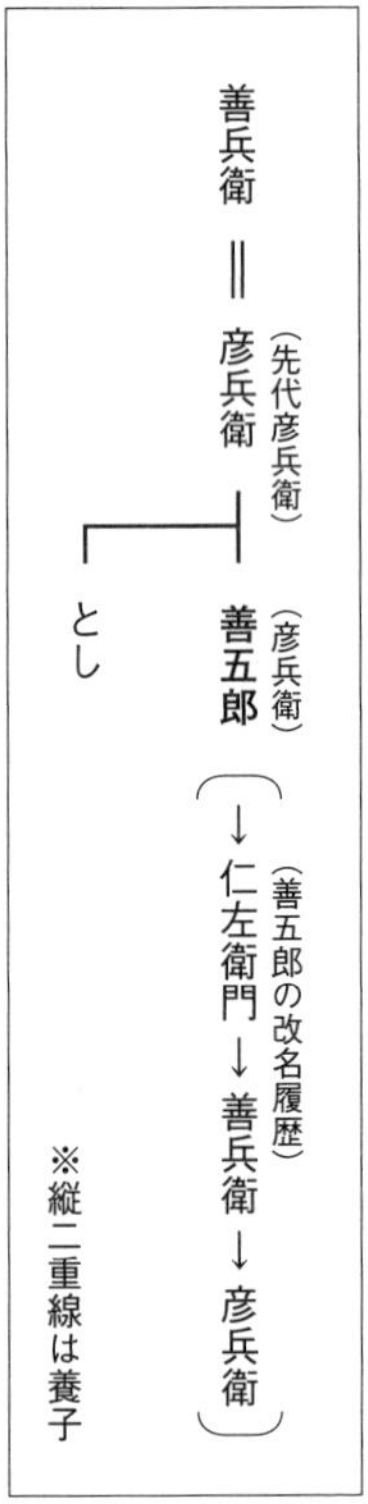

図3-2　彦兵衛家略系図

父子で二軒

評定所は、「百姓仁左衛門之身分」について本人や関係者たちの吟味を行い、次の経緯が明らかになった。話は彦兵衛の祖父善兵衛《ぜんべえ》の代まで遡る（図3－2、3－3）。事件より約百年前の天和二年（一六八二）、三重郡末永村から、西阿倉川村に善兵衛という男が移住してきた。前歴は知れないが、彼は百姓として西阿倉川村に根付いた。実子のなかった善兵衛は、同郡浜田村の百姓吉左衛門《きちざえもん》の息子彦兵衛を養子に迎えた。この彦兵衛は、今回の事件で登場する彦兵衛の父親である（以下、先代彦兵衛と呼ぶ）。

宝永四年（一七〇七）、先代彦兵衛は四日市宿川原町へ移住し商いを始めた。その際、西阿倉川村の百姓としての務めは、今後も永久にこれまで通り継続するという証文を村役人に提出した。ここに父（善兵衛）と子（先代彦兵衛）が別の土地で、別の家の当主となり、一つの家が二軒に

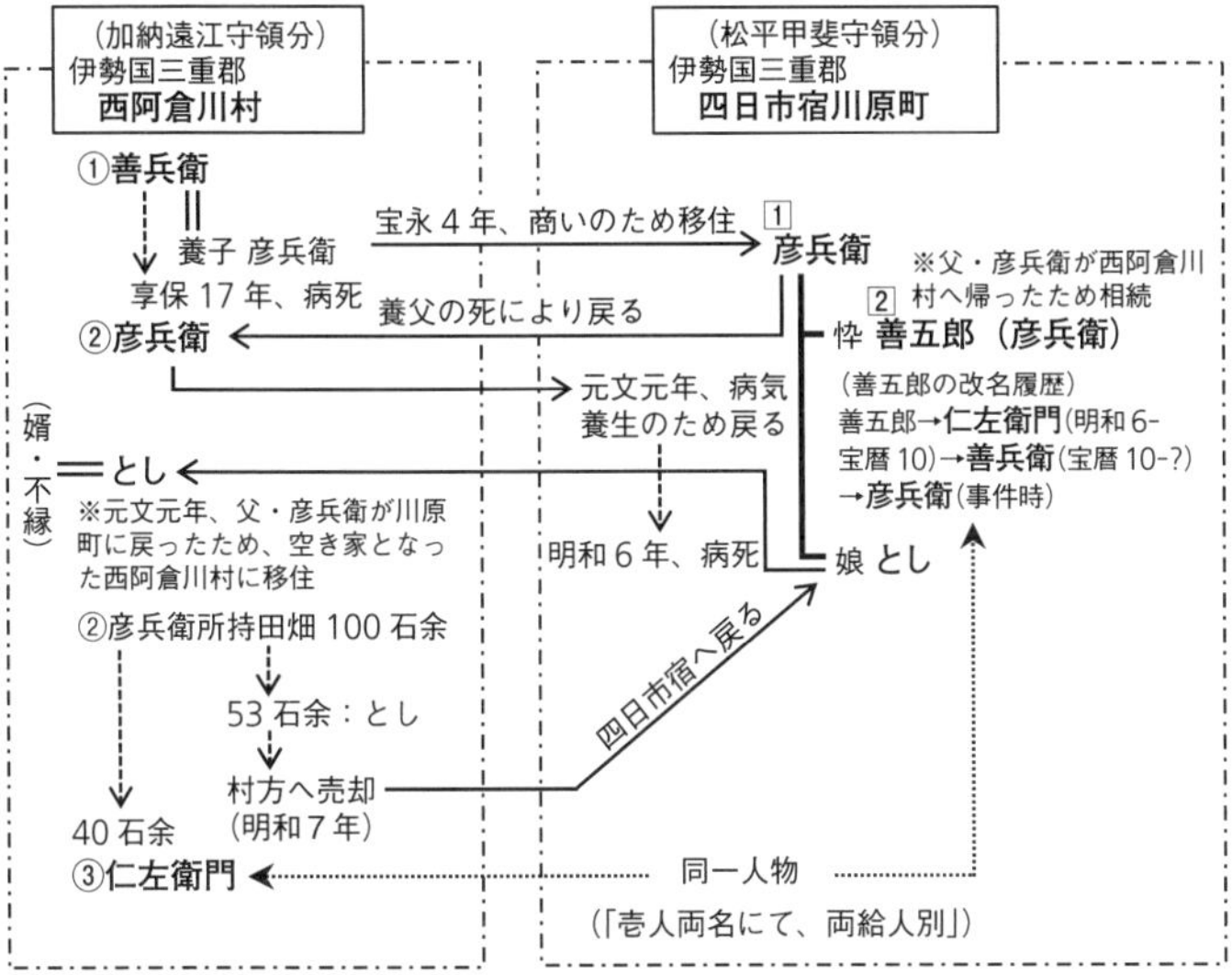

図 3-3　百姓仁左衛門・彦兵衛、「両給人別」の経緯

註：①―③は西阿倉川村百姓株の相続順、1・2は四日市宿百姓株の相続順を示す。領主名は事件当時のもの。
出典：尾脇秀和「近世身分の移動・二重化と「人別」の取り扱い」（『日本歴史』839 号、2018 年）をもとに作成

分かれた。この頃の四日市と西阿倉川は、ともに幕府直轄領だったが、その後四日市は松平甲斐守領分、西阿倉川は加納遠江守領分となり、二軒は支配領主が異なるものになった。

享保十七年（一七三二）、善兵衛が死去した。先代彦兵衛は先の証文での約束を履行するため西阿倉川村へ帰り、善兵衛の百姓役を相続した。同時に四日市宿の家は悴《せがれ》の善五郎（のちの彦兵衛）に譲った。代替わりしても父と子で二軒を保持したのである。しかし元文元年（一七三六）、先代彦兵衛は病気になったと称して、息子の住む四日市宿の家へと戻った。そこで西阿倉川村の家には、先代彦兵衛の娘としを移住させ

た。善五郎の妹である。このとしに先代彦兵衛の所持する西阿倉川村の土地百石余のうち五十三石余を分与し、彼女に婿を迎えて、西阿倉川村の百姓の方を相続させるつもりであった。しかし彼女の縁談は、すべてまとまらなかった。

明和六年（一七六九）、先代彦兵衛は四日市宿で死去した。としは五十三石余の田畑を西阿倉川村に売却し、兄のいる四日市宿に戻った。残る四十石余（数値は史料ママ）を伴う西阿倉川村の百姓の家は、名義上、善五郎（当時は仁左衛門と改名していた）が相続した。実際は四日市に住んだままである。その後、同人は善兵衛、更に彦兵衛と改名したが、西阿倉川の人別には継承時点の名前であった「仁左衛門」名義のままで記載され続けた。つまり四日市では彦兵衛、西阿倉川では仁左衛門という壱人両名は、父子で保持した二軒の家を一人で維持するようになったことで生じたものだったのである。

百姓の証明

訴えを受けた評定所は両村の人別帳を調査した。両村には享保以降の人別帳がおおよそ残存していたのである。すると四日市宿の人別帳には、彦兵衛（善五郎・仁左衛門）以下、としを除く家族全員の名が記され、一方、西阿倉川村の方は、仁左衛門という名前で、としを含めた家族全員の名が記載されていたことがわかった。なお、彦兵衛の息子（当時二十二歳）は、四日市では

「勘蔵《かんぞう》」、西阿倉川では「官蔵《かんぞう》」と表記されていたらしい。また西阿倉川村の人別には、初代善兵衛の印が引き続き使用され、四日市宿の彦兵衛とは別の印が使用されていた。百姓の家は、代々の実印を大切に継承して使用することも多い（襲印《しゅういん》慣行という）。

更に、としは四日市に戻った後、西阿倉川の村役人から人別帳作成のため押印が必要だと知らせてきた場合、居住していた時代からの「仕来」として、家来（彦兵衛家の使用人。商売人だからいわゆる手代《てだい》であろう）に亡祖父善兵衛の印を持たせて、村役人に渡して押させていたことも明らかになった。村にいない「仁左衛門」を、村にいる百姓として人別へ記載し続けていたのは、実は西阿倉川の村役人——事件当時は庄屋直右衛門《なおえもん》（四十五歳）と、年寄代（庄屋を補佐する役）の弥兵衛《やへえ》（五十九歳）——であったといえる。また人別には、宗旨を証明する檀那寺の印も必要である。彦兵衛は浜田村の崇顕寺《そうけんじ》の檀家であった。その住職の一音（三十八歳）も前の住職からの「仕来」通りに、四日市の彦兵衛と西阿倉川の仁左衛門の両方に印を押していたのである。

何のことはない。彦兵衛＝仁左衛門の両人別、壱人両名を、村などの関係者たちは、みんな知っていたのである。むしろ、としや彦兵衛家の手代ならばともかく、西阿倉川に居住経験のない彦兵衛本人は、としに任せていた西阿倉川村のことを、よくわかっていなかったのではないか。

彼は「宝永年中より四日市宿の人別になっており、西阿倉川の人別のものではない」と主張した後、村役人からわざわざ右の人別押印の事情を説明されても主張を変えず、天明元年になって突然、西阿倉川の人別帳への押印を拒否したという。いずれにせよ、彼は最初にシラを切ったため途中から主張も変えられなくなっており、初動で詰んでいたともいえる。

評定所の吟味の結果、「西阿倉川村の百姓ではない」という彦兵衛の主張が虚偽で、実際には「両給人別にて壱人両名」であることが明白になった。かくして評定所は次のように申し渡した。「明らかに両人別でありながら、西阿倉川村の領主に対して、その百姓ではないなどと「我意」を主張したことは、領主に対する不届《ふとどき》である」と。かくして「松平甲斐守領分　勢州（三重）同郡四日市宿川原町　百姓仁左衛門事　彦兵衛」と「同人悴　勘蔵事　官蔵」は、西阿倉川村の所持地を領主に没収し、所払《ところばらい》（四日市・西阿倉川両方からの追放）に処せられた。監督不行き届きとして、村役人の直右衛門・弥兵衛は急度叱り、一音も三十日の逼塞《ひっそく》（日中の外出禁止）に処せられた。

何かがおかしい

両人別は違法行為である。しかし何かおかしい。そう感じないだろうか。評定所に持ち込まれる以前から、西阿倉川村は仁左衛門＝彦兵衛の両人別状態を知っている。そもそも人別は村が作成して領主に提出するものであり、百姓個人が領主に直接出すものではない。両人別はどうしたって本人だけではできない。個人的な犯罪として成り立つわけがないのである。

先代彦兵衛は四日市で商売を行う際、西阿倉川村の百姓も続けることを、村から条件として求められた。先代彦兵衛が西阿倉川の百姓でもあり続けることを望んだのは、村である。百姓株、すなわち百姓の軒数は、基本的に減少させないことが希求される。この時代の年貢・夫役《ぶやく》は、村高に応じて村が領主などの「支配」に納入・負担する村請《むらうけ》制だからである。一人でも年貢・夫役を納められなければ、周囲が代わりに負担せねばならない。百姓一軒が減れば、その一軒の負担はほかの百姓で補うのが原則である。ゆえに村は、村の成員たる百姓を減らさず、維持するために動く。「四日市で商売をするにしても、西阿倉川の百姓は続けてくれ」と善兵衛・先代彦兵衛に求めて証文を提出させたのは、偏《ひとえ》に村の事情であった。領主は村がどのような形で年貢を集めて納入するかにはあまり干渉しない。とはいえ、村は百姓によって成り立つ。村が困れば、そこから年貢をとる領主も困る。江戸時代の村では、百姓の数が百姓株として固定化する傾向を見せ、その維持が図られたが、それはこうした事情によるものである。

先代彦兵衛は村の要請に応えたに過ぎない。先代彦兵衛が善兵衛の死によって百姓相続のため西阿倉川村に戻ったのはこのためである。しかしたった三年後には「病気の養生」を理由に四日市に戻る手続きをしている。先代彦兵衛の死は、それから三十四年も後のことである。先代彦兵衛の時点で、既にこの家の本体は四日市での商業であって、西阿倉川村での居住実態の有無すら、実は相当怪しい。もっとも西阿倉川と四日市宿川原町は、海蔵川《かいぞうかわ》を挟んでいるが、せいぜい徒歩三十分ほどの近距離である。西阿倉川の百姓たちにしても、「彦兵衛は村にいない、四日市宿にいる」ということを、知らずにいたわけがないのである。

四日市の彦兵衛家と、もともと住んでいた西阿倉川村の家。この二つの家は当初、父・子でそれぞれ相続した。最初は善兵衛と先代彦兵衛、善兵衛死後は、先代彦兵衛と善五郎（彦兵衛）。しかし彦兵衛の代に至ってそれが困難になり、一人の人間が二つの家――それは場所も「支配」も違う――の当主でなければならなくなって、両人別・壱人両名が起こったのである。

両人別自体は、むしろ村の都合によって作り出されており、周囲はもとよりその事情を承知していた。結局この事件は、彦兵衛が「金なんか出すか」と言い、村の説得にも応じなかった「我意」によって両人別が表沙汰になり、処罰された事件なのである。また両人別が罰せられるのは、それが領主を欺く「不届」だから、という理由であった。

次節では、こうした村の壱人両名が、一度公《おおやけ》の場で問題になった後、うまく処理されていった事例を挙げたい。これも「我意」を振るった、ある男の物語であるが、その「我意」を最後まで曲げなかった結末は、彦兵衛の場合と、よほど違ったものになっている。

三　六右衛門一件

忠右衛門と六右衛門

山城国乙訓郡《やましろのくにおとくに》石見上里《いわみかみざと》村は、十六領主による相給村落である。江戸時代後期の村高は七百六十四石三斗三升五合、これが十六分割され、表3－1のような内訳になっていた（以下本節は尾脇［二〇一四A］による）。領主の多くは公家や寺院である。村には百二十軒ほどの百姓がおり、それぞれが各領主に帰属していた。各領主の百姓株数（軒数）は一部が判明しており、例えば甘《かん》露《ろ》寺《じ》家・大炊道場聞名寺《おおいどうじょうもんみょうじ》・因幡堂平等寺《いなばどうびょうどうじ》はそれぞれ六軒ずつ、正親町三条《おおぎまちさんじょう》家は九軒、善峯寺《よしみねでら》は十六軒などとなっていた。初期の設定段階における軒数が引き継がれたもので、必ずしも石高との対応関係にはない。構造上は図3－1と同じ相給だが、こちらは十六相給であるので、各領主から任命される庄屋の数も断然多い。一カ村内に庄屋が多くなる相給の村では、集落としての村の意見は当然まとまりにくくなり、権力争いじみたことも起こりがちな傾向にあった。

　この村では、富小路《とみのこうじ》家領の庄屋忠右衛門《ちゅうえもん》が、庄屋の権威を笠に着て、自分の気に入らない百姓に嫌がらせを行うなど、長年にわたり「我意」の振る舞いを続けていた。

表 3-1　山城国乙訓郡石見上里村の領主・石高・庄屋（文化 15 年時点）

領　主	石　高	庄　屋
	石.斗升合	
禁裏御料	11.563	甚右衛門（兼帯）
仙洞御料	23.437	甚右衛門（兼帯）
富小路家	100.	忠右衛門
持明院家	45.	庄右衛門
中御門家	35.	李兵衛
大炊御門家	34.9	仁兵衛
竹内家	45.8	武右衛門
正親町三条家	45.	弥左衛門
白川家	37.7	林右衛門
甘露寺家	40.5	茂兵衛
二采女	10.	勘右衛門
戒光寺	106.	清次郎
大炊道場聞名寺	74.6	喜兵衛
因幡堂平等寺	40.111	源左衛門
花開院	11.064	市兵衛
善峯寺	103.66	与兵衛
計	764.335	

出典：尾脇秀和『近世京都近郊の村と百姓』（思文閣出版、2014 年）第 2 章の表をもとに作成

文化十五年（一八一八）に至り、とうとうほかの庄屋たちは協力して、忠右衛門を庄屋の座から引きずり下ろし、懲《こ》らしめようと動き出した。但し忠右衛門は領主富小路家のお気に入りであったので、富小路家に庄屋罷免《ひめん》を願い出ても許可されるはずがない。そこで彼らは、この忠右衛門が実は六右衛門《ろくえもん》でもあったという、彼の壱人両名に目を付けたのである。

百姓六右衛門は富小路家の百姓ではなく、当時は正親町三条家・中御門《なかのみかど》家の両方に帰属する「両家百姓」という特殊な状態にあった（こちらでは庄屋ではなく平百姓《ひらびゃくしょう》である）。この状態は、事件の数年前に忠右衛門（六右衛門）が何らかの問題を引き起こし、その結果、正親町三条・中御門両家の両方が認めたことで成立していたらしい。忠右衛門＝六右衛門は、既にこれ以前から、いわば村の問題児であった。

六右衛門一件の始まり

文化十五年（一八一八）四月（同月二十二日に文政と改元）、忠右衛門を除く石見上里村の庄屋全員は連名で、正親町三条家・中御門家に対し、その百姓「六右衛門」を訴える訴状を提出した（以降、単に村・村方といった場合、富小路家百姓を除く村全体を意味する）。

訴状は、正親町三条・中御門両家の百姓である六右衛門が、「いつとなく忠右衛門と両名相名《あいな》乗《の》」り、富小路家の庄屋を務め、「我意」を振るって村方を難儀させていると主張する。富小路家庄屋役や「忠右衛門」という名前をやめさせて「壱身壱名《いっしんいちめい》」にさせたいが、富小路家の威を借りる六右衛門はこれを承知しない。そのため、両家から彼に「忠右衛門」としての活動を止《や》めて、「六右衛門」として、おとなしくするように命じてほしいと訴えたのである。この訴状では、六右衛門が忠右衛門と名乗っているといい、その状態を「壱人両名」「一躰《たい》両名」「一身両名」など と、表現を変えて何度も繰り返し強調しており、「法外千万一人両名抔《など》と楚忽《そこつ》之致方《いたしかた》」だと、攻撃材料として徹底的に叩いている。

「我意」を振るう忠右衛門から「富小路家庄屋」としての権力を奪いとり、ただの百姓「六右衛門」にしてしまえ——。村はそのために「彼は本来、六右衛門なのに、他領の庄屋忠右衛門として好き放題している、違法な壱人両名をやっている、悪い奴だ」と責め立てる作戦に出たのであった。

もともと忠右衛門

彼の壱人両名は事実であるが、忠右衛門が六右衛門にもなっていた、というのが、本当は正しい。しかし村方はその目的から、敢《あ》えて逆に言っているのである。

この壱人両名の発端は、文化七年（一八一〇）頃、忠右衛門（当時六十歳前後）が、自分の家の下女に手を付けたことにある。いわゆる不適切な関係になったのか、強姦したのか、それは知らないが、子供もできたらしい。何にせよ彼自身の行動でその家庭は立ち行かなくなったという。成人していた息子弥兵衛とは訴訟時も関係が良好なので、妻との関係であろう。

ちょうどその頃、同村の百姓六右衛門夫婦が死去し、幼い子供だけが残されていた。忠右衛門は六右衛門の遺児（のち多介《たすけ》と名乗る）を村の太郎右衛門の養子に出させて、空いた六右衛門の家へは自身が引っ越し、六右衛門家を相続したのである。この処理は、個人的事情で別の家に住まねばならなくなった忠右衛門と、当主の死で絶家《ぜっけ》しつつあった六右衛門という百姓株をどうにか維持したい村側の希望とが、幸か不幸か一致した結果と考えられる。

忠右衛門は、もとから富小路家の百姓忠右衛門である。六右衛門の家に住んでいても、それは変わらなかった。日常は「六右衛門」などと名乗ることもなかった。それを村は、先のような目的で、彼を百姓六右衛門よばわりした。本人は当然、強い抵抗をみせた。

公家領主の吟味

文化十五年（一八一八）四月十一日、正親町三条家の屋敷の庭で、村役人列席のもと、正親町三条家雑掌《ざっしょう》千葉主計《かずえ》、中御門家雑掌座田若狭介《さいだわかさのすけ》によって、六右衛門の吟味が行われた（雑掌は公家家来の職名）。千葉が「当家・中御門家両家百姓六右衛門」と呼びかけると、彼は「私《わたくし》は忠右衛門にて御さ候《ござそうろう》」と返答し、自分は六右衛門の後見役で、友吉《ともきち》という幼い子供（例の下女との子供か）がいるのだ、などと抗弁した（つまり友吉が六右衛門家の当主だということ）。しかし座田から「昨年の宗門改に、この通り「六右衛門」として印を押した証拠があるぞ」（友吉とか後見とか書いていないだろう、という意味）と叱りつけられ、最終的に、「甚以《はなはだもって》一人二名、天下製《（制）》禁を破り、言語道断之仁《じん》也」と壱人両名が事実と認定され、吟味が終わるまで、村役人への「預ケ」が命じられた。「預ケ」とは、関係者や親類に委託して身柄を勾留《こうりゅう》する措置である。

両家は、この問題を富小路家にも通告した。ところが富小路家は「壱人両名は承知している。しかし忠右衛門と六右衛門は別人である。忠右衛門はこの方の百姓であるが、六右衛門はそちらの百姓である。どうぞお好きになされよ」などといった、建前的な返事だけをよこしてきた。富小路家が忠右衛門の味方であることは想定済みであったから、両家はむしろこの返答を逆手にとって、富小路家とは何の関係もない「六右衛門」の事件として、富小路家を完全に無視して進めることにした。

しかし「預ケ」の身である忠右衛門は「六右衛門の家に住んでいなければ六右衛門とは言われまい」と考え、勝手に六右衛門の家から、もとの忠右衛門の家に家財道具ともども持ち去って戻り、更には姿をくらますなどの行動に出る。四月二十八日（同二十二日に文政と改元）、手に負えなくなった両家は、六右衛門が領主の言うことをきかないとして、京都町奉行所へ訴状を提出した。

忠右衛門の誤算

公家は、官位こそ大大名や幕府の老中などよりも遥かに高いが、その領地はせいぜい中級藩士程度しかない。正親町三条・中御門両家とも、領地（家領）は僅《わず》か二百石、その一部の四十五石とか三十五石程度が、相給として石見上里村にあるに過ぎない。領民も数名だが、それすら捕まえるすべを持たない。公家領主が何もできないことを、富小路家に出入りもしていた忠右衛門はよく知っていた。だからこんな態度に出ているのである。

しかし今度は、京都町奉行所である。御白洲《おしらす》での対決を、五月十七日辰刻《たつのこく》（午前八時頃）に行うことが、関係者に召状《めしじょう》（奉行所への召喚状）で通知された。

対決の当日、村役人たちは時刻通り町奉行所に出頭した。しかし辰刻になっても六右衛門は現れなかった。京都東町奉行所公事方与力《くじかたよりき》の塩津惣五郎《しおづそうごろう》らは不機嫌になって村役人らを叱りつけた。その頃六右衛門は、親戚である京都中立売大宮《なかだちうりおおみや》の酒屋にいた。村役人の一人である甚右衛門《じんえもん》はそこに出向き、早く来るように伝えた。すると六右衛門は甚右衛門に対し次のように「嘲弄《ちょうろう》まじりに言捨《いいすて》」た。――「公儀より六右衛門御召《おめし》ならば、その六右衛門を差出《さしいだす》べし、此方《こちら》は忠右衛門也、何《いず》れから呼《よび》に来《きた》り候共《そうろうとも》、参るべき子細なし、その六右衛門と申《もうす》もの連て行《ゆく》べし」と。また「我は六右衛門にあらず、忠右衛門也、忠右衛門と召状にあれば参る処《ところ》に候得共《そうらえども》、六右衛門にて参らず、その趣《おもむき》役所へ申されよ」とも発言したという。俺は忠右衛門だ、六右衛門という奴を連れていけよ――。なんとも食えない男である。忠右衛門は、公家領主と同じやり方で、京都町奉行所の召喚も無視して乗り切れると考えていたらしい。しかしそれが彼の大きな誤算であった。

「六右衛門」の謝罪

甚右衛門からこの報告を受けた与力塩津らは、烈火のごとく怒った。「申訳《もうしわけ》あらば爰《ここ》へ来《きた》り申《もうし》開《ひらく》べし、公儀之命に背き候段《そうろうだん》、不届至極」。塩津は捕り方の役人に命じて、六右衛門の捕縛《ほばく》に向かわせた。ところが例の酒屋に、彼はもういなかった。捕り方はむなしく帰ってきた。与力たちは、これに益々腹を立てたろう。そこに六右衛門が、のこのこと姿を見せたのだからたまらない。親戚から「さすがに行ったほうがいい」と説得されたためらしいが、時刻はもう七ツ前（夕方四時頃）で、遅刻どころの話ではなかった。与力たちは六右衛門を叱りつけ、明日の吟味まで「縄を掛《かけ》て牢へ入置《いれおく》べし」と命じ、齢《よわい》七十にもなる六右衛門を、容赦なく仮牢にぶちこんだ。六右衛門を取り巻く富小路家の百姓一派は、公家領主とは違う、あまりのことに震えあがったという。

翌日の吟味で、六右衛門の主張は悉く《ことごと》斥《しりぞ》けられた。前日の行動で、与力の心象をあまりにも悪くしていたのである。またも六右衛門には、「村預ケ」の処分が命じられ、結局六右衛門は、村に謝罪することになった。その謝罪文は、「私儀《わたくしぎ》、当正親町三条殿・中御門殿家領百姓にて、六右衛門と申候処《もうしそうろうところ》、忠右衛門と相名乗《あいなの》り、壱人両名にて我儘《わがまま》」をしてきた、それは心得違いでした、以後は六右衛門として忠右衛門などという名前は名乗らずに、これまで通り六右衛門として百姓を致します。だから村預けは御赦免願います――という文言であった。村役人も口添えし、とりあえず、村預けの赦免は実現した。

最初の戦いは、六右衛門＝忠右衛門の自滅によって村方が勝ったといえる。しかし訴状であれほど責め立てられていた壱人両名には何の追及もなく、処罰も行われていない。六右衛門の謝罪文には、「六右衛門の相続人を選定した暁には、忠右衛門を相続する」とも見える。忠右衛門・六右衛門、二つの百姓株の相続については、この含みのある、両者の妥協に満ちた文言も含まれて、玉虫色の処理に終わった。それは村の目的が、あくまで忠右衛門を懲らしめ、六右衛門にしてしまうことだったからである。目的は果たした、ように見えた。

忠右衛門、我意を貫く

しかし忠右衛門とその取り巻きたちは、これに懲りなかったのである。逆にこう考えた。「なんとしても、ほかの庄屋どもに意趣返しをしてやらねば気が済まない」――。かくして「六右衛門一件《いっけん》」と呼ばれたこの騒動は泥沼化し、その後約八年にわたって続くことになる。ここでは壱人両名にかかわる、重要な点に絞って見ていきたい。

最初の戦いにおいて、結局のところ忠右衛門は、六右衛門だと認めさせられたが、富小路家は当初一件を関知しない態度をとったため、その後も富小路家百姓忠右衛門でもあり続けた。ただ先のような謝罪を町奉行所で行った以上、公に（特に幕府向けに）富小路家庄屋として行動することはできなくなった。但し富小路家はその後も終始一貫して、忠右衛門の味方であり続けた。富小路家は庄屋忠右衛門を罷免せず、もちろん新たな庄屋の任命も行わなかったのである。六右衛門一件の係争中は、石見上里村富小路家領年寄藤左衛門《とうざえもん》を以て、家領庄屋の実務を代行させていたようである。大前提を繰り返すが、江戸時代の支配は徹底的に縦割りである。庄屋の任免は領主の専権事項であり、ほかから一切の干渉を受けない。いわば富小路家領庄屋役は、町奉行所への手前、しかたなく凍結状態にされただけだったのである。

そこで忠右衛門は、六右衛門を辞めて忠右衛門だけになり、正親町三条・中御門両家という「支配」より離脱し、富小路家という「支配」にのみ属せば、ほかの干渉を受けず、堂々ともとの庄屋の地位を取り戻せる――そう考えて動き始めた。

早くも文政元年（一八一八）六月末頃には、忠右衛門を取り巻く富小路家百姓の一派は、先に登場した、中御門家雑掌座田若狭介に賄賂《わいろ》を贈って寝返らせ、中御門家から百姓六右衛門への「暇《いとま》」を出させた。いわば領主から、その百姓身分を解雇する、つまり帰属関係を解消する手続きを取らせたのである。こうして六右衛門は、中御門家百姓でなくなることに成功した。以後の六右衛門は「正親町三条・中御門両家百姓」ではなく、「正親町三条家領百姓」となった。これで正親町三条家から六右衛門に暇を出してもらえば、残った「忠右衛門」として、元通り行動できることになる。

もちろん村としては、そうなってはたまらない。村は正親町三条家に「暇」を出さないように働きかけてこれを阻止した。忠右衛門とは別の人間を六右衛門の相続人に選定する動きもあったが、これもうまくいかず、延々と続いた京都町奉行所の調停も遂に実を結ばなかった。

文政五年（一八二二）四月、疲弊しきった両者の示談が、成立の手前まで進展したことがある。しかし示談の証文の下書きも出来上がり、町奉行所で関係者が顔をそろえたところで、肝心の六右衛門本人が、証文に押印することを拒否した。一気にその座がしらけたという。いうまでもなく、この示談交渉は、結局御破算となっている。

六右衛門――いや、忠右衛門は、「我意」を貫き通した、ともいえる。町奉行所の与力は、その頑固さの前に、思わずこう漏らしている。「左様之《さようの》心得《こころえ》に候得《そうらえ》ば、死《しぬ》る迄其《までその》まゝ《まま》」だろう、と。

正親町三条家の拘泥

同五年九月、正親町三条家は、「六右衛門」を自家の百姓として留めた上で、富小路家に貸し出してやってもいい、という妥協案を提案する。相給などの場合、領主Aの百姓が少なく、庄屋の任に堪《た》えうる者がない場合などには、領主Bの百姓に領主Aの庄屋役を依頼・兼任させることがある（もちろん領主Bの了承を得る必要がある）。だがこのような貸し出しでは、その百姓は当然貸し出した領主B側――ここでは正親町三条家――が支配し続ける。つまり忠右衛門が富小路家庄屋として「我意」を振るった場合、正親町三条家が「百姓の貸し出しを止める」と通告すれば、富小路家庄屋は続けられなくなってしまうわけである。

六右衛門はこの提案を承知しなかった。代わりに正親町三条家百姓のまま「忠右衛門」と改名することを願ってきた。つまり富小路家での名前である「忠右衛門」を、正親町三条家領でも名乗ることで、「忠右衛門」を富小路・正親町三条両家所属の百姓とし、富小路家庄屋の立場を再び取り戻す狙いである。村方は長年の訴訟で疲れ切っており、一件の収束を望むようになっていたから、この改名を認める意見に傾いた。しかし正親町三条家諸大夫《しょだいぶ》（公家の上級の家来）加田《かだ》周防守《すおうのかみ》が「そんなことを認めれば、これまでの苦労はすべて水の泡だ」と怒り出し、結局「暇も改名もならぬ」と、認めなかった。

もともと正親町三条家は、村方の要請によって庄屋忠右衛門の横暴を阻止するのに協力する立場だったはずである。ところが訴訟が進むにつれて、忠右衛門＝六右衛門という壱人両名をどう処理するかという、「支配」側である領主にとっての、より重大な問題が表沙汰になってしまった。そのため同家は、六右衛門の「暇」を拒否する理由として「当家の百姓を減らして、富小路家の百姓を増やしてやる筋合いはない」などと、はっきり述べている。六右衛門と忠右衛門、これを一つにすることは、二軒の百姓をどちらか一軒にすることになる。六右衛門一件は、単に庄屋忠右衛門の横暴を懲らして村の平穏を取り戻したいという、村の当初の思惑から離れて、正親町三条家と富小路家の間の、百姓の帰属争いへと発展してしまったのである。忠右衛門の壱人両名を攻撃材料としたことは、後から見れば、明らかに失策だったといわざるを得ない。

しかしどんなに長いごたごたも、やりたい放題の人生も、いずれは終わる時が来る。文政六年一月十日、忠右衛門は死んだ。与力の言葉通り、彼は死ぬまで変わらなかったのである。

そして何も変わらない

忠右衛門＝六右衛門の死は、すなわち二軒の百姓の死を意味した。

忠右衛門は息子弥兵衛が相続して「忠右衛門」を襲名、父親同様、富小路家の庄屋にも就任する。一方六右衛門家は、空き家（空き株）として正親町三条家領の庄屋・年寄の預かりとなった。その後文政九年（一八二六）七月に至り、忠右衛門親類と村方一統の和解が成立、今後六右衛門相続人は協力して世話をし、差し障りなく相続できるようにしよう、ということになった。

かくして六右衛門相続人は、同年に村の「清兵衛《せいべえ》弟四郎兵衛《しろべえ》」が相続することになったが、翌十年、四郎兵衛は「心替《こころがわ》リ」して他村へ養子に行ってしまった。そのため「六右衛門につき因縁」のあった「太郎右衛門悴為五郎《ためごろう》」が相続人となる。この為五郎は、忠右衛門が入り込む前の、先代六右衛門の遺児多介《たすけ》の成長した姿であったらしい。先代六右衛門の実子が再び六右衛門の百姓株に収まるという、まさに「因縁」というべき、物語のような結末を迎えたのであった。

六右衛門一件は、富小路家百姓「忠右衛門」、正親町三条家百姓「六右衛門」、それぞれ相続人が継ぐことで決着した。忠右衛門＝六右衛門の壱人両名は、本来あるべき二人の姿に戻され、正親町三条家・富小路家とも、百姓を減少させない形で決着した。六右衛門と忠右衛門という二軒の百姓の存在は、大きく見れば、結局何も変わることがなかったのである。

最初の訴状では「法外千万一人両名」などともいわれ、違法性が強調された壱人両名は、所詮《しょせん》忠右衛門を糾弾する一材料に過ぎなかった。壱人両名そのものを大変な問題だと見て、これを究明しようという者は、「支配」側にすら、誰一人いなかった。そもそも「六右衛門」と「忠右衛門」が同じ人物であることは、事件以前から村では周知の事実だったのである。

この六右衛門一件も、ここまで見たほかの両人別・壱人両名の発覚同様、村の秩序を乱す「我意」が発覚させられる引き金になっている。忠右衛門が「我意」を振るわずにおとなしくしていれば、六右衛門と忠右衛門とが同一人物であることなど、問題になるはずもなかった。そもそもこの状態は、村が認めることで成立していたのだから――。村の百姓たちが両人別・壱人両名を存在せしめた理由は、もう見え始めていよう。

百姓株の維持

江戸時代、領主などの「支配」は、それぞれの管轄を全くの縦割りで行った。百姓は、そんな

「支配」の一つに所属している。どこの村でも、各「支配」に帰属する百姓の既定軒数——百姓株の維持に苦心しており、それは領主・村・血縁者といった利害関係者によって、その存続が図られた（戸石［二〇一七］）。

百姓株の継承には、様々な方法がある。相続する子供がおらず、絶家の可能性がある場合は、養子という形で相続人を迎えることが一般的な方法であった。もっとも、本当に子を養うばかりでもない。実際は養子と擬制して成人した人間を迎え入れる、百姓株の売買・継承が行われた。それは当主の死後、遥かに年月が経過したのち、村や関係者が、死んだ人間と全く関係のない「養子」を迎えることも多く見られた。

石見上里村でも、善峯寺領の百姓吉助《きちすけ》家は、嘉永二年（一八四九）以降、「吉助後家《ごけ》くに」（六十六歳）一人となったため（家族なし）、その相続が村や同領に帰属する百姓たちの手で、たびたび図られた。結局いずれもうまくいかず、くにが死んだ後の元治元年（一八六四）になって、「百姓吉助」（三十三歳）が、その家族（母・妻・子）を伴って相続している。村や親類が全く別の一家族を迎え入れて、その当主に百姓吉助の名跡を名乗らせ、百姓株を継がせたのである。

このほか村役人が絶家した百姓株を代行して保持する「請込《うけこみ》」もある。請込とは「請《う》（受《う》）け込む」、すなわち「引き受ける」というのとおよそ同じ意味である。石見上里村でも、善峯寺領の百姓「文右衛門《ぶんえもん》」は、当主文右衛門の死後、若い後家と幼い娘だけになったが、安政三年（一八五六）に無人となり絶家した（後家が再婚して娘も連れて出て行ったのであろう）。しかし文右衛門株は、善峯寺領の年寄九郎左衛門がその屋敷を維持しており、その所持地も「文右衛門」名跡を残したまま、後々まで維持されている。文右衛門株も吉助株のように、将来適当な相続人が現れるまで「空き株」として保存されたのである。先に見た忠右衛門が六右衛門株を手に入れたのも、こうした百姓株を維持する方法の一つとして行われたものであったろう。

両人別は、違法行為だという建前である。しかし実際には、彦兵衛にせよ六右衛門にせよ、村の百姓株を村のために維持する上で発生していた。ここまで見た村の両人別・壱人両名は、いずれもその存在を村が承知しているものばかりであった。必ずしも本人のみの利害で生じるものではない。村での両人別・壱人両名は、村の関与なしに、そもそも個人では作り出せない。村で利害を同じくする百姓たちが、百姓株維持、つまり村の安定という共通の目的のもとで作り出している。「支配」側も、その調整行為を強いて穿鑿《せんさく》することはない。その壱人両名が表沙汰になるのは、当人が「我意」を振るって村の秩序を乱し、あるいはその人物が、犯罪行為で公儀の吟味を受け、身元確認でそれが発覚した場合に限られていた。実際には、平穏無事な両人別、壱人両名が相当数存在していたことを想定せねばならない。

安右衛門と作右衛門

先に、両人別で、「両名・両印」（一人が二つの名前と、二つの印を使用）だと明言されていた事例を示した（久米原村源四郎＝八郎右衛門、及び四日市宿彦兵衛＝西阿倉川村仁左衛門）。全く違う百姓株を手に入れた場合、その百姓に伝来する実印も付属しているためであろう。名前も印も違えば、両者が同一人物、つまり壱人両名だと実証することは、かなり困難である。しかし相給の場合は、初期段階で一つの家が二つの「支配」に属し、把握されたらしい事例もある。その場合は、もとが一つの家であるので、両名でも同一印の使用が認められる。

　石見上里村では、天保十五年（一八四四）の大炊道場聞名寺領に土地を所有する「持主　作《さく》右衛《え》門《もん》」と、善峯寺領の「百姓　安《やす》右衛《え》門《もん》」の印形《いんぎょう》が、よく見ると全く同一である（写真3－1）。

写真 3-1　天保 15 年の作右衛門と安右衛門

右：天保 15 年 5 月「大炊道場聞名寺様御民図帳」（大島家文書）。「持主 作右衛門」と書いてある。「持主」は出作人を意味する（作右衛門は聞名寺領所属の百姓ではない）。

左：天保 15 年 9 月「天台浄土宗門人別改帳」（善峯寺文書）。「百姓 安右衛門」「辰四十五才」（辰＝天保 15 年）と書いてある。いずれも同印である。

なお、ここに見える印は、これより 150 年ほど前の元禄元年にも「作右衛門」の印として使われていることが確認できる。百姓は先祖の印を、代々当主の実印として継承する襲用する例も多い。襲印慣行などと呼ばれるこの習慣は、地域により違いもあるが、石見上里村では、このほかにも多く確認できる。

これは一体、どういうことか。

結論から言えば、この人物の日常的に使用していた名前は「作右衛門」で、「安右衛門」は帳面上のみの名義である。既に元禄元年（一六八八）の史料で、この印を使用する「作右衛門」が先行して存在している事実があり、享保八年（一七二三）に「作右衛門」が善峯寺の百姓となっ

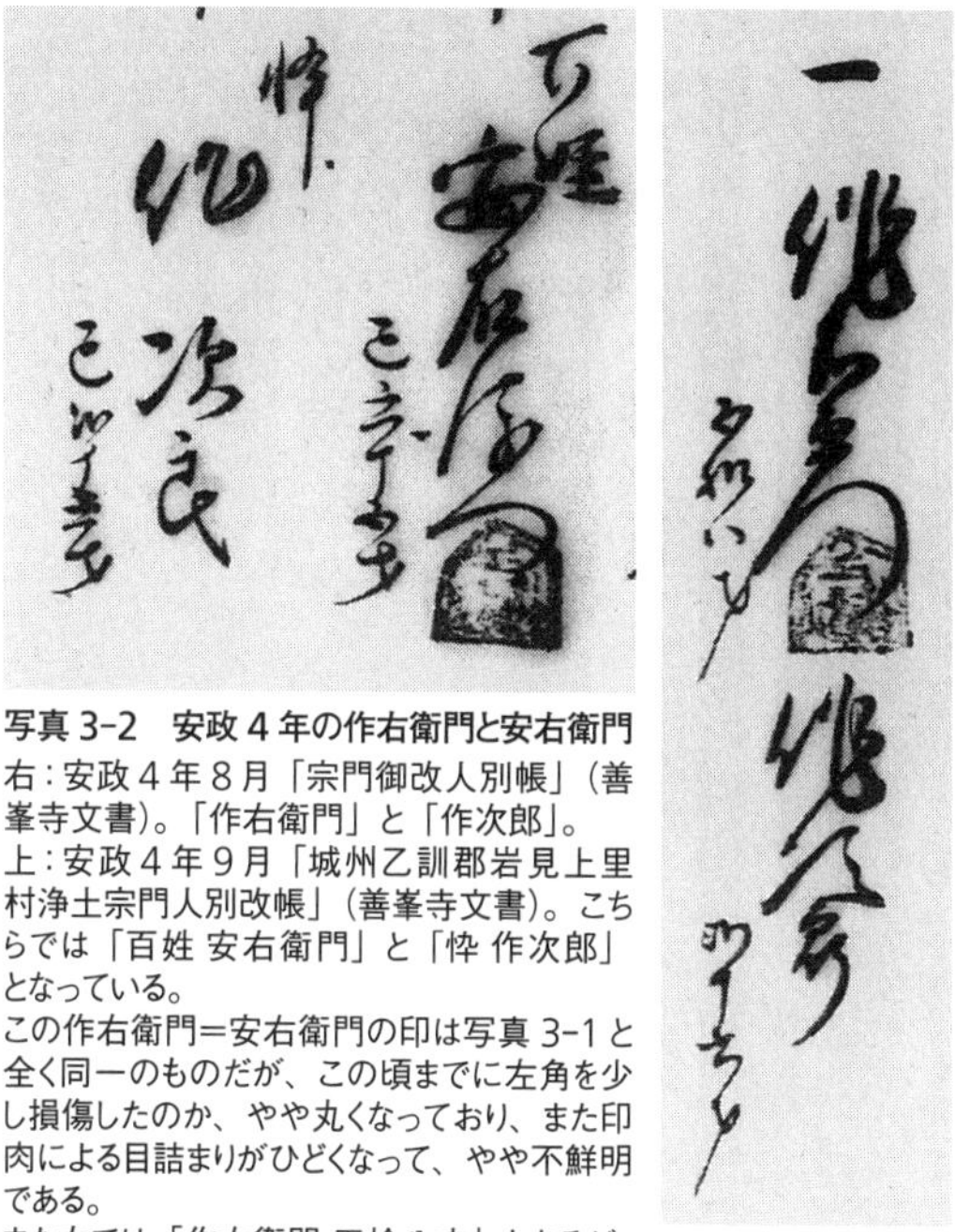

写真 3-2　安政４年の作右衛門と安右衛門
右：安政４年８月「宗門御改人別帳」（善峯寺文書）。「作右衛門」と「作次郎」。
上：安政４年９月「城州乙訓郡岩見上里村浄土宗門人別改帳」（善峯寺文書）。こちらでは「百姓 安右衛門」と「悴 作次郎」となっている。
この作右衛門＝安右衛門の印は写真 3-1 と全く同一のものだが、この頃までに左角を少し損傷したのか、やや丸くなっており、また印肉による目詰まりがひどくなって、やや不鮮明である。
また右では「作右衛門 五拾八才」とあるが、彼の年齢は、上の「巳六十五才」（巳＝安政４年）が正しい。年齢誤記は、これに限らず各地の宗門改帳でもよく見受けられ、誤記の年齢に加算されていくことも多く見られるが、彼の場合は翌年に訂正されている。

た時の史料が存在するからである。

更に善峯寺では、天保十五年から元治元年（一八六四）までの宗門人別帳が一部現存している。これには①庄屋から善峯寺を経て町奉行所に提出される分と、②庄屋が善峯寺に提出する分（町奉行所には提出されない）との二種類が作成されている。①ではすべて「安右衛門」という名前の人物が、②の安政四年（一八五七）・元治元年の人別では、安右衛門の記載がなく、代わりに「作右衛門」が記載されている。名前は違うが、やはり印は全く同じである（写真3－2）。ちなみに、写真にも見える息子の作次郎は、村の大島家（第六章で登場する）に下男として奉公しており、同家の「日記」嘉永七年（一八五四）二月二十三日条には、「今日より下男作二《次》郎出勤候事、作右衛門悴当年廿二《にじゅうに》才」と見え、作次郎の父親の名前が、やはり作右衛門であることがわかる。

こうなると、これらは一度きりの誤記や印の押し間違いとは考えられない。明らかに意味があって、この処理を行っている。特に①の宗門改帳を「安右衛門」という名義にしているのは、ほかの領主が奉行所に提出する宗門改帳に「作右衛門」が記載されているため、その重複を隠す意図があったとも推測される。もっとも史料的制約もあって、これ以上の実証は難しいのだが、やはり領主ごとの百姓数を維持調整する目的で行っていたと見るのが妥当であろう。

第四章 こちらで百姓、あちらで町人——村と町をまたぐ両人別

一 人別と送籍

村から町へ

前章で見た村の両人別は、一人で二つの百姓身分を持つ状態だったといってよい。一方、村と町（都市部）をまたぐ両人別の場合は、百姓身分と町人身分とを、一人で二つ持つことになる。そこでは近江の百姓「藤兵衛《とうべえ》」が、遠く離れた松前では町人「蛭子屋《えびすや》半兵衛《はんべえ》」と名乗っている壱人両名が発生しているのだが、ここには「百姓株」だけではなく、人別送りと呼ばれる送籍手続きや、商業経営上の株・名跡《みょうせき》をめぐる事情などが作用している。

村—村、村—町、町—町、いずれの間での移住・移動などでも、庶民の場合は「支配」関係を

変更することになるため、人別を移す、いわば送籍の手続きがとられた。これを「人別送り」という（詳細は後述）。両人別は、この送籍手続きの不備・不正によっても発生している。

寛政十一年（一七九九）十二月、次のような処罰例がある。御三卿《ごさんきょう》田安家の領知《りょうち》である武蔵国多摩郡下村《しもむら》中郷の百姓三郎兵衛《さぶろべえ》は、村の人別に「出稼《でかせぎ》」という名目を注記してもらって、江戸に出ていた（この処理自体は違法行為ではない）。その後、当時村の年番名主（輪番で務める名主役）であった林右衛門《りんえもん》に対して、「村に帰るので、村の人別にまた加入してほしい」と依頼する。すると林右衛門は、実際に三郎兵衛が帰住していない時点で、人別から「出稼」の注記を消し、ほかの村人と全く同様に人別に書き載せて、印も押させた。この時点では江戸の人別にも加入していたため、両人別になった。その後、三郎兵衛は、武士のふりをして旅行した事件で捕まり、その吟味において、この両人別が発覚した。そのため林右衛門は村役人として、「両人別に相成《あいな》り候儀《そうろうぎ》にも心附《こころづけ》ざる段、不埒《ふらち》」として、過料三貫文に処された（「撰述格例」）。三郎兵衛本人は、武士のふりをして旅行した罪状で処罰されたようだが、処罰内容は不明である。

両人別の本人が処罰された例もある。阿波藩松平阿波守《まつだいらあわのかみ》領分阿波国《あわのくに》板野郡大松《おおまつ》村の百姓唯助《ただすけ》は、商売のため、たびたび江戸との間を往復していた。村役人には「通商」とのみ断りを入れていたが、実際には江戸の本材木町に店を持って住居しており、「村方《むらかた》人別も除かざる身分」のまま、「本材木町之人別」にも加わって「一人にて両所人別に加り候者」にもなっていた。これが寛政十二年（一八〇〇）年八月に発覚して、唯助は不埒につき急度《きっと》叱《しか》り（厳重注意）に処されている

（『徳川禁令考　後集第二』）。

「一人二名多シ」

百姓が出稼や商業上の理由で都市部に移動する場合、こうした両人別がかなり発生していたことは、寛政期には既に問題として認識されていた。大坂の儒学者中井竹山《なかいちくざん》は、老中松平定信にも献上した著書『草茅危言《そうぼうきげん》』（寛政元年〔一七八九〕成立）の中で、田舎から都市部へ来住する者について次のように指摘している。

「親元《おやもと》の人別に入乍《いりなが》ら、又主人方《しゅじんかた》の宗旨《しゅうし》（宗門人別帳）に入《いれ》ば、是又往々《これまたおうおう》一人両名也《なり》、混雑の甚敷者《はなはだしきもの》也。坊長《ぼうちょう》・里長《りちょう》は何の糺《ただし》も無《なく》、其儘《そのまま》戸籍を編《あみ》て官に献ずは、総計にて万人有中《あるなか》にて、二千三千必《かならず》重複せる虚数なるべし」。つまり実家と奉公先で人別が二重になっているのに、村や町の役人はそのまま人別に書いて提出してくる。だから人別上は一万人でも、実際には二、三千が重複していて実数ではない、というのである。二、三千とはさすがに誇張もあろうが、都市部に両人別が相当存在したことは認識されており、中井は矯正されるべき問題としてあげていたのである。しかし『草茅危言』から約三十年後、中井竹山に学んだ山片蟠桃《やまがたばんとう》による『夢ノ代《しろ》』（文政三年〔一八二〇〕成立）でも、「親元ニ籍ヲ除カズシテ、又主人ノ方ニモ加ヘテ、一人二名多シ」と、この問題が依然として指摘されている。

しかし幕府や領主などの「支配」側は、両人別を積極的に捜索して、その摘発・矯正を行うことはなかった。それが処罰されるのは、何か事件を起こし、公《おおやけ》の場で身元が吟味される過程において、それが発覚した時に、ほぼ限られている。

送籍手続き

江戸時代、人別を移動する送籍手続きを「人別送り」(「村送り」「町送り」など)といった。その際、「うちの村の何兵衛の悴《せがれ》何吉が、そちらの村の何右衛門と養子縁組をして引っ越すので、村の人別から除外します。そちらの村の人別に加えてください」といった定型文を記した証文が、現在所属する地の庄屋や町年寄などの村・町役人から、移住先の村・町役人宛てに作成された。これを「人別送り一札《いっさつ》」とか「人別送り状」などといった(写真4−1)。

類似のものに「寺送り状」がある。こちらは移住者の檀那寺が、移住地にある寺に「A村の何兵衛は何々宗である当寺の檀家で切支丹ではない。このたびB町に移住するので今後はそちらの寺で宗派を証明してやってください」といった内容である。人別は、宗門改と合体した形式が一般的であるため、檀那寺の印が必要になる。寺送りは、移転後も人別作成に支障をきたさないよう、いわば檀家の引き継ぎを依頼する書面であった。江戸時代の送籍手続きでは、この村(町)送り・寺送り両方の「送り状」が作成されることが標準的である。

但しこうした送籍手続きも、実は幕府が規定を設けた結果ではない。ただの慣習として広がり、定着したものである。ゆえに送り状は、作成されなくても全く違法ではない。しかし人別の移動、つまり「支配」関係変更の大事な証拠であるから、多くはこれを作成したのである。これを作成しなかったために大きな不利益を被った、次のような事例もある。

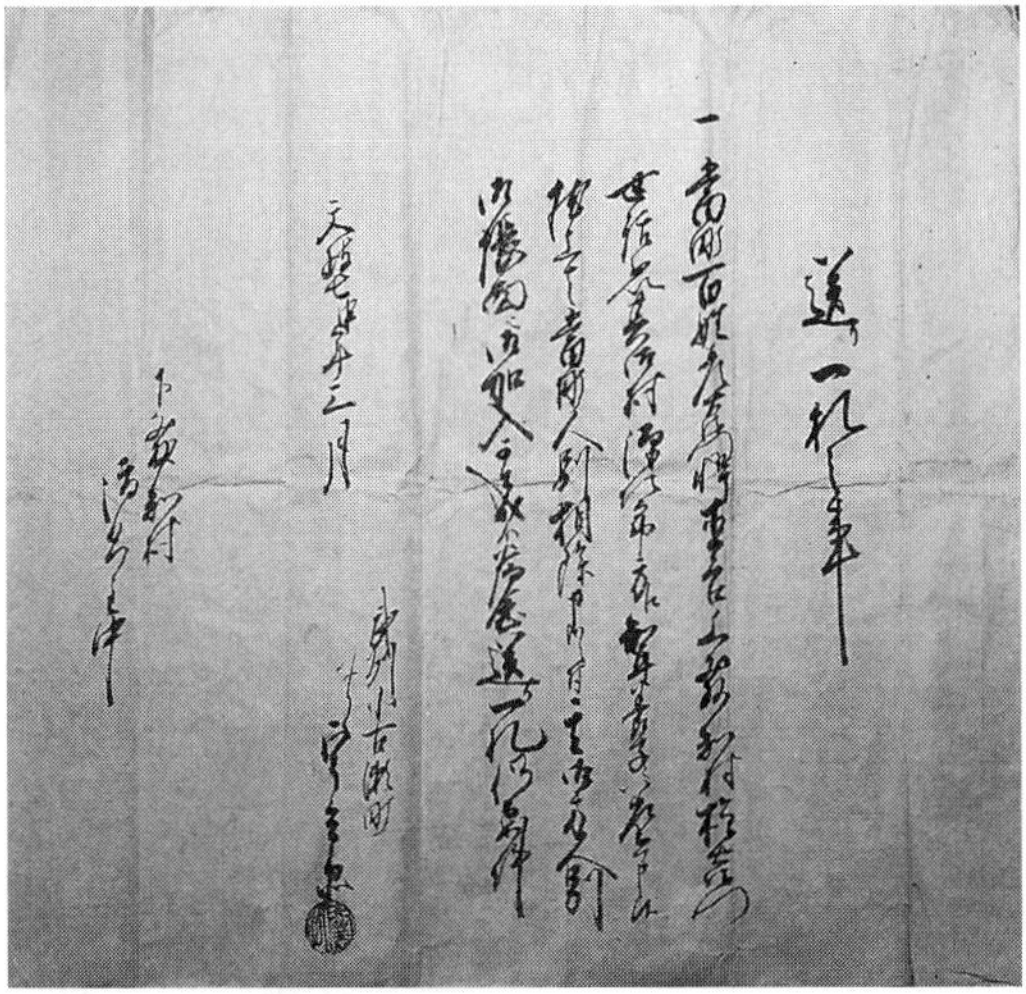

写真 4-1　人別送り状（村送り）の一例
「武州小古瀬町　名主　宇兵衛」から「下発知村御名主中」に宛てた、典型的な形式・文面による送り状。内容は、「当町（小古瀬町）百姓彦右衛門悴直吉」が、下発知村の源次郎の「聟養子」となって移住するので、当町の「人別」から除外したから、下発知村の「人別御帳面」に「御加入」してください、と依頼したもの。この書類（一札）が、送籍事実の証拠となった。
出典：文政 7 年（1824）3 月「送り一札之事」（個人蔵）

規定なんてない、が……

それは文化十三年（一八一六）十月、信州飯田藩主堀大和守《ほりやまとのかみ》から、勘定奉行榊原主計頭《さかきばらかずえのかみ》になされた、次の問い合わせによって知れる事例である（『時宜指令』）。

飯島代官の支配所（つまり幕府領）である信濃国伊那《しなののくにいな》郡今田村の吉弥《きちや》の弟幸吉《こうきち》が、文化七年（一八一〇）、堀大和守領分同郡時又《ときまた》村の源兵衛の仲介で時又村の久之丞《ひさのじょう》の養子となり、「大和守領分宗門人別」に加えられた。しかるにその後、幸吉は仲介者だった源兵衛と金銭をめぐるもめごとを起こした。幸吉は兄吉弥のもとに帰り、自分は「今田村人別」であるとして、この金銭問題を飯島代官所に訴え出た。源兵衛や時又村の村役人は、「幸吉は時又村人別のはずだ」として、吉弥や今田村庄屋政吉《まさきち》に問い合わせたが、彼らは「幸吉を養子にやったことなどない」と主張してきたのである。

飯田藩側は、幸吉側の主張が嘘だと、証拠を示して反論できなかった。なぜなら飯田藩では、幕府領や他領からの養子縁組の時などに、「村送り・寺送り証文などは特にとっておかない仕来り」で、転籍の証拠がなかったからである。そこで同藩は、勘定奉行の榊原に、次のように伺い出た。「こんなことになってしまって、どうしたらいいのでしょうか。だいたい、他領のものが、領内へ縁組などで移住してくる場合、村送り・寺送り状などをとっておかねばいけないという、幕府の「御定《おさだ》メ」でもあるのですか」。なんだか、逆ギレしたような問い合わせで面白いが、榊原は冷静にこう答えている。「養子入りが事実であるなら、久之丞から（評定所に）出訴させる方法もあるのではないか。人別送りは、そのところの「仕来次第《しきたり》」であり、別に定めなどありはしない。でも証文をとっておいたほうが、後々問題がなくていいだろう」――榊原は、送り状をとっていないことに、ちょっと呆れたのではないか。証拠がなければ、領主といえども訴訟ではお話にならない。こんなことにならないためにも、やはり証拠書類はきちんととっておくのが無難だったのである。

くどいようだが、人別は送籍手続きを含め、確固たる戸籍制度たりえない面も大きい。しかし人別の戸籍的役割が広がっていったことで、両人別は次第に違法行為とみなされていったのである。一方現実には、田舎から都会に出て店を出し、「支配」をまたいで活動する商人も増えていく。その時、商業上の株・名跡の問題も重なり合って、両人別や壱人両名は、どうしても生じてしまうのである。

二　商人の名跡と株

町人の名前と名跡株

江戸時代、全国規模で活動した商人といえば、近江商人《おうみしょうにん》が最も著名であろう。彼らの多くは、本拠地（もともと居住する村）の近江の村に人別を置き続けたまま、全国各地に出店を構えた百姓身分である。その活動は当初、百姓が居村と都市を往復する行商形態であり、都市部では人別に入らない旅人《たびびと》であった。しかし次第に事業が発展して永続化していくと、行商先に特定の借家を確保し、あるいは家屋を買得《ばいとく》するなどして出先に店舗を構えるようにもなる。こうした場合、近江の村の「重兵衛」が、三河国《みかわのくに》の出店では「近江屋忠右衛門」と名乗るなど、出店先の都市で、本拠地の人別に記載された名前とは別の名前を使って活動していることも多い。このような出店での別の名前を、商人側の呼称では「店名前《たなな》」ともいった。経営規模が大きくなると、三都をはじめ、複数の土地で多くの店を設置する者も生まれたのである。

このような出店には、経営者である主人が、一族や手代などを出店の「支配人」などとして送り込んで経営している。出店を主人本人の名義にしないのは、出店が破綻した時に本宅に累《るい》が及ばないようにするといった、リスク回避のためであったと商業史研究の分野では説明されているが、江戸時代後期の中小商人の動向を見ると、「支配」側による「人別」の戸籍としての利用の定着と、それによる両人別禁止に対する意識が作用していたことは、後述の事例からも明らかである。

出店の店名前は、当初は送り込まれた人物本人の「何屋何兵衛」という名前であったろう。しかし次の手代の何右衛門さんに支配人が交代しても、やはり前の「何屋何兵衛」を襲名して引き継がれていった。いわば「何屋何兵衛」が〝江戸支店の支店長〟といった役職を意味する「名《みょう》跡《せき》」と化して、継承されていったのである。このように、本来個人の名前であったものが、やがてその地位・権利そのものと一体化した名跡となり、それは譲渡される「株」とも化していった。株であるということは、いわば該当する人間がいない、百姓の「空き株」に近い状態にもなりうる。そして現実には、その名前の人間がいない期間でも、それが実在する体《てい》で扱われ、いわば架空名義ともなった。このような出店支配人の名跡を、支配人を任命している商人側では「通《とお》り名《な》」とも呼んでいた。それはその地における、本店の当主の代理人・支店代表者としての名義人という意味で「名前人《なまえにん》」とも呼ばれた。

商業経営上、こうした名跡は、株として、ほかの営業を営む他人にも買収・譲渡（売買）され、継承・運用もされた。商人の名跡は、業種ごとに株仲間が形成され、仲間で把握管理していることも多い。その場合、名前と権利が一体化した名跡株《みょうせきかぶ》として譲渡や売買が行われた。つまり質屋の「何屋何左衛門」が廃業しても、その営業権は質屋仲間が管理する「何屋何左衛門株」となり、やがて赤の他人の「何太郎」がその株を買って質屋を始める時、「何屋何左衛門」という名跡をそのまま使用することも多い。特にその名跡が過去の商業活動で一定の知名度や信用を得ている場合は、変えないことに価値があろう。近江商人などの、本宅と出店での名前の違いは、初期から本店が「松前屋」で出店が「住吉屋」などと別に設定したものもあるが、他者の名跡株を買得して使用した結果、生じた例などもあるようで、その事情は恐らく多種多様である。

人名ではない人名

その由来は様々でも、「店名前」「通り名」「名前人」などの商店の代表者名は、名跡株の一種であり、個人名だが、個人名ではないともいえる（現在の大相撲の年寄株が、このような江戸時代の名跡株の名残をとどめている）。そのような商人の名跡は、実質的には商店名・会社名といった、経営体そのものの名称といったほうが実態に近い。だが「何屋何兵衛」という文字列だけを見た場合、それはほかの個人の名前と全く同じである。「何屋何兵衛」は、実在する人間か、非実在の名跡か。これは表向き、その名前だけでは識別することができない。ここが、本書においては、最も注意せねばならない点なのである。確かに「店名前」「通り名」などは、商人側が設定し、運用する名跡であり株である。だがそれは、あくまで商人側の事情と言い分に過ぎない。「支配」側は、そんな公式見解は、決して持っていないのである。

人別は、あくまで「支配」を単位に、実在する支配下の個人の名前を記載した帳面である。ゆえに領主などの「支配」から見た場合、この人別に記載された名前は、すべて現実に存在する人間であるという建前である。ところが「店名前」「通り名」などは、実在しなくても、人別には実在するほかの百姓・町人の名前と全く同様に記載されてしまう。もちろん名前人（主人などの代理人）である事実などが、肩書として書かれることもあるが、その名前人「何屋何兵衛」という名前が、その時点で実在する人間であるか、ただの名跡、つまり株と化した空名《くうめい》であるのかどうかは、人別からは全く知りえない。

本店と支店で名前が違う以上、本店の当主本人は両人別でないことも多いが、本国から派遣されるその支店の支配人は、実は本国の人別をそのままにしていることが多い。それは「支配」側から見れば、明らかに両人別であり、かつ名前も違う壱人両名である。

それが公になれば、ほかの両人別と同様に処罰される。そのとき「いや、それは何々支店長が継ぐ名跡で、店名前です」とか、そんな言い訳を、幕府などの「支配」側は理屈としては理解できても、表向きは決して認めることはできない。くどいようだが、「支配」側からすれば人別は、その名の通り実在の人間が書き上げられていなければおかしいのである。もし実在しない人間を書いているのなら、それは〝公儀を偽る不埒な行為〟として罰せざるを得ない。実際に支配人の両人別は、松前ではある事件によって表沙汰となったことがある。

松前城下での処理

奥州松前（松前は現在の北海道の一部だが、江戸時代は陸奥国《むつのくに》の一部としてこのように表現された）では、松前藩が「場所」と呼ばれる漁場を商人に経営させて運上金を得る、場所請負制が藩収入の基幹となっていた（以下高倉［一九九五］、田端［一九七九］、『松前町史』）。場所請負商人の多くが近江商人で、ことに近江国愛知《えち》郡柳川《やながわ》村・薩摩村（ともに彦根藩領）の商人は、宝暦年中（一七五一―六三）には松前に出店を構え、手代を支配人として派遣して経営していた。当初その手代は近江本国の人別、すなわち彦根藩の百姓のまま、彦根で許可を得て、十カ年を限度に松前へ「出稼」を許された者たちであり、松前人別ではなく、松前では「旅人」として処理されていた。

しかるに寛政元年（一七八九）、場所請負商人に対する反発からアイヌが蜂起したのを契機に、請負人が「旅人」、つまり領主の支配の及ばぬ他領民であることが問題となり、以後は原則として「当所人別」（松前の人別）でなければ場所請負ができない規定となった。そのため近江商人らは、「支配人」を松前の人別に入れることで活動を続けるようになった。また寛政十一年（一七九九）に東蝦夷地が幕府直轄地となり、残る西蝦夷地も文化四年（一八〇七）に幕府直轄地となった。この時、松前人別への転籍手続きが緩和され、「送り状」なしでも身元保証人があれば松前人別に加入できるようになり、出店支配人には、本国の人別のまま松前の人別に加わった者が増加したらしい。彦根藩領である近江国愛知郡柳川村の木屋（藤野）四郎兵衛出店であった藤野喜兵衛ほか一名もこのとき松前人別に加入し、更に幕府の御用達に任じられた。支配人たちは、国元の人別はそのままであり、その実は両人別であったが、なかば黙認されていたという。

藤野喜兵衛の処罰と波及

文政四年（一八二一）、幕府直轄地になっていた蝦夷地の大半が松前藩の支配に戻されたことで、彼らの人別は彦根藩・松前藩の両人別となった。更に藤野喜兵衛は彦根ではただの百姓であるのに、松前藩からその功績によって苗字帯刀を許可された。

しかし天保十四年（一八四三）、幕府評定所で取り扱われたある事件に関係して藤野喜兵衛が取り調べを受けた。このとき幕府評定所が例によっての彼の身元調査を行ったところ、松前枝ヶ崎町人別の「藤野喜兵衛」が、本国の近江国愛知郡下枝村の人別にも入っていたことが表沙汰になった。藤野喜兵衛はこの「一身二名に相成候罪《あいなりそうろうつみ》」——つまり両人別に加え、松前で許可された苗字帯刀を近江彦根藩領でも行使したことも発覚したため、刀・脇差取り上げの上、下枝村所払となり、下枝村・枝ヶ崎町の町村役人はそれぞれ過料三貫文に処された（領主が許可した苗字帯刀はその領主の「支配」範囲でのみ行使でき、それ以外での使用は違法とするのが幕府の方針であった。第二章・第六章参照）。

　こうして幕府評定所の吟味で、近江商人による松前出店の両人別が発覚し表沙汰となったため、同様の出店支配人にもその影響が波及することになった。松前藩は「古く仕来候事《しきたりそうろうこと》とも申しながら、其儘には差し置かれ難《がた》い」として「両人別之姿」の者に松前への引っ越しを命じ（つまり人別を一つにすること）、拒否すれば場所請負をさせないことにしたのである。

　これに伴い、尾張藩領であった近江八幡でも、松前へ出店している者の名前について尾張藩より尋問があり、弘化二年（一八四五）、松前出店支配人の両人別・壱人両名が表面化する。その一人は近江八幡の「松前屋ため」（故松前屋八十治《やそじ》娘）の松前出店支配人「蛭子屋半兵衛」である。「蛭子屋半兵衛」として松前の人別に入っていたが、実は近江国愛知郡柳川村の「藤兵衛」（百姓）であり、依然として「柳川村宗門帳にも載居候者《のりおりそうろうもの》」という両人別・壱人両名であった。また同所「松前屋いく」（故松前屋伝《でん》右《え》衛門《もん》後家）の松前出店支配人の「住吉屋徳兵衛」も、松前の人別に加入していながら、その実は八幡町の人別に記載された「酒屋吉兵衛」であった。彼も主人松前屋の指示で、松前店支配人となり、両人別・壱人両名だったのである。芋づる式に、黙認されていた両人別が明らかになったのだが、彼らはどうなってしまうのだろうか。

数百年の仕来り

実は「住吉屋徳兵衛」は、近江商人松前屋の〝松前支店店長〟のような、いわば役職名として使用されてきた名跡であった。松前屋いくは、尾張藩に対して、「住吉屋徳兵衛」は経営上の「通り名」であると説明して、「江戸・京・大坂表《おもて》への諸国よりの出店も同じようにやっています。数百年の仕来り通りにしておいてください」と歎願《たんがん》している。——いまさら言うなよ、とっくにわかっていたことじゃないか——。そういう本音が見え隠れしている。松前屋いくが言うように、事実こういうことは、いくらでもある話であった。

結局、松前出店の支配人については、本国（近江）の人別と松前人別とを、七年ごとに切り替える方法で継続することを許された。つまり松前人別に入っている間は近江での人別から除外する。支配人を辞めると、松前の人別を除外して近江の村の人別に戻る。これを、七年を限度にして切り替えるのである。そうすれば両人別にはならないというわけである。

率直に言って、その実態は何も変わらない。単にしち面倒くさい手続きが増えただけである。

——真実を究明しても、世の中が良くなるわけではない。そもそも両人別が存在したからといって、現実の領主の支配に何か大きな支障が出ていたわけでもない。だから解消されても別にどうということもない。ただ両人別は、一人が二つの「支配」に属し、いわば公を偽る行為には違いないのである。公儀に対する虚偽行為は、建前としては許しえない。それは社会の秩序にかかわる。ゆえにそれが発覚して表沙汰になったからには、「支配」側としては放置するわけにもいかず、こうして対処したに過ぎないのである。

次節では、二つの名前で町人と百姓身分を一人で「懸《か》ケ持《もち》」していた、ある男の事例を述べる。彼は人別をめぐって苦しい言い訳をし、文書の偽造にまで手を染める。しかし彼に対して、その領主の家来は、〝真実の究明〟というある種の〝正義〟を振りかざさなかった。両人別を知りながら知らぬ顔をきめこみ、領主側の当初の目的を達成してみせる。〝違法な〟両人別に目をつぶっただけではない。うまくそれを利用した役人がいた。それはどういうことだったのか。

三　能登川一件

百姓清七と木屋作十郎

旗本三枝宗四郎《さいぐさそうしろう》知行所である近江国神崎郡能登川《のとがわ》村に百姓清七《せいしち》という男がいた。能登川村は、行政上は伊庭《いば》村を構成する集落の一つである。ここは近江商人の居住地でもあり、百姓清七も「大津屋清七」の名で、木綿の行商を家業としていた。一方、幕府直轄都市であった近江国大津の蔵橋町には木屋作十郎という男がいた。こちらは米穀商などを営む富商であった。

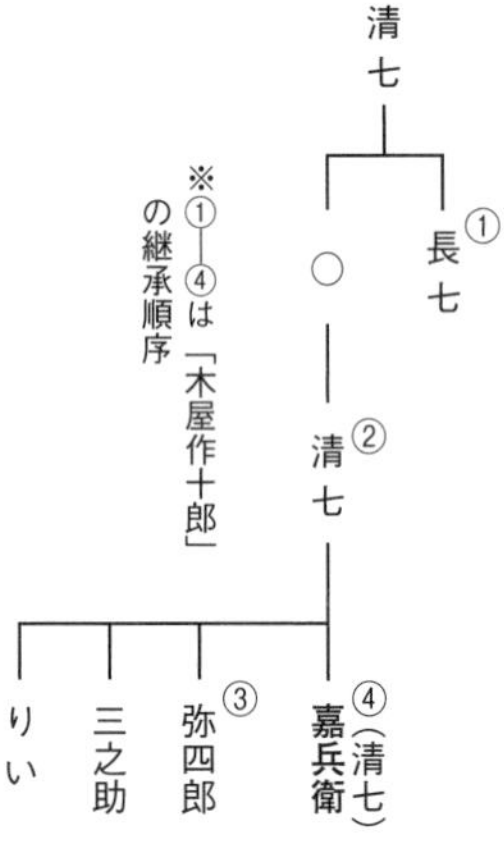

図4-1　百姓清七家略系図

この百姓清七と木屋作十郎は、実は同一人物である。正確に言えば、同一人物であった時期がある。そしてその同一人物であった時期に、木屋作十郎が後に「能登川一件」と呼んだ厄介な事件が起こったのである（本節は尾脇［二〇一八B］による）。

一人の男が清七と木屋作十郎を「懸ケ持」するようになった経緯は、少々入り組んでいる（図4−1、4−2。以下①—⑫は図4−2と対応）。もともと大津の木屋作十郎と百姓清七家の関係は、十八世紀半ば、百姓清七の倅長七《ちょうしち》が大津木屋作十郎のもとに奉公に出て、やがて木屋作十郎を相続したことに始まるらしい（①）。その後、木屋作十郎（元・長七）には実子がなかったことから、享和二年（一八〇二）、その甥にあたる清七が木屋作十郎を相続したのである（②）。

清七は、能登川村の百姓身分であった。そのため百姓清七株は息子の嘉兵衛に譲った形にして、能登川村での土地屋敷の名義をすべて嘉兵衛（清七株の継承者）とした（③）。その上で、一家を挙げて大津木屋作十郎のもとへ引っ越し、やがて木屋作十郎を襲名した。つまり父は大津の木

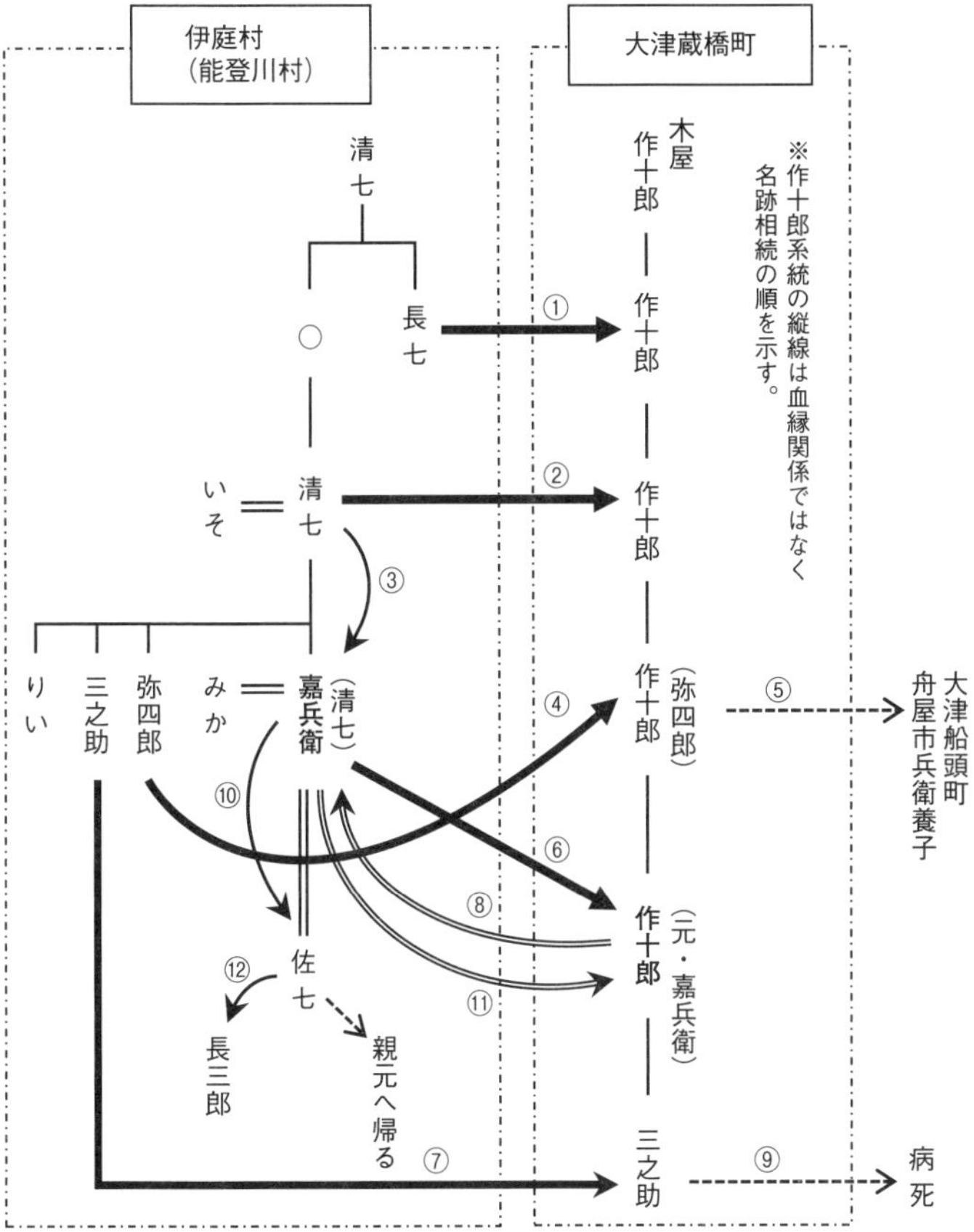

図 4-2　木屋作十郎・百姓清七の相続関係図

事件時の作十郎（嘉兵衛→清七）を太字とした。各矢印の意味は下記の通り。

➡……作十郎名跡への移動　　→……清七名跡の移動
⇒……「懸持之世話」のための移動　　⇢……その他の移動・変化

数字は時系列の順序を示す。それぞれの時期は下記の通り。
①寛延元年（1748）　②・③享和 2 年（1802）頃　④不詳　⑤・⑥文化 4 年（1807）頃　⑦・⑧ 文 化 10 年（1813）頃　⑨・⑩ 文 政 5 年（1822）　⑪文政 6 年（1823）5 月　⑫文政 10 年（1827）
出典：尾脇秀和「近世身分の移動・二重化と「人別」の取り扱い」（『日本歴史』839 号、2018 年）をもとに作成

屋作十郎で、子は能登川村の百姓嘉兵衛である。ここに一つの家が、二つの家を持つ状態になった。なお、清七の家は貸家にしたというから、実際は嘉兵衛も名目だけで、父とともに大津へ移ったのである。

しかし木屋作十郎を相続した清七は、数年後には没してしまった。そこで作十郎名跡は次男の弥四郎に譲られたが(④)、文化四年(一八〇七)頃、弥四郎は、大津船頭町の舟屋市兵衛から望まれてその養子となったため(⑤)、嘉兵衛が木屋作十郎名跡をも相続することになった(⑥)。但し嘉兵衛は、能登川村百姓清七名跡を相続しており、このままでは両人別になってしまう。清七という百姓株の方も、なくなってしまうと村が困るので、継承の手立てを考えねばならない。そこで嘉兵衛は、村役人に「今後、弟の三之助か妹のりい、いずれかに能登川村百姓清七家を相続させる」と約束することで(恐らく当時幼年であったから成長後に、という話だったろう)、能登川村役人から大津蔵橋町年寄宛ての人別送り状を差し入れてもらった。その人別送り状には、「嘉兵衛」が大津へ移住して「木屋作十郎」を相続することが明記されている。

二軒の掛け持ち

この時を境に、嘉兵衛は能登川村の百姓清七名跡から完全に離れて、大津町人「木屋作十郎」となった。但し清七株は相続人不在でこそあったが、将来の相続自体は村との約束があり、株として元嘉兵衛木屋作十郎のもとに残った。いわば村には架空名義の「清七」が建前上、存在する形にされたままである。しかるに三之助・りい両人とも、清七名跡を継ぐ意思がなかった。そのため作十郎（元嘉兵衛）は、木屋作十郎名跡を若年の弟三之助に預けて⑦、文化十年（一八一三）六月、清七名跡をその従弟にあたるという佐七なる男に「大津屋清七」の生業を教えて相続させるため、作十郎自身が能登川村に戻った⑧。ここまで大津木屋作十郎と能登川清七は、父子・兄弟などでそれぞれ別に果たされてきたが、この時に至って一人の男（木屋作十郎である元嘉兵衛）が、両方の「懸持之世話《かけもち》」をする状態となったのである。なお三之助は作十郎名跡を相続したわけではなく、能登川村に戻った作十郎（元嘉兵衛）の代理人の役目を果たしているのみであったらしい。

しかし文政五年（一八二二）一月、その三之助も病死したため⑨、元嘉兵衛は清七名跡を養子佐七へ譲り⑩、能登川村の庄屋了承の上で、大津へ戻った⑪。なお、この時点で「懸持之世話」は既に九年もの長期にわたっており、作十郎（元嘉兵衛）の妻子も能登川村に帰村していた。どうやら文化十年以降、木屋作十郎となった元嘉兵衛が、実家の「清七」名跡を再相続していたというのが実態であったらしい。なおこの事実上の再相続において、能登川村では元の嘉兵衛ではなく、父祖以来の「清七」名跡も使用して活動したようである。もちろん、大津での「木屋作十郎」は後述するように、その手続き上、彼のままであるから、文化十年以後は、完全に両人別・壱人両名と化していたのである⑩の手続きが彼自身の供述通り行われていたとすれば、文政五年に両人別状態が解消されたことになる）。

このような掛け持ち状態は、商業活動を行う百姓にはありがちなことだったろう。二軒の家を父と子それぞれで当主となり、相続させうる血縁者などの不足により一人で二軒を維持し、両人別・壱人両名となる――。これは先の彦兵衛＝仁左衛門などと同じで、壱人両名が発生する典型的なパターンといえる。

清七でもあり木屋作十郎でもある。本人は大変かもしれないが、それは誰にも迷惑はかけていない。むしろこれでうまくいっているのである。この状態だけでは問題とみなされることもない。何かが起こらない限りは――。

本多内蔵太の策略

三枝宗四郎は七千五百石の大身《たいしん》旗本である。伊庭村にはその陣屋《じんや》（領地経営を担う役所）があった。ここに詰める三枝家の家来本多《ほんだ》内蔵太《くらた》は、江戸の上司より、三枝宗四郎の元服にかかる費用を領民から御用金として徴収するように指令を受けた。

文政八年（一八二五）五月、大津の富商であった木屋作十郎（元嘉兵衛）にも、その領民である百姓清七として、その醵出《きょしゅつ》が命じられた。作十郎は「金十両位なら出さねばなるまい」と一定額の出金はやむなしと考えていたが、本多は百両ほど出すように求めてきたらしい。本多と作十郎は大津でも面会したようだが、結局出金交渉はうまくいかず、しまいに作十郎は、伊庭陣屋から召喚されても、全く応じなくなってしまった。

三枝宗四郎にとって、百姓清七は支配の及ぶ自領の百姓である。しかし木屋作十郎は、幕府領である大津の町人であり、全くの「支配違」であった。大津の町は、大津代官石原清左衛門《いしはらせいざえもん》が大津の町奉行を兼帯して支配していた。そこで同年九月、伊庭陣屋の本多は、大津代官所へ次のように書面で要請した。

「「木屋作十郎同居清七」は、能登川村に住む三枝家の百姓であります。領主から召喚しておりますが、出てまいりません。こちらに来るように言ってくれませんか」

本多は木屋作十郎と清七が、同一人物であることを知っている。その上で「(大津町人の)木屋作十郎のところに同居している(三枝領の百姓の)清七」と呼んで、これを召喚しようとしたのである。もし〝木屋作十郎事清七〟などと呼んで、その壱人両名を表沙汰にしてしまうと、大津代官と三枝家の他領他支配の掛け合いとなり、もう三枝家だけで処理できなくなる。それにこの状態が幕府評定所での吟味になれば、どうなるか。

第三章で見た四日市宿彦兵衛の事例は、この事件と内容が非常によく似ている。彦兵衛の事件では最初から彼の両人別が吟味の焦点となり、最終的に彦兵衛は追放となって関係者も処罰された。この木屋作十郎の存在形態も、両人別だということを明るみに出して評定所で争ったならば、そういう結末もありえる話である。

だが本多は、あくまで三枝家の百姓清七に用がある——。そういう姿勢で第一手を打ったのである。「同居清七」とは、白々しくもよくぞ言ったり、である。この第一手が後のすべてを決めたといってよい。

私は木屋作十郎

本多ら伊庭陣屋の役人から連絡を受けた大津代官所は、木屋作十郎に尋問した。木屋作十郎は、先に述べた清七と木屋作十郎の相続経緯を説明して、「私は三枝家領の元・百姓清七であって、現在は大津の町人木屋作十郎であります。三枝家の御用金を用立てたり、召喚に応じたりするいわれはありません。百姓清七は、今は養子の佐七が継いでおります。御用金は彼に命じたらよろしいのです」——つまり「私は大津町人で、もう能登川村の領主の百姓ではない」——もう所属する「支配」が違うのだ。「支配」が違えば従う必要はない。そういって領主の御用金を拒否したのであった。——彦兵衛の件と、やはりよく似た展開になっている。

作十郎は、自分が「木屋作十郎」であり、今は「清七」ではないという証拠としてこう主張した。「自分は、もう能登川村には住んでいない。人別送りもされており、名実ともに大津の町人である。能登川村の人別からも除外されているはずだが、もしも人別から除かれていないのだとすれば、それは村役人たちの不注意であり、私が知ったことではない」。

しかし彼は、事実上の再相続という、ややこしいこともしていた。確かに「人別送り状」は文化四年（一八〇七）の、木屋作十郎を相続した時に行われた。しかしその後、文化十年に大津蔵橋町から能登川村に戻り、文政五年（一八二二）にまた大津へ帰っている。彼は「この往復での人別送り状は、町からも村からも、作成せずに済ませていた」と、正直に返答しているのである。

この不備をカバーするために、彼は「寺送り状」を持ち出してきた。彼は言う。「以前から寺送り状の方はおざなりにしていたので、能登川村から大津に戻った、文政五年の翌年つまり文政六年五月に、能登川村の檀那寺である善明寺《ぜんみょうじ》に依頼して、大津の唯泉寺《ゆいせんじ》宛ての寺送り状を作成してもらいました」。

ところがその寺送り状は「江州《ごうしゅう》神崎郡能登川住《じゅう》　清七」が「木屋作十郎名跡相続」のため大津へ移住する、という文面になっている。彼は文化四年（一八〇七）に「嘉兵衛」から「木屋作十郎」になったはずである。実は公的には、彼は「清七」を襲名していない。なんで「清七」が「木屋作十郎」になったという寺送り状が、文政六年に作成されうるのか。これは明らかにおかしいのである。

伊庭陣屋での吟味

大津代官所を通じて、この返答を受けた本多内蔵太は、その怪しい点を見逃しはしなかった。

あるいは最初から、この事情も知っていたのかもしれない。九月十五日、本多は、同役の井上内匠《たくみ》とともに、寺送り状を作成した能登川村善明寺の宗円《しゅうえん》を、伊庭陣屋で取り調べた。すると宗円は、右の寺送り状は、実際には今年の九月二日、清七の親類である長三《ちょうぞう》の依頼により、「文政六年五月」付けで偽造したことを認めたのである。なお、翌日には長三も吟味され、清七から八月下旬に依頼があったのだと、あっさり認めた。あのおかしな寺送り状は、「清七」が「木屋作十郎」へと変わったことを強調したいために、木屋作十郎があわてて偽造を依頼したものだったのである。なお、伊庭陣屋の吟味では、木屋作十郎のことを頑《かたくな》に「清七」と呼んでいる。三枝家が吟味しているのは大津の「木屋作十郎」のもとに同居している、自領の百姓「清七」なのだというスタンスを、縦割りの支配という原則に基づき、絶対に崩すことはなかった。

この吟味の結果は、大津代官所を通して木屋作十郎にも突き付けられた。十一月、作十郎は「長三・宗円の供述はすべてデタラメである」と真っ向から否定する返答書を大津代官所に提出し、あくまでシラを切った。だが木屋作十郎はもう詰んでいる。それは誰の目にも明らかであろう。

落としどころ

もし徹底的に、この事件の〝真実の究明〟だけが追い求められたなら、確実に追放刑以上の処罰者が出たであろう。ところが本多は、木屋作十郎の返答の後、さっさと追及の手を引いてしまう。本多が追求したのは、「御用金を出させる」という本来の目的であった。

本多は江戸の三枝家とも連絡済みであったらしく、文政九年（一八二六）一月には三枝家側が「清七が大津の木屋作十郎跡を相続すること」（木屋作十郎への転籍）、「清七の忰佐七は、今年の人別改めで清七と改名すること」（清七株の継続許可）などを認める決定をし、本多に通達している。「清七が木屋作十郎になることを認めてやる」などと、実態を知っているくせに実にわざとらしいが、これこそが落としどころであったらしい。同年同月、「木屋作十郎」は「能登川清七殿分御陣屋上納金」を三枝家に支払っているのである。――御用金を出すならこの問題は追及せずに、現状も許可してやろう――本多が作十郎に提示した条件は、そんなところであったろう。

なお、その後文政十年（一八二七）六月、清七相続人佐七は「親元に帰りたい」と、清七名跡を作十郎に返してきた。ごたごたに巻き込まれるのが嫌になったのだろうか。そのため長三郎という人物（先の親類「長三」と同一人物かもしれないが不詳）が同年に清七名跡を相続した⑫。長三郎が清七名跡の相続に際し、「木屋作十郎殿」宛てに差し入れた証文では、その冒頭で「当村清七跡《あと》之儀、其元《そこもと》（木屋作十郎）大津表《おもて》懸ケ持に相続成《な》され来り」と見え、作十郎＝清七の状態を「懸ケ持」と、明確に表現している。しかし、その「懸ケ持」状態はここに解消され、清七と木屋作十郎は、それぞれ別人が相続することで決着したのである。

本多内蔵太は、狡猾《こうかつ》な人物だったろうか。領主からすれば、むしろ彼のような男こそが能吏《のうり》だったのではないか。両人別というしょうもない真実を追求した、第三章の彦兵衛＝仁左衛門一件の結末は、登場人物すべてが損をした。一方この一件は、木屋作十郎は金を出す羽目にはなったが、その身分は保たれたし、村や町の秩序や構成が変化を強いられることもなかった。多くの人々が望んだ結末はどちらだったろうか。

町―町の両人別

村―村、村―町の両人別がある以上、町―町間や同じ都市内部の町においても、それは発生している。しかし町の場合は、領主の支配を受ける村の百姓株のような問題が起きないのか、表沙汰になったりすること自体、あまり多くはないようである。

町での両人別で最古とみられる事例は、宝暦四年（一七五四）六月、江戸の桜田伏見町の家持町人である九郎左衛門《くろざえもん》が、「繁左衛門《しげざえもん》」という名前で質屋を営んでいた事例である。彼も何らかの事件で町奉行所での吟味になり、その際これが発覚したようである。本人の処罰は不明だが、「名主存じながら、壱人両名にて差置候段不埒《さしおきそうろうだんふらち》」とされて、町名主が「御咎《おとがめ》」（恐らく急度叱り）となっている（『正宝事録』）。犯罪の取り調べに伴って両人別が発覚する基本パターンである。

また、うまく隠匿《いんとく》されて処理された例もある。弘化二年（一八四五）十二月、町年寄から町奉行所へ提出された内密の上申書によると、江戸四谷太宗寺《たいそうじ》門前の家主武兵衛《ぶへえ》が内藤《ないとう》新宿で旅籠屋を営み、「旅籠屋武兵衛名前」で「人別差出し所持罷在《まかりあり》、壱人両名」の状態だった。しかし同年二月に博奕《ばくち》打ちが捕縛された一件で「旅籠屋武兵衛」も召し捕えられ、彼は預り中に病死してしまった。この時、この両人別を隠匿するため、四谷太宗寺門前では武兵衛の妻の弟を秘密裏に「武兵衛」と改名させて、死んだ「旅籠屋武兵衛」とは別に家主武兵衛が存在してきたようにして処理したという（「市中取締類集」）。

両人別は根絶やしになるか?

幕府評定所は両人別を違法行為としていた。しかるに両人別は村でも町でも、身分の株化を背景にして相当に多く存在し、かつ黙認されていた。むしろこの行為のおかげで表向きの色々なことがうまくいっていることが多い。幕府や領主には、血眼《ちまなこ》になって両人別を探しまわり、それを根絶やしにしようという意識がない。領主などの各「支配」はその支配領域しか管轄しえないのであるから、他支配との人別重複など、通常見つけること自体ができない。それを苦労して見つけて処罰しても、一体何になるのか。「支配」側が損をするだけである。

両人別が問題となって処罰されるのは表沙汰になった場合のみである。実は両人別そのものが問題なのではなく、両人別という、「支配」を偽る行為が、世間に公になることが問題なのであった。どう言い繕っても両人別は、庶民が「支配」側に対し、事実と異なる偽りの申告をしている行為である。それが表沙汰になった時、「支配」側が、「ああ、それは現実的でいいやり方だね！」と言って許すとすれば、「支配」に対して嘘をついてもよい、と「支配」側が認めることになってしまう。虚偽は江戸時代の社会秩序に反する行為として、建前としては決して見過ごすことはできない。ましてや下の者が上の者を謀《たばか》るなど、建前の秩序としては断じて許されてはならぬものである。だから発覚した場合、「支配」側はどうしても「それはあるまじき行為だ」と断ぜざるを得ないのである。

だが現実は違う。両人別は、株・名跡と化した名前や身分を、縦割りである各「支配」との関係を損ねることのないよう、維持・調整できる合理的な方法として、平然と行われていたのである。ただそれは、声高に奨励されてはならないものであった。

彦兵衛＝仁左衛門と、木屋作十郎＝清七の事件。二つは発端や状況がよく似た事例ながら、その結末は対照的であった。その違いには、担当した役人の性格や志向、あるいは技量も作用しているだろうが、両人別・壱人両名の存在を許しているのは、別に本多内蔵太だけではなかった。

江戸時代の人々は、不必要な〝真実の究明〟を、幸福なことだとは考えていない。彼らの望んでいる、平和で秩序が守られている日常とは、現代人とはどこか違う価値観で成り立っていた。

第五章

士と庶を兼ねる者たち――両人別ではない二重身分

一　百姓・町人が武士にもなる

両人別ではないということ

播磨屋新兵衛一件で述べられていた三種類の壱人両名（第二章の図2－1参照）のうち、最後の一種類、すなわち②秘密裏の二重名義使用について述べたい。③身分と職分による別名使用でないのはもちろん、①両人別による壱人両名にも分類できない種類のものすべて、ということになる。

そのため窃盗・詐欺などの犯罪を目的とした偽名の使用も、場合によっては含まれる。例えば文政元年（一八一八）、江戸浅草誓願寺門前の借家に住む要助《ようすけ》は、「文蔵《ぶんぞう》と名前を偽《いつわり》」、「本所相生町太物屋佐吉方《ふとものやさきちかた》へ壱人両名にて奉公」し、盗みなどを行って死罪に処された（『御仕置例類集』）。要助は文蔵の請人《うけにん》（保証人）となっていたというから、奉公人請状《うけじょう》（雇用契約・身元保証をする証文）を、自分が自分の保証人となって作成し、太物屋佐吉宅に不正に入り込んでいたらしい。犯罪上の偽名使用も、こうした公的効力を持つ証文などでの使用を伴えば、時に「壱人両名」と表現される。但し通常、根拠のない偽名そのものは「拵名前《こしらえなまえ》」や「跡形《あとかた》もなき名前」などといわれ、本書で扱う二重身分の壱人両名とは本質的に異なるものである。

本章で述べるべき重要なものは、百姓の何兵衛が、かたや武士としては何野何右衛門とも名乗る、つまり治者たる士と被治者たる庶とをまたぐ二重身分の壱人両名である。それは一人が二つの名前で公的に把握されるという点で両人別と似ているが、両人別と呼ばれることは決してない。それはなぜだろうか。

「両人別之類」

既に見た通り、庶民には人別があった。ゆえに百姓―百姓、百姓―町人、町人―町人間の二重身分は、必然的に両人別となる。ところが武士の場合、極端に言えば〝人別がない〟。よって百姓が別名で武士になっても両人別という表現にはなりえないのである。

武士にも、庶民の人別に相当するものがないわけではない。武士の場合、庶民の宗門改に該当する「宗旨改一札《しゅうしあらためいっさつ》」（「宗門改書」などとも呼ばれる）という書類を、毎年所属する「支配」（ここでは幕府や大名家中での、役職による支配系統、いわゆる所属部署という意味）の長、つまり「頭支配《かしらしはい》」または「支配頭《がしら》」などといわれる部署の長に提出することが基本であった。これは通常、自身とその家族・召仕《めしつかい》までの名前・宗旨などを書き上げた書類で、書式も庶民の人別と似ていることが多い。提出された一札から、各部署で宗門改帳が作成されることもある。但し武士が評定所などで吟味を受け、身元を調べられる場合、その主家への問い合わせのみで済む。庶民のように「何兵衛は何々村の人別に記されている」などといった、人別を根拠とする身分確認は行われない。武士の場合は、その身分の証明が人別に拠らないのである。ゆえに武士―百姓、武士―町人をまたぐ二重身分は両人別という表現になり得ず、事実、史料上にも見出しえない。

しかし、武家の家来でありながら何々村の百姓でもあるという状態は、二つの支配系統に属する二重身分であり、その本質は両人別と同じである。ゆえに、幕府評定所が編纂した判例集である「撰述格例」では、武士と百姓ないし町人とを非合法的に兼ねている二重身分的状態（A）と、両人別（B）とを「両人別之類」という項目名で一括して収録している。二重身分という点で両者の本質が同じであることは評定所も認識していたのである。但しA・Bの両者には、刑罰の軽重において決定的な違いが存在する。第二章で江戸町奉行小田切土佐守《おだぎりとさのかみ》の用人が「武家の壱人両名は、かなり重く罰するのが先例です」と言っていたのは、実はきちんと先例としてその違いが整理・認識されていたからである。

町人が武士にもなる

両人別の場合、特に悪質な行為を伴わなければ、おおよそ過料程度で済むのが一般的であった。しかし町や村の人別を有したまま士分になる、あるいは士分のまま町や村の人別に加入するといった、士と庶、つまり格式の異なる身分を非公認で両有すると、過料では済まされず、所払《ところばらい》から軽追放程度の追放刑に処される例となっていた。なお追放刑について、本書を読む上では、所払↓江戸払↓江戸十里四方追放↓軽追放↓中追放↓重追放↓遠島の順に重い、と理解しておく程度で十分である。では町人が武士にもなり、処罰された事例を見てみよう。

宝暦十一年（一七六一）二月、江戸深川橋富町清兵衛《せいべえ》店《だな》に住む八右衛門《はちえもん》は、売女《ばいじょ》を抱え置いた件で吟味となった。その八右衛門方に同居する兄の平三郎《へいざぶろう》は、吟味を逃れる目的で、前々から旗本小普請組高力式部《こうりきしきぶ》支配新見又十郎《しんみまたじゅうろう》の屋敷を借地していた。但し平三郎という「町人名前」では、武家地（後述）である新見の屋敷を借りられなかったため、新見の家来分「田嶋平左衛門《たじまへいざえもん》」と名乗って借りていたことが発覚、「町人之身分にて武家之家来分に相成候《あいなりそうろう》段、不埒之至《ふらちのいたり》」として、所払に処せられた（「撰述格例」）。

平三郎を住まわせていた新見又十郎は、その不行跡によって同年同月に遠流《おんる》（いわゆる遠島。島流し）に処された不良旗本である（『寛政重修諸家譜』）。その罪状は、屋敷に「遊女渡世《とせい》のものを家来と称し宅地におらしめ」たりしており（もちろんこれは平三郎のことを指すのであろう）、また町人と博奕をするなどしていた。平三郎の処罰は、この不良旗本の処罰に伴って発覚したものらしい。但し平三郎が「田嶋平左衛門」として、実際に帯刀した姿で徘徊《はいかい》したかどうかは不明である。名義だけではなく、実際の行動に壱人両名の使い分けを伴った実例もある。

天保十二年（一八四一）、四谷太宗寺《たいそうじ》門前の借家に住む忠助《ちゅうすけ》なるものがいた。彼は旗本小普請組堀金十郎《ほりきんじゅうろう》支配の稲生参助《いのうさんすけ》に金を貸したことを理由にその「家来分」にしてもらい、忠助は家来分としては「登坂七蔵《とうさかしちぞう》」となって「壱人両名を名乗」った。そして稲生参助から知行所の村の検見《けみ》（稲の出来具合を見分すること）を頼まれた彼は、村で武士らしく振る舞うために、黒羽二重《くろはぶたえ》の羽織を着て帯刀し、鑓《やり》を持たせて駕籠《かご》に乗って、ほかの町人を供侍《ともざむらい》に仕立て、それを連れて旅行した。どういうわけかこれが発覚して、「町人之身分にこれあるまじき仕方」だと、中追放に処されたのである（「向方御赦例書」）。

百姓藤兵衛と小峯丹次

ここで気をつけなければならないのは、百姓や町人が武士になること自体が悪いのではない、ということである。身分移動に必要な手続きをせず、身分が二重化していることが罪として処罰されたのであり、忠助＝登坂七蔵も、これに該当したため罰せられたのである。

次に百姓が無断で武士を兼ね、処罰された壱人両名の事例を挙げよう。この事例は百姓・町人が武士になる場合どうすればよいのか、その合法・非合法の違いが非常によくわかるものである。

寛政三年（一七九一）七月、八王子千人同心《はちおうじせんにんどうしん》（八王子千人頭中村万吉組同心）である小峯丹次《こみねたんじ》は、同時に武蔵国多摩郡小山村《おやま》の百姓藤兵衛《とうべえ》でもあることが発覚し、「壱人両名を名乗候段、不束《ふつつか》」だとして、大小（刀・脇差）取り上げの上、江戸払に処された（「撰述格例」）。

八王子千人同心は八王子周辺を守衛する同心集団で、八王子千人頭の支配に属した。この身分も、やはり江戸時代後期までに株化が進行しており、他者への譲渡・売買が行われていた。一人で同心株を二つ以上保持している者さえいたという。

小峯丹次は、天明七年（一七八七）、八王子千人同心であった父小峯藤兵衛が「老衰」により退役したので、その跡役《あとやく》（後任）として千人同心に抱え入れられた人物であった。実質的には父の同心身分を継いだわけである。この「抱入《かかえいれ》」の手続きが正式に行われているので、彼は小峯丹次として、千人同心中村万吉支配の組に属した歴然たる同心である。しかし、かたや居住する小山村では、それ以前から百姓藤兵衛と名乗り、同心になってからも小山村の人別に「百姓藤兵衛」という名前で記載される百姓でもあり続けた。そのため丹次は、村内では藤兵衛と名乗り、帯刀していなかったという。そんな壱人両名の状態が表沙汰になったのは、丹次が村役人と諍《いさか》いを起こしたからである。壱人両名が発覚・事件化したこれまでの事例と同様に、所属する社会集団の秩序に反する「我意」の行動によって表沙汰にされたものといえる。

この処罰において興味深いのは、評定所が吟味において、彼の何がいけなかったのか、どうしていたらよかったのか、具体的に述べていることである。これを次に説明しよう。

何がいけなかったのか

評定所は吟味において、農業をしながら八王子千人同心を務めることは、その「由緒」においても問題ない、との認識を明確に述べている。その上で、「丹次も最初の段階で、地頭《じとう》(百姓藤兵衛を支配する領主)に千人同心になることを申告し、その差図《さしず》を請《う》けて、元の百姓の身分を片付けて置くこと(以下これを「身分片付」と呼ぶ)を行った上で同心を勤めたのであれば、問題はなかったのである。千人同心には、そのような者(百姓を辞めたうえで同心になる者)もあるように聞いている。しかし丹次は、同心になったことを、地頭へ隠し置いたのである」、つまり「身分片付」をしていなかったことが問題なのだと明言している。

百姓から千人同心への身分移動自体は、違法行為でもなんでもない。ただ「身分片付」の手続きが必要なのである。では「身分片付」とは何か。結論から言えば、この場合、従来の百姓藤兵衛の身分(百姓株)を他者に譲渡することにほかならない。

小峯丹次の父が千人同心「小峯藤兵衛」であった時、息子の丹次が「百姓藤兵衛」という形で、父子で身分を分担していたとみられる(父藤兵衛の代から既に壱人両名だった可能性もあるが、ここでは父子分担として話を進める）。二つの身分を父子で分割した例は、彦兵衛＝仁左衛門、清七＝木屋作十郎の事例で見た通り、ほかにも存在していた。この状態は一家に当主となりうる適当な人物が二名同時に存在しない状況が生じた場合、同一人物が二軒を保持して一人二役を果たす、二重身分・壱人両名となる前段階ともなっていた。丹次の場合も父の死後、百姓藤兵衛株を形式的に譲渡できる近親がいなかったため、一人で両方を保持する壱人両名になったと考えられる。一人の人間の身分は一つでなければならない――。それが江戸時代における「支配」と「身分」の大前提なのである。

明暗を分けた身分片付

ゆえに、「身分片付」がされていれば合法な身分移動であり、されていなければ非合法な二重身分である。実際にこの違いが明暗を分けた事例を示そう。

甲府勤番を務めた旗本堀内粂之丞《ほりのうちくめのじょう》は甲府金山の再開発を企てたが、寛政十一年（一七九九）、その不正により改易された（「吟味物口書一件」）。この堀内から「手先」（家来・家来分に相当するもの）として苗字帯刀を許可された百姓・町人がいる。このうち①千住小塚原《せんじゅこづかはら》町の百姓新八《しんぱち》、②神田久右衛門《きゅうえもん》町一丁目源助店の善八《ぜんぱち》の両人の処罰は、「身分片付」の有無という点で対照的な結末を迎えている（いずれも処罰時点では手先を辞め、元の百姓・町人に戻っている）。

①新八は、堀内の「手先」に召し抱えられた際、「百姓株は、悴《せがれ》伊兵衛へ譲渡」し、「小塚原町之人別」から除外された上で「木津新八郎」となった。つまり「身分片付」を行う、正規の手続きのうえで、百姓「新八」から「木津新八郎」となったのである。

一方②善八は、同様に「手先」となって「小池喜右衛門」と名乗ったが、その際町人としての身分はそのままであった。「悴の文五郎に譲渡した上で、手先になって苗字帯刀する」と町役人に言って正規の手続きをするると、いろいろ調査されたりして面倒だと考えたためだという。そのため町役人にも無断で、正規の手続きを取らず、これまでの通りに「町人別」に入ったままにした。そして普段は町人、しかし堀内の開発する金山関係の仕事の時だけ、「小池喜右衛門」として苗字帯刀する形態をとった。つまり「身分片付」を行わず、町人別も残したまま非公認の壱人両名となったのである（正規の手続きをしていないので、公認される身分と職分での兼帯ではない）。

両人は堀内の不正一件に伴って処罰されたが、①新八の場合、苗字帯刀自体は正規の許可と手続きを踏んでいたため、その点は吟味においても「強いて咎めることではない」と明言され、罪状とはならず、別件での過料十貫文で済んでいる。しかし②善八は、町役人に秘匿して、手先になってからも「其儘《そのまま》人別帳へも加《くわわ》」っていたことが罪状となり、所払に処せられた。実態は同じでも、「身分片付」の有無が、その結末の明暗を分けたのである。

人別が百姓・町人身分たることを公証する〝籍〟として扱われているがゆえに、士分への身分移動においては、町・村の人別から除外されて従来身分から離脱する、「身分片付」が必須条件となった。「片付」は文字通り、いずれか一方に付くことをも意味する。前章で見た両人別、つまり百姓・町人の身分移動においても、人別は重複しないよう「片付」る必要があった。「身分片付」とは、士・庶間に限らず、百姓・町人その他あらゆる身分移動（「支配」との所属関係の移動）において、身分を一つだけにするという、共通の必須条件だったのである。

なぜ手続きをしないのか

では「身分片付」を行わず、あるいは行えずに二重身分化するのはなぜか。善八の場合は前述の通り、正規の手続きに必要な、町の了承が得られない状況があったらしい。百姓・町人とも、奉行所などに書面を提出することは、個人ではできない。所属する村・町の名主や五人組などが連署連印した願書が必要である。ゆえに同じ町や村の人間の多くが「あんな野郎が御《お》武家の御《ご》家来になって帯刀するなんて、とんでもねえ」と強く反対すれば、願書そのものが提出できない。日頃の行いがあまり悪いとそういう事態にもなりえる。所属する町や村の了承なしに身分移動などできはしないのである。

小峯丹次の場合は、千人同心の存在形態上、許可が得られないということはなかったろう。本人はこう述べている。「（八王子千人同心は）農業をしながら同心を務める由緒ではあるが、兼業だと地頭に知られた場合、住居を替えろと命じられたり、昔から所持している田地を失ったりする事態になるかもしれないと危惧して、地頭へ届け出ませんでした」。

身分移動とは、百姓・町人が武士などへと、そのものが変質するのではない。いわば百姓・町人という〝椅子〟を放棄・譲渡した上で、それとは別の武士の〝椅子〟を取得し、これに移動する行為である。それは従来の身分の完全な放棄・譲渡たる、「身分片付」を条件として成り立つ。更に本人の移動に伴い、従来の〝椅子〟に座る人間も選定し、所属していた村や町などの社会集団に悪影響を与えないことが、移動の必須条件となる。前章で述べたように、町在人別の実質的管理主体は村や町である。ゆえに従来の百姓や町人身分を、容易に個人的事情や自己判断だけで処理できない。ここには両人別の時と同様、所属する集団の事情がかかわっているのである。

江戸時代の社会は、各人の役割の分業によって成り立つことを重視する。それが大前提である。かつその分業は、様々な「支配」の集団ごとの縦割り支配で完結されていて、その中に上下の秩序もある。ゆえに現在座っている〝椅子〟――「身分」、すなわち「支配」との所属関係――を、集団の了承なしで放棄することは許されない。だが別の〝椅子〟への移動にあたって、現在の〝椅子〟が、その後も後継者によって、引き続き成り立つようにした上でなら、別の支配系統の〝椅子〟に移ることは、特段許されぬことではなかった。ただそこには個別の様々な事情もあり、いわゆる正規の手続きを避ける者もあったのである。

身分片付と支配替

異なる身分への移動の際、「身分片付」が必須だという条件は、第二章で述べた「支配替」の論理と全く同じものであることに、気づいているであろうか。

町人が町方とは別の「支配」にも属する場合、そのまま町方支配の「商売」を継続するなら「両支配」で処理され、完全に離脱できるなら「支配替」という方法があった。「支配替」において「町方の商売を止《や》めろ」という条件をクリアすべく、その活動を他者に譲渡していたのも、この「身分片付」なのである。

例えば、江戸万町《よろずちょう》の家持で荒物問屋の半兵衛《はんべえ》は、長年「小普請方御金《おかね》取扱方御用」を務めていたため、天保九年（一八三八）十二月に、町方人別を除いて完全に小普請奉行支配に移動する「支配替」が行われ、町奉行支配ではない「大鐘半兵衛」となった（「市中取締類集」）。これに伴って、従来の荒物商いの店の方は、孫の所吉《しょきち》を「町方人別」の当主として、従来の商売は孫が行うものとして処理している（但し孫は幼年であったらしく、召仕の伴吉を後見人としている。息子が登場しないのは、孫より先に死去したためか）。

また、江戸南飯田町の家持町人の平四郎は廻船問屋を家業としていたが、文化四年（一八〇七）に町方人別から除かれて町奉行支配から離れ、勘定奉行支配の「御廻米廻船御用達」として支配替となり、大坂に住居した。その際、廻船問屋の方は「弟作右衛門」に相続させている（同上）。彼らが「支配替」にあたって行っているのは、「支配」の重複、つまり二重身分化を避けるために、町人身分を別人に譲る「身分片付」である。

ただこのように、どちらか一方に片付けることができない事情が、現実には存在する。それを解消する一つの方法が、「両支配」や、身分・職分を分離した支配方法であるが、実はその方法は〝一人に身分は一つだけ〟（人はどこか一つの「支配」に所属する）という江戸時代の大前提のもと、従来の「身分」とは異なる支配系統に属する、もう一つの身分的側面を「職分」（「御用」・「役儀」）と呼んで、「身分」ではないということにして認めている、かなりギリギリの妥協点なのである。士は治者としての役目に専従すべきで、被治者の職業を兼ねているべきではない、というのが理想である。第二章で述べた御用達の「両支配」や、地下官人《じげかんじん》の「町家兼帯」などは、どちらか一方にすると本人が生活できないとか、「支配」側の「御用」に支障が出るとかいった現実的な事情を考慮して、元来は例外的に許容されたものなのである。旗本や諸組の与力・同心のように〝専業〟しか認められない身分も多いが、それすら「株」として売買・譲渡がされている。こうした〝専業〟でしか許されない身分を手に入れながら、従来の身分も手放さずに〝兼業〟したい——そんな人物も現れてくる。このような場合に非合法な二重身分形態も発生したのである。その発生が「支配」ごとの管轄を原則とする、縦割りの支配構造の大前提に対応したものであったことは、もう言うまでもなかろう。その実態は、追々見ていくことになる。

二　空間をめぐる支配の調整

武士が町人にもなる

今度は逆に、武士が百姓・町人にもなる事例を見ていこう。江戸では、やはり武士―町人の間で発生している。

寛政十年（一七九八）二月、肥前唐津藩主水野左近将監《さこんのしょうげん》家来の杉本伝次《でんじ》が、「三味《しゃみ》線弾《せんひき》　伝次郎」という肩書と名前で、江戸の町方人別に記載されて実印を押し、町人となっていた事件が発覚、「壱人両名に相当《あいあた》り、武家方奉公致し居候《おりそうろう》　身分にて旁《かたがた》不届」だとして、江戸払に処された（「撰述格例」）。

杉本伝次は、三味線指南のたにという女と関係を持っていた。壱人両名になったのは、そのたにが「私の名前では家を借りられない」と相談したことによるらしい。女性が当主として人別に記載されることを「女名前《おんななまえ》」といい、これは、当主の死により当面後家や娘が当主になる場合に見られる。だが独り身の女が当主として新たに店《たな》を借りることは、敬遠される傾向にあった。そこで伝次は、自分を「三味線弾　伝次郎」、たにを「同人妻たに」と名乗らせて夫婦に擬装して町方人別に入り、「伝次郎」の名で店《たな》を借りたのである。もちろん武士たる杉本伝次の名前と身分はそのままである（これが発覚した理由は不明）。なおこの事件では先の小峯丹次の事件が類例として引用されているが、杉本は幕府の御家人ではなく大名の家来であるという理由から、丹次よりも軽くすべきとして江戸払と断じられた。江戸時代は基本的に身分の高いものほど刑が重くなるからである。

この事例は個人的な男女関係に起因するものだが、武士などの判例を集めた「以上幷《ならびに》武家御扶持人例書」に、「壱人両名を名乗候もの之事」という項目名で収録され、その後も引用された重要判例でもある。こんなおかしなことをする奴はそういない——と思いきや、これより前の寛政三年（一七九一）九月に処罰された、こんな事例もある。

旗本小普請組南部《なんぶ》主税《ちから》支配鶴田《つるた》九十郎《くじゅうろう》の叔父鶴田他之助《たのすけ》は、町人「太右衛門《たえもん》」と名乗り、妾《めかけ》を連れて本所下大島《ほんじょしもおおじま》町与《よ》八店《はちだな》太郎兵衛方に同居していた。彼は太右衛門として「卑賤《ひせん》の業」（詳細は不明）を営んでいたため、火付盗賊改長谷川平蔵組の同心に捕縛されてしまう。どうやらそこで、太右衛門が旗本の厄介《やっかい》である鶴田他之助だと発覚したらしい。当然、その身分にあるまじき不届だとして、重追放に処された（「以上幷武家御扶持人例書」・『寛政重修諸家譜』）。

杉本や鶴田の処罰は率直に言って自業自得である。だが旗本・御家人にして町人にもなっていた男はほかにもかなり存在し、そこにはもっと訳ありげなものもあった。

町人にもなる事情

寛政七年（一七九五）十二月に処罰された、旗本小普請武田河内守《かわちのかみ》組柴山宇右衛門《うえもん》の悴、柴山勝之進《かつのしん》という男についての事件を見よう（「以上幷武家御扶持人例書」）。柴山宇右衛門は、経済的困窮のためその日の暮らしにも困り、息子の勝之進も、下谷《したや》金杉《かなすぎ》村の百姓十郎右衛門方に同居している有様であった。そこで勝之進は、十郎右衛門の世話になるのも気の毒だと思い、父宇右衛門にも秘密にして、刀・脇差も帯びず「勝蔵」と名乗り、日雇稼《かせぎ》に出かけて賃銭を得ていた。これが発覚してしまい、彼は江戸払に処された。これは息子が親の貧窮によって働いた例だが、逆のパターンもある。

表御台所頭《おもておだいどころがしら》支配の無役川嶋力次郎《りきじろう》の父川嶋儀右衛門（当時隠居）は、息子の力次郎が経済的困窮に陥ったので気の毒に思い、「長八」という「町人之名前」になって、美作勝山藩主三浦志《し》摩守《まのかみ》のもとへ中間《ちゅうげん》として働きに出た（もちろん勤め先は三浦の江戸屋敷であろう）。ところが寛政四年（一七九二）四月、これが発覚してしまい、長八こと川島儀右衛門は重追放、息子の力次郎は中追放に処された（「以上幷武家御扶持人例書」）。柴山と川嶋の事例は、子が親を、親が子を思ってしたことが結局家の断絶を招いた。表向きの事実関係を見る限りでは貧乏武士の悲哀を感じさせるが、次の事例はどうだろうか。

文化十一年（一八一四）、鉄砲方田付四郎兵衛《てっぽうかたたづけしろべえ》組の同心河野勇太郎《ゆうたろう》の父河野善次郎《ぜんじろう》が、勇太郎のもとに同居していると称しながら、実は町人の権次郎《ごんじろう》という者の店《たな》を借り、町人「善六《ぜんろく》」と名乗って商売をしていたことが発覚、江戸払に処された（『御仕置例類集』）。河野善次郎は、息子勇太郎らが止めるのも聞かずに商売をしていたといい、町奉行所の吟味で呼び出された時も、自ら権次郎店《だな》の善六だと名乗って出頭もしていた。

前の二件と河野善次郎の事例はどうやら事情が違うように見える。困窮が原因で日雇いに出るのは理解できるが、周囲の反対にもかかわらず町人として商業活動するのは、生活が困窮しているためだけではなかろう。そこには何か別の事情の臭いがする。

町人別の「隠居」たち

借家で商売を始めた河野善次郎の場合、町人別にも加入している可能性が高い。実際に武士身分のままで「町人別」まで保持して町人身分になっている者は、どうやら少なくなかったらしい。なおかつそれは河野の如く武士の「隠居」であるケースが多いようである。

天保元年（一八三〇）、紅葉山御高盛坊主奥田久味《もみじやまおたかもりきゅうみ》の父奥田陸兵衛が、「御家人隠居之身分」でありながら、その筋へ願い出ずに勝手に還俗《げんぞく》し、麻布竜土材木町《あざぶりゅうど》で「家主六兵衛」として「町方人別に加り罷在候段《まかりありそうろうだん》、不届《ふとどき》」だとして、江戸払に処された（『御仕置例類集』）。なお、ここでの六と陸は同訓（いずれも「ロク」ないし「リク」）と考えたほうがよい。紅葉山御高盛坊主とは、江戸城の紅葉山文庫に勤める、三十俵二人扶持の茶坊主（「御家人」身分）である。奥田陸兵衛は、忰の奥田久味が大酒のみの惰弱者《だじゃくもの》であり勤務にも支障をきたしたので、六兵衛として暮らす町家に引き取った。ところが市ヶ谷に住む奥田陸兵衛の異父兄である、修験《しゅげん》の清祥院大円《せいしょういんだいえん》は、陸兵衛から金を貸してもらえなかったのを逆恨みして、「陸兵衛は久味を座敷牢に入れて監禁している」と役所に誣告《ぶこく》した。この誣告による吟味で、陸兵衛が町人別に入っていたことが発覚したらしい。なお、大円は誣告であることが当然ばれて軽追放となり、更に久味も高盛坊主を解雇された。親族同士で足を引っ張り、あげく全員がその身分を失ったのである。

また天保三年（一八三二）には、小普請丹羽五左衛門組岡本吉五郎の養父隠居岡本善左衛門が町人を欺いて金子《きんす》を受け取り、遠島に処された（『御仕置例類集』）。その吟味過程で、岡本善左衛門が「町方人別に入」っていたことが発覚し、その罪状の一つとなっている。彼らは別の事件での身元確認過程で、「町方人別」に入っているという実態が発覚しており、これは両人別の発覚経緯とも共通するところである。

隠居養父とその養子

こうした旗本・御家人の隠居と呼ばれる者たちは、なぜ現当主と別居して町方人別に入っているのか。それを理解するには、旗本・御家人の身分が株として売買されていたことを前提として踏まえねばなるまい。旗本・御家人の株の売買による継承は、同心などの下級武士であれば、いわゆるイエの世襲ではなく、個人を登用する「一代抱《いちだいかかえ》」であり、現任者が退任を届け出て、後任を新規に抱え入れる手続きをとる。もっとも、親の退任に伴い子が後任につけば、事実上世襲のようだが、手続きはあくまで新規採用であり、「相続」ではない。そのため前任者との養子縁組や、前任者の苗字を襲うことも必須条件ではない。但し前任者の養子となったり、あるいは「従弟《いとこ》」などと称して、血縁関係を擬制した例が多いのは、その方が手続きがスムーズに進むからであったらしい。

旗本などは譜代《ふだい》であるので、血縁者などによるイエの「相続」、つまり世襲でなければならないから、実際は株の売買であっても必ず養子縁組の体裁をとった。そのため、株を手放した者は新たな当主の「養父」となり、身分は旗本の「隠居」となって、ほぼ永遠に元の身分を脱することができない。その手続き上、「身分片付」のような処理もできないため、この隠居が町人や百姓になることは、表向きできない。そんな彼らが一体、その後の人生をどのように歩むのか——養子擬制を伴う株売買の研究は、株を売った側のその後の検討をあまりしていないが、それは実態の追跡が困難だからでもある。それが判明するのは、本人が何か事件を起こした場合に限られている。例えば旗本小普請彦坂近江守組本目《ほんめ》安次郎《やすじろう》の「養祖父隠居」で「出奔」していた本目盛《せい》兵衛《べえ》は、江戸の中之郷元町《なかのごうもとまち》で「伊之助」という名前になって店を借りうけて「町人に相成《あいな》」り、その後移住して下谷山崎町一丁目徳兵衛店《とくべえだな》の「清兵衛」と改名していた。これは文政八年（一八二五）に、清兵衛（本目盛兵衛）が知人の娘を吉原に売り飛ばし、その金を騙し取ったりするなどして獄門に処せられため、その前歴が発覚したものである（『御仕置例類集』）。なお「出奔」といっているが、盛兵衛が株を手放した後、以降の当主たちと無関係な人生を歩んでいるだけのことである。ただ公的な身分は旗本の「養祖父隠居」だから、本目家が所在を把握できなくなっていることを建前上、そう表現しているのである。こうした隠居が百姓株でも手に入れて、名前を変え、何も事件を起こさずに一生を終えれば、百姓何兵衛と旗本隠居何山何之進が同一人物とはわからない。

なお「隠居」「養父」というと老人を想像するが、家督を譲ったらそのようにいうので、年齢は関係なく、二十歳の隠居もありえる。株売買の際、金を払って身分を買った「養子」が、元の株の持ち主である「養父」「隠居」に対し毎年いくばくかの扶養金を払う契約になっていればともかく、さもなければ、何らかの手段で生計を立てねばならない。一代抱の武士なら、再び別の同心株などを手に入れて再就職することもある。だがもう宮仕えが嫌になって商売などをしたい者もあろう。但し隠居の身分としてそれを行い発覚すると、現当主の「養子」にも累が及ぶ。先の河野善次郎＝町人善六の事例では、息子が父の町人としての行動に反対していた。それは彼らが実の父子でないことをも推測させるが、率直に言って、真相はなかなかつかめない。

武家地・町地・百姓地

はっきりしていることは、「旗本の隠居ですが魚屋です」というわけにはいかなかった、ということである。それどころか、武士が町家に住むこと自体に制約がある。それは土地に、身分ごとの「支配」があることが関係している。

江戸の土地は、武家地《ぶけち》・町地《まちち》・百姓地などに分かれている。文字通り武家地は武士が、町地は町人地《ちょうにんち》などともいい町人（町方支配の者）が、百姓地（村）は百姓が、それぞれ住む土地・空間として設定されていた（ほかに寺社地などもあるが本書では省略）。町人地は町奉行、百姓地は代官というふうに、それぞれ「支配」が異なる。江戸時代の社会は、「支配」ごとの縦割りの管轄を原則とするから、武家地に百姓・町人はいないし、町地・百姓地に武士はいない――という、身分ごとの住み分けが理想の姿であったのだが、もちろん実態はそう単純ではなかった。

江戸の武家地とは、本来幕府が大名や旗本・御家人らに与えた屋敷地である（そのため拝領屋敷などともいう）。ゆえに売買禁止であるが、実際には武家間で、なかば公然と売買されていた。更には武家地を所持する武士が、それを町人などに内々で貸与している場合もあり、逆に大名や旗本・御家人が、町地・百姓地を買得していることもあった。

江戸では享保十一年（一七二六）に身分違いの土地売買が禁止されていたが、その後緩和され、武家が町地や百姓地に屋敷や土地を持つ場合、大名や旗本の屋敷所持を管理する屋敷改《やしきあらため》（若年寄支配で旗本の職）に届け出て手続きすれば許可された。しかし実際にはこの届け出を行わない、「身分違《みぶんちがい》」の土地売買が行われた。しかも武家の町地・百姓地買得の場合、実際の所有者の名義で登記せず、町地なら町人、百姓地なら百姓など、その地に相応しい身分の人間を名義人にして所有することが行われたのである。

所有名義の実態

天保十二年（一八四一）十二月、幕府は右のような、武家が町地を他人名義で所有することを問題視し、その禁止を命じているが、これに先立つ同年九月、深川熊井町の名主理左衛門が提出した「地所之儀ニ付内密調書」（「類集撰要」）という史料がある。

これによると、武家による町地の所有屋敷・土地の台帳記載は、大きく分けて二種があった。①実際に所有する武士本人の名前になっているもの（「直名前《じきなまえ》」という）。この場合、屋敷改に正規に届け出ている。町人身分の家守《やもり》が設定されており、この家守を通じて、ほかの町人と全く同様に、町役・町入用（町内会費的なものなど）を負担した。この台帳上の町人名義人、いわば代理人を「名題《なだい》」という（「名代《なだい》」とも表記し、名題人などともいう）。もう一つは、②実は武家が買得しているが、購入の際に町人の名義で買得し、あくまでその町人の所有ということになっているもの。こちらは屋敷改には届けられていない。なお百姓地で武家が購入した屋敷は抱屋敷《かかえやしき》といい、こちらも百姓の名題などの名義で、町地の①②同様の形態があった。

武士が「直名前」で町地を所持する場合、町奉行所・屋敷改に届け出て、更に屋敷改の実地見分も受けねばならず、結構面倒である。後に手放したりすることを考えると、町人の屋敷だという体《てい》にしておいたほうが自由が利くので、正規の届け出を行わない②があったのであろう。しかし町地は町人の居住地であるから、「町」にかかわる負担や、ほかの町人との付き合いもある。結局それを代行してくれる町人は、①・②いずれでも必要になる。百姓地の場合、当然年貢も払う必要があるので、百姓役を代行する名代がやはり必要になる。

どこまでいっても町地は町人の、百姓地は百姓の世界であることが求められる。その空間の支配系統と身分秩序に応じた行動が求められるのが、江戸時代の特徴なのである。

町人になればいい？

しかしこの調整は、町屋敷・抱屋敷を購入し、名代を依頼・雇用できる、経済的に余裕のある大名・旗本の話である。先に見た、町人になっていた武士たちを思い出してほしい。彼らの住まいは借家であった。こちらも身分相応の名代を置く方法で本来は処理されるのが望ましいが、出費や手間がかかるとすると、方法はおのずと限られてくる。

店を借りる武士本人が町では町人の名前になって、町人だということにしたらいい。その名前で町方人別にも加入すれば何も問題ないではないか――。そのように考えるのは、「支配」別という社会構造の大前提を踏まえれば、むしろごく自然なことであった。それは身分秩序に反し、〝真実〟を覆い隠す虚偽に違いない。しかし、「我意」を張って町の住民に迷惑をかけたりせず、まじめに「町人」のルールに合わせて暮らしていたら、誰も困らない。町としても、異質な「武士」が町内にいる、という状態より、表向きは武士が「町人の名前」になって、町人地には「町人」しかいない空間を作り出してくれたほうが、町という社会集団の運営において、都合がいいに決まっているのである。

先の町名主理左衛門は、「地所之儀ニ付内密調書」において、②の所有者ということになっている「町人名前」の正体（実際の所有者）を、町では薄々知っている場合もあれば、本当に「極秘」でわからないものもあったと述べている。そこでは「内実之持主」が「壱人にて名前を種々に差置候儀《そうろうぎ》」、つまり本当の持ち主が、幾人もの名義人を立てて所有していることもあったと言っている（但しこれは武家所有に限らず、富裕な町人が世間体《せけんてい》を憚《はばか》ってわざと妻や娘など家族の名義にして複数の屋敷を保持する者を含めての発言である）。続いて理左衛門は、はっきりとこうも述べている。「町としては「表向町人名題《おもてむき》」がいて、町人としての義務を負担し町入用を差出していれば、本当の持ち主が誰かということは穿鑿《せんさく》しない心得であります」と。町にとって関心があるのは、町が表向き穏便に運営されることであった。「内実」、つまりその〝真実〟よりも、「表向《おもてむき》」に問題のない状態であることが優先されていたのである。

小川省吾と小川屋省吾

武士でも、町に住む場合は町人の名前になったらいい――。これが、もっと露骨な方法で実行された地域もある。公家や武家の家来が町地に混住していた、京都である。

寛政七年（一七九五）、世襲親王家の一つである伏見宮《ふしみのみや》の家来で当時隠居であった小川省吾《おがわしょうご》は、とある騙《かた》り事件に関与したため京都町奉行所で吟味された。その際、例によって身元確認が行われたところ、彼は借宅していた二条川東駒引町《かわひがしこまびき》では「小川屋省吾」という名前で、「町方之人別」に加わり、その名前で町奉行所でも把握されていたことが発覚し、洛中洛外払《らくちゅうらくがいばらい》に処された（『御仕置例類集』）。なお洛中洛外払は、京都で江戸払に相当する刑罰である（但し小川はこの処罰前に「病死」している）。この小川省吾という男は、元伏見宮諸大夫で従四位下《じゅしいのげ》・図書頭《ずしょのかみ》に叙任せられ、寛政二年（一七九〇）に至り辞官して隠居していた（『地下家伝』）。処罰時点で四十五歳であった。

小川省吾は、町に住むにあたって町人になる必要から、苗字に「屋」を付けた屋号にして町人になっていた。随分安易な擬装をしたものだ――と見える。だがこの「屋号」処理は、実は小川省吾の独創ではないのである。

屋号処理の実態

公家の家来が町家を所有する際、苗字に「屋」を付けただけの形式的な「屋号」による町人名前を名乗り町方人別に入っていたとみられる事例は、ほかにも確認される。

例えば嘉永三年（一八五〇）、京都町奉行所の運用する御用金を借用していた「室町通下長者町上ル町　朝山屋小太郎事　当時九条殿御内　朝山宮内少輔《くないのしょう》」なる者が、返済を滞らせて訴えられている（「前川五郎左衛門家文書」）。「当時」という語は近世以前には〝今現在〟という意味で使われる常套句であり、ここでは過去の借用時点で「朝山屋小太郎」であった人物が、借金取り立ての時点で「朝山宮内少輔」に改名していたことを示す（正確には「朝山宮内権少輔《くないのごんのしょう》」である）。この朝山氏は、古くから代々九条家諸大夫を務めた家柄である（『地下家伝』）。それを踏まえると、朝山宮内少輔は、叙位・任官する前の嗣子《しし》の時代に、「朝山屋小太郎」なる町人名前で、町人別に入っていた時期があることになる。朝山氏も「朝山屋」なる、隠匿する意思の全く感じられない形式的な屋号によって、「身分違」の町家の所有を実現していたらしい。

明治初年に土地所有の手続きや規定が変更された際、この江戸時代の実態がより明確に見え始める。例えば安政五年（一八五八）から、木屋町三条上ル上大坂町藤屋あきの持家を借宅していた、公家の広橋家家来松本為造《ためぞう》は、明治元年（一八六八）十二月、「この町では帯刀人の住居を拒否していたのでやむなく「屋号」を名乗り、只今まで住居していましたが、この度「表向」に届け出ます」と願い出た。松本は、上大坂町には士分の者の居住を認めない町の規約があったため（京都の町には、この手の規約が頗《すこぶ》る多い）、それに合わせるために表向きは屋号（松本屋、あるいは藤屋か）を名乗って町人になっていた。それをこの時、止めたのである。

また同月、公家の花山院《かざんいん》家家来である吉益周助《よしますしゅうすけ》（著名な医師である吉益東洞《とうどう》の子孫。彼も医師で、号は復軒）は、高倉四条下ル材木町松浦弥四郎借家の「吉益屋さた」方に同居していたが、今後は「吉益周助之名前」で借りると変更を届け出ている。彼の場合は、家族の女性（母、妻、娘のいずれかであろう）に「吉益屋さた」なる屋号の町人名前を名乗らせて町人としての当主とし、自分はその「同居」だと処理することで、士分が当主として町家を所持できないという条件をクリアしていた。それをこの時、止めると届け出たのである。但し従来の屋号処理が明治初年に完全に消えたわけでもない。明治二年（一八六九）六月、公家の錦小路家家来井上少進《いのうえしょうじん》は、自宅を「井上屋むめ《（梅）》へ譲り渡、同人方に同居」すると届け出ている。「井上屋むめ」は、明らかに井上の家族であろう。彼の場合は町人の家に士分が「同居」するという体《てい》をとる、従来通りの作法で町家に住んだのである（以上「宮堂上諸官人以下宿所届」・「宮華族地下宿所留」）。

これらの事例からは、士分が本人、ないし家族の名前を利用して、苗字に「屋」を付けた形式的な「町人名前」を作り出して町家を所有していたことがわかる。「小川屋省吾」もこうした慣習にのっとっていたに過ぎない。事件によって発覚しなければ特段問題もなく行われていたはずである。

苗字に「屋」を付けただけの処理には、本気で〝真実〟を隠匿する意識は感じられない。あくまで、町には町人だけがいるという体裁を作り出すことを優先した処理でしかない。彼らは身分秩序や支配のルールを「表向」に限って守ることを優先していたのである。

あるいは当人たちの個人的事情でいえば、元町人で公家家来などになった者もあろう。その場合、前述の通りの「支配替」であるから、必須条件たる「身分片付」を行う必要がある。そこで町人としての職業や身分を、名義だけ家族に譲渡して、自分はその町人の家に「同居」する士分となり、実際はそのまま当主が両方を兼ねる、という形態の者もあったらしい。そこには夫が士分としての当主で、その妻が町人としての当主、という状態すら存在したことが、明治新政府の身分政策の中で発覚していくことになる（第七章）。

百姓でもある武士

百姓地でも同じである。武士でも、村では苗字を名乗らず百姓の名前になれば、村を支配する側にとって都合がいい。これまで見た事例を踏まえれば、そのような者の存在を想定しないほうがおかしいだろう。実際に慣習として、この方法が成立していた地域もある。

江戸時代後期の萩《はぎ》藩では、藩士や陪臣で萩城下付近、または諸郡に居住して、私有または預かりの田畑を耕作することを「給人作《きゅうにんさく》」と呼んでいた。この場合、耕作については武士身分を認めず、百姓同然に扱い庄屋の支配とされた。更に士分でも、年貢に関することは検地帳・名寄帳《なよせちょう》すべて百姓名前（「下札名《げさつな》」）を使用することになっていたという（石川［一九七六］）。貢租納入の令書を下札《げさつ》といい、下札名とはその名義人、即ち貢租負担者を意味する。この下札名には士分としての名は用いず、苗字なしの百姓名前を使用する壱人両名が行われていた。

例えば藩士林久右衛門は、下札名は苗字なしの久右衛門で、文久二年（一八六二）の訴訟時も百姓久右衛門と名乗った（同上）。また同藩士渡辺新七は下札名として「七助」を使用しており、武士としての名前とは全く別名であった（林元［二〇一三］）。更に同藩は武士のみならず寺社が百姓地を所持する場合も同様の調整を行っており、同藩領熊毛郡勝間村厳島神社は、架空の「宮蔵」なる下札名を設定して貢租を負担し、明治の地租改正でもこれを用いた。この寺社の下札名使用は明治十年（一八七七）まで続いたという。なお第七章でも述べる通り、同様の調整は南部盛岡藩などでも確認されている。

町人の領域では町人の名前で町人になり、百姓の領域では百姓の名前で百姓になる。本人は、身分と職分で見られたような、名前と格式の使い分けを行うことになるが、そうしさえすれば面倒な「支配違」は存在しないことになる。縦割りである各「支配」による管轄は、これによって円滑に行えるのである。

評定所が示していた三種類の壱人両名（第二章の図2－1参照）のうち、非合法である②秘密裏の二重名義使用も、前章で述べた①両人別と同様に、「支配」の大前提のもと、「表向」の平穏を優先する社会においては、ごく合理的なものとして存在していたのである。

百姓宅に同居

公家家来が京都町人の家に「同居」していたように、京都近郊の村に住む百姓が公家の「家来」に取り立てられた場合（百姓への苗字帯刀許可ではなく、士分としての召し抱え。身分移動）、その家来は百姓の家に「同居」と届け出て「身分違」の居住を調整していた。例えば江戸時代後期、妙法院門跡領であった山城国葛野郡《かどの》牛ヶ瀬《うしがせ》村に住んだ、同門跡家来の津田氏の場合、天明二年（一七八二）に父が「津田源吾」という名で妙法院の家来となり、息子の「百姓八郎兵衛」の宅に「同居」すると届け出ている。津田氏は父が家来、子が百姓（庄屋を務める）という父子分割が数代に亘《わた》って行われ、津田氏自らも明治二年（一八六九）段階で「代々親は家来、悴は百姓」と述べている（平塚［二〇一〇］）。また同年二月、公家の阿野中納言《あのちゅうなごん》が新政府に届け出たところによると、同家領の山城国葛野郡下嵯峨川端村には、阿野中納言家来の福田義兵衛が同村の「ひさ」、福田栄造が「吉次郎」、福田留之助が「りう」、上羽市郎兵衛が「せつ」という人物の「百姓共《ども》之宅」にそれぞれ「同居」していると言っている（「宮堂上諸官人以下宿所届」）。百姓の当主が家来に召し抱えられた場合、百姓としての当主は妻・母・娘、或いは父・兄弟・息子の名義にして、そこに「支配違」となる「家来」が「同居」するものとして処理していたことが窺える。——だが、本当の「同居」でない者が存在したことは、第六章で述べることになる。

三　移りゆく身分と二重化

金かし浪人吉田平十郎

寛政元年（一七八九）の江戸に、吉田平十郎という浪人がいた。浪人といっても借金に苦しむ貧乏浪人ではない。彼は金を貸す側である。人は彼のことを「金かし浪人」と呼んで蔑《さげす》んだ。平十郎は、旗本上田万五郎（知行七百石）の屋敷の一角にある借家に住んでいたが、上田も彼から金を借りており、その上弱みを握られて折々ゆすられていたという（以下この事件は『寛政重修諸家譜』を中心に、「よしの冊子」、「翁草」による）。

金貸し浪人吉田平十郎は、「もとは卑賤のもの丶子」だという。詳しい出自も、最初の名前もわからない。ところが彼はどういう方法によってか金を貯め込み、幕府御書院番《ごしょいんばん》組の与力の株を買って「水野《みずの》定八《さだはち》」と名乗った。「水野」は与力株の購入に伴って襲った苗字である。かくして幕府の御家人に成り上がったが、その後この与力株を売り払い（金五百両ほどになったという）、浪人吉田平十郎として金貸しを始めた。仕官した武士と違い、浪人には商業従事も禁止されていない。江戸で斬首刑を担った著名な山田浅右衛門《あさえもん》も、その身分は浪人だが、斬首した死体を様斬《ためしぎ》り用に販売し、または死体から人胆《じんたん》をとって薬を製造したので、たいそう裕福であったという（氏家［一九九九］）。「浪人」は仕官の身に伴う制約がなく、活動上のメリットもある。但し御白洲では庶民と同じ砂利に出廷させられるのが原則で、その身分待遇は庶民と基本的に変わらない。御書院番与力は江戸城玄関前の諸門などを警衛する職で、その禄も八十石に過ぎないが、細々と平穏な暮らしはできそうである。だが平十郎は、名より実を取って金貸し浪人たる道を選んだのだろう。但し、様々な悪事を行って与力を解雇されたという噂もあった。

旗本前島寅之助

同じ頃、前島寅之助《まえしまとらのすけ》という旗本が現れる。前島家は蔵米百俵取りで小普請組に属し、寅之助はその五代目の当主となった男である。天明七年（一七八七）十二月、寅之助は前島寅之丞の養子となって家督を相続した時、江戸城に登城した。

しかし彼は、かの金貸し浪人・吉田平十郎その人なのであった。彼はある手段によって旗本になったのである。江戸城の玄関前の門には、御書院番与力水野定八を知る与力や同心もいたから、かつて「水野定八」だった男が麻上下《あさかみしも》を着て城門より入り、玄関へ上がっていったのを見て、

「どふした事だ」「けしからぬ男だ」と、胆を潰したのは無理もない。

その後、前島は水野定八であった頃にも出入りした札差《ふださし》（幕臣の俸禄の受取りや換金などの業務を行う商人）のもとに出向いた。その店の手代も水野定八を知っていた。しかし前島寅之助だと名乗ってやってきたので、手代もうかつな事もいえず、だまって見ているしかなかった。せいぜい「あれは定八様に相違ないが、どふして御旗本に成《なり》しつた。仕合《しあわせ》な人じや。あの人には余程金のかしもあるが、めつたな事もいはれぬと、ひそ〱」と言い合うほかなかった。当の前島は「何くわぬ顔色にて、尊大に挨拶いたし」て帰っていったという。

もとより悪名高き金貸しであった彼は、旗本になっても金貸しを止めなかった。町奉行所で借金の裁判になると、彼は吉田平十郎の名前で相変わらず町奉行所へも出頭していた。前島寅之助でありながら吉田平十郎でもある「一人両名の者」になっていたのである。それでいながら前島は、「おれが事を金かしだといふが詰《つま》らぬ。是《これ》はきつと御糺《おただ》しを願ふ」などと息巻いており、周囲はその図太さを見て「にくきやつ」だと評するばかりであった。

前島一件の結末

吉田平十郎が旗本前島寅之助となったのはどういうわけか。苟《いやしく》も旗本といえば、将軍に御目見《おめみ》えを許された天下の直参《じきさん》である。どこの馬の骨とも知れない怪しげな浪人ごときがなれるもので

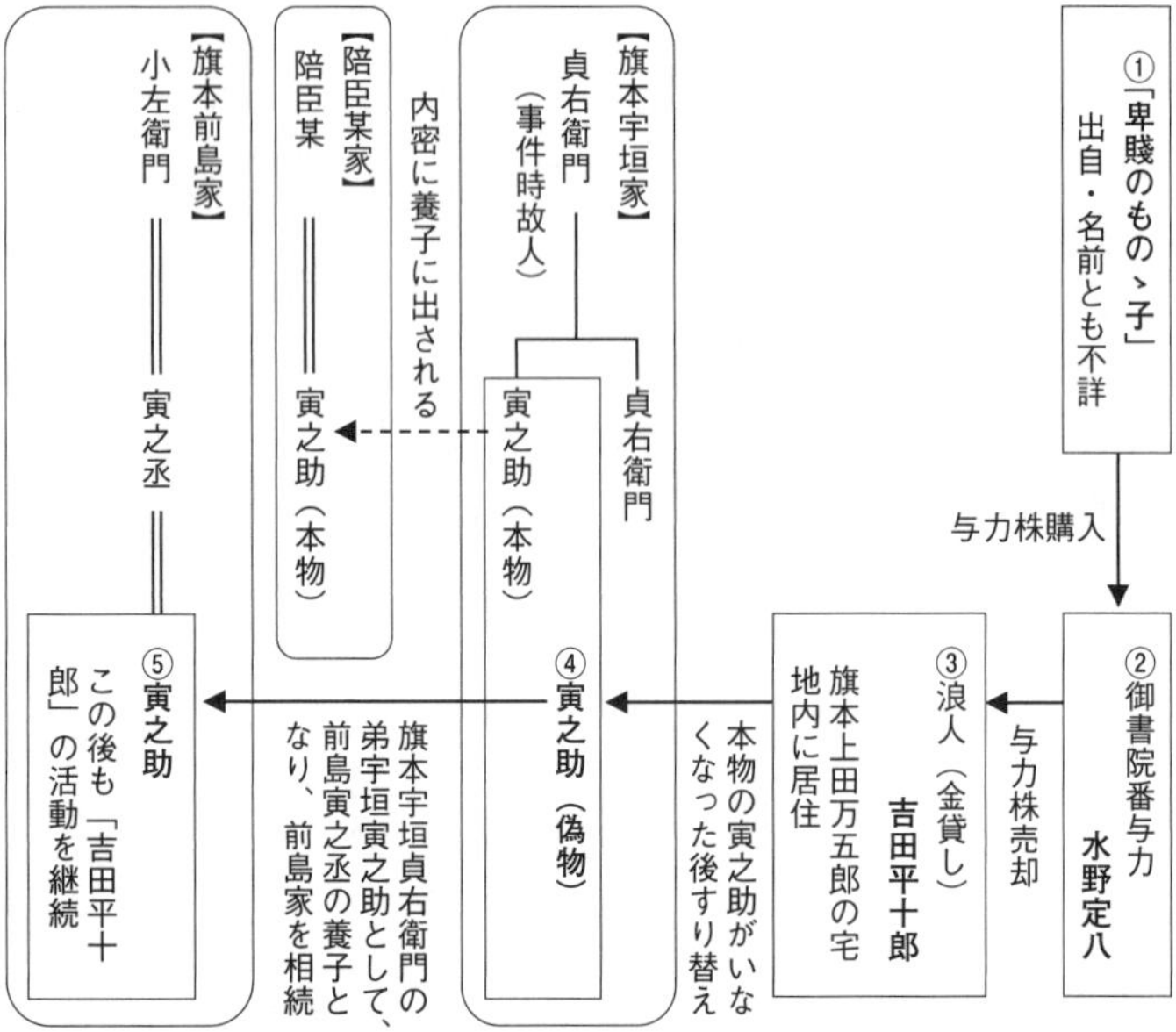

図 5-1　「卑賤のもの丶子」が旗本前島寅之助となるまで

註：①-⑤は、前島寅之助（吉田平十郎、一時水野定八）と呼ばれた男の身分・名前の変遷順序を示した。必要最低限の登場人物のみで作成。なお、「水野定八」になる以前、長崎方面で足軽等の経験があった人物との証言などもあるが、本図は基本的に『寛政重修諸家譜』の内容に拠り、不確定情報は省略している。縦二重線は養子。

は絶対にない――。だがそれは、建前だけの話である。実際には「もとは卑賤のもの丶子」が旗本になることくらい、金《かね》があって方法さえ心得ていればなんでもないことであった（図5―1）。

旗本前島寅之丞は、吉田平十郎に多額の借金があった。しかし返済できなくなり、その身分を売ることで帳消しにしてもらうことになった。ただ、さすがに素性の知れない浪人を公然と旗本の養子にすることは、その手続き上許されない。そこで吉田は、旗本宇垣貞《てい》右衛《え》門《もん》に金子を与え、その弟宇垣寅之助を、内密に陪臣（大名などの家来）の養子に出させた。本物の寅之助がいなくなったところで、吉田平十郎を宇垣寅之助ということにし、その上で前島寅之丞の養子となった。かくして金貸し浪人吉田平十郎が、まんまと旗本前島寅之助へと成り上がったのである。

吉田平十郎＝前島寅之助という壱人両名の発覚は、寛政元年（一七八九）の夏、浜御殿で小普請組の武術上覧があり、前島寅之助が弓矢で大的《おおまと》を射た時であった。その前島に対し、人々の間から、「それ、金かし浪人が見分《けんぶん》に出た」と声がして、「どつと笑《わらい》」が起きたのである。御供の諸士の中には、吉田平十郎から金を借り、知っているものが数多くいたためである。さすがに大勢の前で噂が広がりすぎてしまい、放置しがたい状況になった。困ったのは彼の上司にあたる小普請支配と、同じ小普請組の旗本たちである。上への報告に躊躇《ちゅうちょ》した彼らの対応は後述するので、今は事件の結末を述べよう。

結局、前島一件は、上から前島の吟味が行われ、厳しい処分が下った。吉田平十郎こと前島寅之助は、死罪。その子寅吉は遠島。寅之助を養子にした前島寅之丞は、取り調べを受けて獄死。宇垣貞右衛門は、事露見に及んで出奔するという見苦しい行為によって罪が重くなり、死罪。その子鍬五郎は、遠島（十五歳になるまでは親類預け。十五歳未満は刑の執行が猶予される）。吉田平十郎を住まわせていた上田万五郎は逼塞《ひっそく》（閉門のより軽い刑）など、その他多数の処罰が行われた。金の力で次々と身分と名前を変えて成り上がり、壱人両名にもなった男の人生は、みじめに首を刎《は》ねられて終わった。

小普請旗本たちの狼狽

当時この事件は、身分秩序を揺るがす大事件だ——とでも思われたか。生憎《あいにく》そんなことは全くなかった。なぜならこの程度の者は掃いて捨てる程いたからである。

「どっと笑」の起こった直後、小普請支配松平但馬守《まつだいらたじまのかみ》組の組頭両人らは、その対応を相談した。もはや「上へ申上げずばなるまい」との声も上がる中、小普請筆頭酒井因幡守《いなばのかみ》は公《おおやけ》の場での吟味となることを承知せず、このような意見を述べた。「其位《そのくらい》の事を糺《ただ》すと、小ブシン《（普請）》は大躰潰《だいたいつぶ》さねばならぬ、捨置《すておく》がよい」、「前島を上へ申上げ潰《つぶ》し候《そうら》はば、其類《そのたぐい》は御旗本にはいくらもある。残こらずは潰されぬ」。そして前島の件を上に報告せず、本人を「押込《おしこめ》隠居」（強制的に隠居させる）などという形で事態を収拾させることを提案した。前島が行っていたような、旗本株売買での「養子」擬制や、更には宇垣が行った弟寅之助のすり替え行為などは「入れ子」などといわれ、当時相当行われていたらしい。しかし前島家には、既に前代の寅之丞が「養父隠居」、前々代の小左衛門が「養祖父隠居」としてなお存命していた。しかも小左衛門と寅之丞は血縁上実の兄弟であり、兄小左衛門が弟寅之丞を養子にして家督を譲ったものであった。この二人と寅之助の年齢は、いずれも四十代でほとんど変わらない。「押込隠居」案を実行すれば、前島家には若い隠居が三人もいる状況になってしまうため、酒井の提案を実行するのも、いささか躊躇されたのである。

結局、小普請組頭が上への報告を躊躇しているうち、上からお尋ねを受けて前島の吟味が行われ、すべてが発覚したのである。前島が呼び出された時、「小普請の面々、いづれも胆を潰したという。前島の行為が表沙汰になることは、多くの小普請旗本にとって恐怖でしかなかったらしい。しかし結局、その他の小普請旗本に吟味が波及することはなかった。人々は「前島一件、余り広がり申さず相済候《あいすみそうろう》は、ありがたき事なり」と胸をなでおろしたという。旗本・御家人の株売買による養子縁組は表向き禁止されており、発覚した場合の処罰例もある（『寛政重修諸家譜』）。しかしこの事件に対する彼らの態度が、その建前の実態との乖離《かいり》を如実に物語っていよう。

表向きの世界と漏れ出る本音

前島寅之助が吉田平十郎でもあり続けたのは、金貸し業を続けるためである。この使い分けは、例によって、身分秩序と「支配」に対して相応しくあるために行っている――などという意識は、彼自身にはあるまい。彼は自分のことしか考えていない。極めて利己的である。ただこれまで見た社会の大前提が、彼の行動を制約していただけである。

表向き禁止になっていることと、現実に禁止であること。それは全く別の問題である。壱人両名にせよ、建前的な「養子縁組」にせよ、それをよしとしている社会がある。むしろそれは社会を穏便に推移させる一種の作法・慣習として存在していた。但しそれを悪用し、現状で穏便に収まっている表向きの世界そのものを利己的な行動で破壊する者が現れた時、それらは非合法な行為であることを暴露され、厳しく処罰されるのである。

本章第一節で見た、八王子千人同心の小峯丹次＝小山村百姓藤兵衛の壱人両名が処罰された時、同じ八王子千人同心たちが小峯のことを、とんでもない例外で同心の面汚しだ、と考えただろうか。もしそうなら、その壱人両名は極めて特殊な行為ということになる。けれども、同じ八王子千人同心である塩野適斎が編纂した『桑都《そうと》日記《にっき》』には、次のような記述が見られる。

「千人同心として俸禄を受けつつ、別名で百姓となり、村役人をしていたりする「称一人両名者《いちにんりょうめいをしょうするもの》」は、間々あることである。（それなのに）丹次は（村の庄屋と訴訟になったためにそれを表沙汰にされて）、このことで罪に問われて罰せられてしまった。「嗚呼《ああ》惜哉《おしいかな》」、（これで）仲間の同心が一人減ってしまった」

壱人両名などごくありふれているのに、彼はそんなことで処罰されたのだと、同情的に述べている。「嗚呼惜哉」という言葉には、運の悪いことだという含意も感じられよう。それは、建前としては非合法に属する壱人両名（第二章の図2－1の①と②）が、実際には多く行われていたことを裏付けてもいる。〝表沙汰になったら罪状になりうる、けれどもみんなやっている〟――それが非合法の壱人両名に対する、当時の認識であった。そんな非合法な壱人両名が、なぜ生じるのか。それは「支配」ごとの管轄が行われる江戸時代の社会構造の中で、それが「表向」、万事をうまく処理しうる、合理的な方法であったからにほかならないのである。

第六章
それですべてがうまくいく?――作法・習慣としての壱人両名

一　作法の内幕

壱人両名の合流

ここまで三種類の壱人両名について見てきた（第二章の図2－1参照）。この三種類は合法（公認）と非合法（非公認）の二つに分類できたが、壱人両名になる目的はおよそ共通していた。それはいずれも、縦割りである各「支配」の管轄・秩序を保ちながら、「支配」をまたぐ各人の活動を表向き問題なく実現させるための方法であった、という点である。

それが、図2－1における③の身分と職分による別名使用であると、「支配」側から公認、ないしそのように認識されれば合法で、そうではない①の両人別や②の秘密裏の二重名義使用であれば非合法だ、という違いはあるが、名前や身分格式を両有して、それを「支配」ごとに使い分ける二重身分的実態そのものは、ほぼ同じものであった。

また様々な事例を見てきた通り、合法なら存在できて非合法なら存在できない、というものでもなかった。現実にはこの三種類の壱人両名が、各「支配」に基づく身分秩序を表向き円滑ならしめるための、いわば社会の作法・慣習として、同じ一つの大きな流れをなし、入り交じって存在していたのである。

だが大きな違いもある。非合法の壱人両名（①・②）は、普段この壱人両名が表向き存在しないという体《てい》で取り扱われるために、これが表沙汰となった場合は処罰を免れえない。一方、身分と職分による壱人両名（③）は、表向きにも合法であるから堂々と存在できた、という点である。だが③の存在を認めている二つの「支配」側の認識は、実はある種の齟齬によって成り立っていた面もある。それはどんなもので、何を引き起こしただろうか。

松屋加兵衛と諏訪内匠少允

松屋《まつや》加兵衛《かへえ》は、京都中立売通室町《なかだちうりどおりむろまち》西へ入ル町で呉服を商う、高松藩松平家の御用達町人であった。この家は元禄七年（一六九四）、朝廷儀式に奉仕する地下《じげ》役人《やくにん》（いわゆる近世地下官人《じげかんじん》）である賛者《さんじゃ》という職を得て、これを明治初年まで継承した（尾脇［二〇一六］）。

この松屋（苗字は諏訪《すわ》）の当主は、代々町人松屋加兵衛の身分と名前はそのままで、賛者としては叙位・任官する壱人両名の形態をとった。例えば江戸時代後期の当主は、普段は「松屋加兵衛」と名乗る京都町奉行支配の町人でありつつ、朝廷からは正七位下《しょうしちいのげ》に叙せられ、「内匠少允《たくみのしょうじょう》」に任官して「諏訪内匠少允」と名乗り、官人としての「役儀」（職分）の時だけその名前で帯刀したのである。「諏訪内匠少允」としては朝廷に属する官人としてその支配を受け、「松屋加兵衛」としては町方の支配を受けた。

この状態は、町奉行所と朝廷の両方から認められて成立している。本人は苗字帯刀の格式を地下官人の「役儀」の時だけに限り、普段の町人としては使用しない（できない）。それは第二章で見たような、身分と職分を使い分けることで成立・公認されている壱人両名であった。その形式自体は、町方支配の江戸町人が、「御用」（「職分」）のみ小普請奉行支配に属したような、「両支配」と同じものといえる。

なお賛者という職は、天皇即位式の進行役を補助する役割であるため、即位式以外には仕事がない。よって普段は決まった出勤もなく、代わりに給料も出ない無禄《むろく》であるが、彼はあくまで、常時自宅に待機している官人として扱われていた。賛者は、外記方《げきかた》と呼ばれる地下官人のグループに属しており、外記方を統括する押小路大外記《おしこうじだいげき》に対して、宗旨改《しゅうしあらため》一札を毎年提出し、大外記からは不定期で「諏訪内匠少允」宛て（つまり官人としての名前宛て）に通知がもたらされ、必要に応じて麻上下を着て帯刀し、「諏訪内匠少允」として朝廷関係者に挨拶に出向かねばならない。即位式がない期間も賛者諏訪内匠少允として、現に常時存在する官人として行動する場面がある。なお、朝廷側が彼を「松屋加兵衛」と呼んだり、その名前宛てに通知を出してくることはない。朝廷では、このような官人を「町家兼帯《ちょうかけんたい》」と呼んでいた（「町職兼帯」などともいう）。

町家兼帯の認識

彼は松屋加兵衛としての呉服商・高松松平家の用達の活動が、生活する上での本業である。そのため町人が官人を兼ねている、というのが、紛れもない実態である。だがそれは、実は町奉行所側の認識でしかなかったのである。

例えば文化十年（一八一三）、「父《ちち》松屋加兵衛事諏訪内匠少允」の賛者役を相続することになった松屋《まつや》加《か》吉郎《きちろう》は「今後賛者役としての御用の時だけ「諏訪直衛《なおえ》」と名乗って帯刀したい」と町奉行所に届け出た。その願書は、町人「松屋加吉郎」の名前で行い、一般町人同様、所属する町の年寄・五人組が連印している。更にその後、文化十三年に「木工少允《もくのしょうじょう》」に任官した時には、「今後は「御用」の時の名前を「諏訪直衛」から「諏訪木工少允」にします」と町奉行所に届け出たが、この届け出の書面も「松屋加吉郎」という名前で、前回同様に町年寄・五人組連印の上で提出している。

町奉行所に対しては、「諏訪直衛」や「諏訪木工少允」という名前で書類が提出されることはない。町奉行所からすればそれは朝廷の「役儀」、つまり「職分」限定で使用される名前に過ぎず、彼の身分と名前はあくまで町方支配の町人「松屋加吉郎」のままだからである。そのため松屋加吉郎は賛者になった後も、町奉行所では一介の町人身分たる「松屋加吉郎」として手続きをしているのである。なお、相続時点では幼年だった加吉郎は、その後しばらくして代々の当主名である「松屋加兵衛」を襲名している。

一方、朝廷での賛者役相続の手続きを見ると、逆に「松屋加吉郎」や「松屋加兵衛」なる名前が一切出てこない。賛者役の相続手続き書類は、ほかの町家兼帯ではない、専業の地下官人の場合と全く同様に行われ、書類を提出する時の名前は最初から「諏訪直衛」、任官後は「諏訪木工少允」を使用している。朝廷側も、彼に書類を出す際などの宛名には、この名前しか使わない(正式の叙位任官などでは、古来の慣習にのっとり、「藤井信成《ふじいのぶなり》」といった本式の本姓＋実名、つまり「姓名」が使用される)。

もちろん「町家兼帯」の言葉がある通り、朝廷はその実態を承知している。「町家兼帯」かどうかは、折々大外記などが、支配下の各官人に問い合わせて調査・確認しており、その際、賛者諏訪氏は「町内に於いては松屋加兵衛」と名乗っています、ということを「諏訪木工少允」の差出名で申告する書面を提出している。だがそのような書面において、町人としての本業を「諏訪木工少允」の「内業」・「内職」と称して申告している。朝廷では、官人身分の「諏訪木工少允」が町人「松屋加兵衛」としての業を職分として兼ねている、という認識であり、諏訪側もこれに

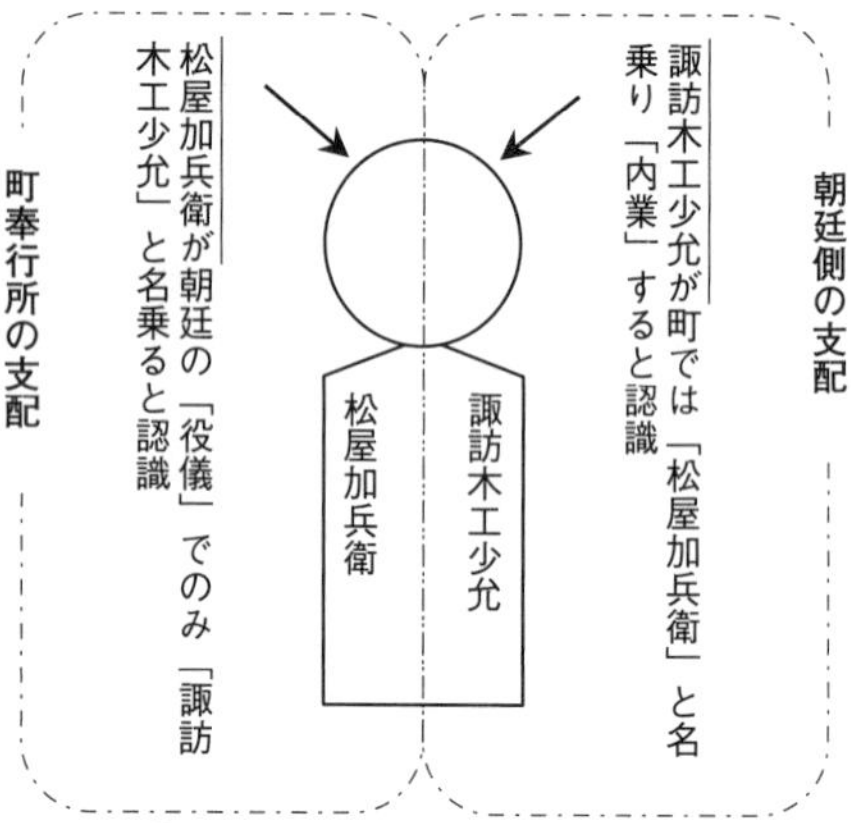

図6–1　「町家兼帯」の壱人両名への支配認識（諏訪氏の場合）

壱人両名の存在形態は両方の「支配」側から公認されている。但し、いずれも自身の支配する側面を“主”とし、別の側面を“副”と認識しており、2つの「支配」側の認識には齟齬がある。本人は各「支配」の認識にのっとって対応し、その身分格式と名前を使い分けた。

合わせて対応しているのである。

これは、町奉行所と朝廷、それぞれの「支配」の立場からすれば当然の扱いではある。だが明らかに身分と職分の正・副の理解が、各「支配」間で逆転し、食い違っている（図6–1）。町人が官人なのか、官人が町人なのか。つまりどちらが身分（正）で、どちらが職分（副）か——という点は、実は「支配」側によって認識が異なっている。だから「町家兼帯」である本人もそれを踏まえて行動せねばならない。

例えば右の松屋加吉郎（のち松屋加兵衛）＝諏訪直衛（のち諏訪木工少允）の賛者役相続の手続きでは、先に朝廷での手続きを済ませていながら、町奉行所には「これから朝廷で相続手続きするので、これを許可してください」という願書を出している（数代にわたり同じことをしている）。それは、町奉行所に対しては町方支配である町人の側面を「主」とする体《てい》を示すためであった。

「両支配」との差異

松屋加兵衛＝諏訪木工少允などのように、身分と職分を分離して壱人両名となる「町家兼帯」の形態は、江戸町人に見られた「両支配」と、その構造そのものは同一である。しかし江戸町人「両支配」には、このような認識齟齬は、基本的に存在しない。

第二章で説明した江戸の町方支配である町人惣七《そうしち》は、小普請方の「御用」を務めて「御用」の側面（「職分」）のみが小普請奉行支配になり、その職分限定で「中口惣七」と名乗った（第二章図2－3参照）。惣七の「両支配」の場合、町奉行と小普請奉行は、いずれも幕府内の役職である。そのため相互の奉行が連絡を取り合い、「小普請奉行支配」と「町奉行支配」が重ならないよう、町方を本体（主）とした上で、小普請奉行の「御用」のみを、その副次的側面として認め、支配を分離させて成立していた。それは町奉行が小普請奉行より格が高いという役職の力関係もあるが、重要な市政全体にかかわる「町奉行支配」の方が、小普請方など一部署の「支配」よりも、実際問題として優先されるためでもあろう。

そもそもこのような「両支配」は、小普請奉行から町奉行に対し、町方支配の特定の人物について、「こちらの支配にしたい」と掛け合うことから始まっている。町奉行は、町方支配から完全に離脱する「支配替」の条件をクリアできない者について、「両支配」での処理を認めていたのである。ゆえに「両支配」といっても、町方と小普請方は五分五分の対等な関係ではない。本来の町方支配が〝主〟で、小普請方支配が〝副〟である。それは事実としても建前としても、決して揺るがないのである。

ところが地下官人の「町家兼帯」は、関与する二つの「支配」がいささか複雑な関係にある。松屋加兵衛を支配する町方（町年寄などを経ての京都町奉行支配）と、諏訪木工少允を支配する朝廷（直接には押小路大外記）とは、町奉行と小普請奉行のような同僚関係でないばかりか、直接には連絡の取りようのない、全く別系統の「支配」だからである。当然町奉行と小普請奉行の「両支配」のように、事前の打ち合わせをして、支配の棲み分けを確認したりすることはできない。

江戸町人の「両支配」の場合、各「支配」は、町方を主たる「身分」として、他支配の「御用」（「職分」）のみ分離し、重なり合わないようにしている。地下官人の「町家兼帯」も、京都町奉行はこれと同様の解釈で対応していて、朝廷にしても支配を区別して棲み分ける意識はある。そのため〝松屋加兵衛なら町奉行支配、諏訪木工少允なら朝廷の支配〟だとして、「支配」の重複は回避されているといえる。だが町人松屋加兵衛が官人諏訪木工少允なのか、官人諏訪木工少允が町人松屋加兵衛なのか――という、その正・副の関係は、二つの「支配」側の全く食い違った認識の上に成り立っていたのである。

山田屋治兵衛と山中主殿

「町家兼帯」の壱人両名について、その本人側の史料から使い分けの実態を見てみよう。

まず写真6－1・6－2を見てほしい。6－1は山田屋治兵衛《やまだやじへえ》、6－2は山中主殿《やまなかとのも》という記名・捺印である。名前だけを見ると、どうしても別人である。山田屋は町人で、山中は家老とか、重厚な武士をイメージさせる名前である。しかしよく見ると、二人の印が全く同じであることに気づくだろう。この二人は同一人物、つまり壱人両名なのである（尾脇［二〇一四B］）。

山田屋治兵衛は、京都烏丸通五条下《からすまどおりごじょうさが》ル二丁目中大坂《なかおおさか》町で扇屋を営む町人である。彼は文政十三年（一八三〇）に父の左近府駕輿丁《さこんふかよちょう》役を相続して、以後その「役儀」では山中主殿と名乗って帯刀した（同人はその後明治初年まで務めた）。

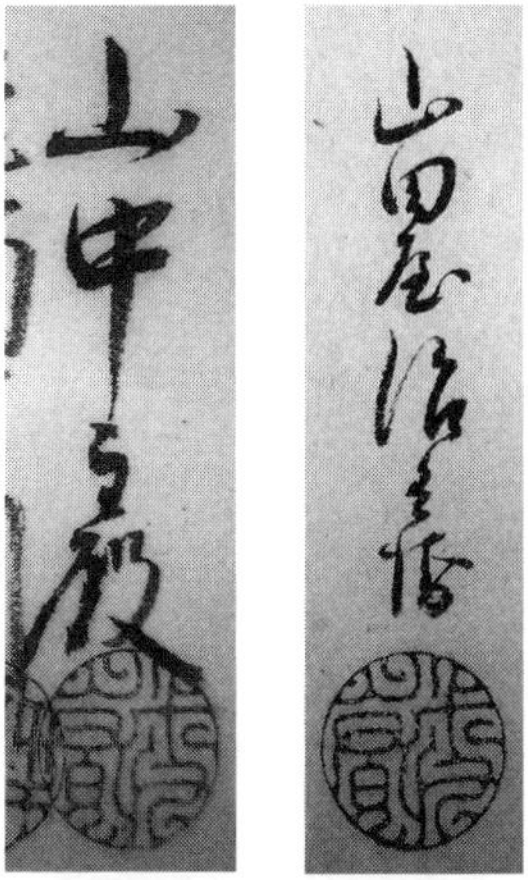

（右）写真6-1　「山田屋治兵衛」
（左）写真6-2　「山中主殿」
出典：京都中大坂町山中家文書（佛教大学附属図書館所蔵）

駕輿丁とは天皇の乗る鳳輦《ほうれん》を担《かつ》ぐ集団だが、江戸時代には官方《かんがた》という地下官人のグループを統括する、壬生官務《みぶかんむ》の支配に属した。本来の役目上、駕輿丁は厳密には「官人」ではないが、江戸時代から明治初年には駕輿丁も「官人」の最末端に位置付けられ、苗字帯刀を許されていた。駕輿丁も株として金銭で売買され、実態はただの富裕な町人である。山田屋

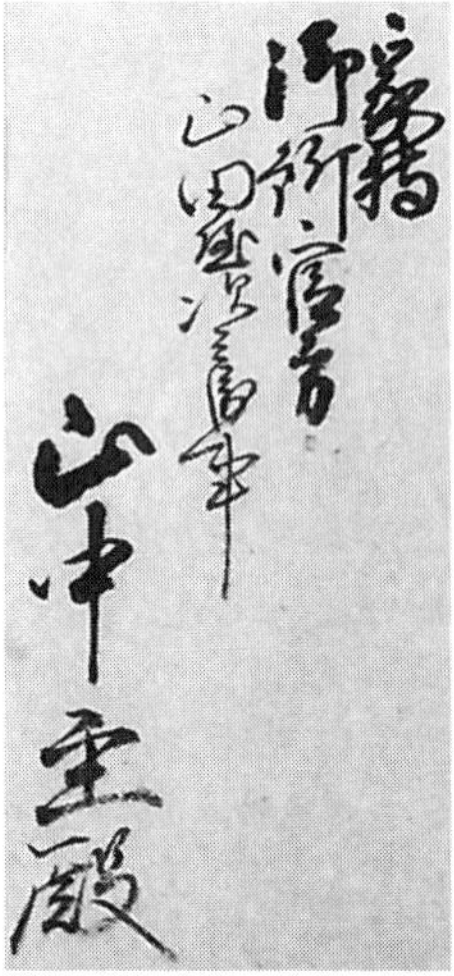

写真6-3　帯刀人改帳での表記例（山中）

「家持　御所官方　山田屋次兵衛事　山中主殿」。なお、「家持」は山田屋次（治）兵衛に掛かり、「御所官方」は山中主殿に掛かる。

出典：京都中大坂町山中家文書（佛教大学附属図書館所蔵）

写真6-4　帯刀人改帳での表記例（前川）

「家持　禁裏御所御香水役　前川隼人之助事　前川五郎左衛門」。こちらは官人名＋事＋町人名前。前川は町人としても苗字御免である。

出典：前川五郎左衛門家文書（佛教大学附属図書館所蔵）

治兵衛も先代の時に購入したらしい。

　彼も諏訪氏同様、「町家兼帯」の壱人両名で、町奉行所では「山田屋治兵衛」、朝廷では「山中主殿」を使い分けた。ゆえにその苗字帯刀は「役儀」限定で、「山田屋治兵衛」としての場面で帯刀すれば違法行為として処罰される性質のものである。京都では町に住む帯刀人《たいとうにん》（帯刀を許されている者の総称）を登録する「帯刀人改《あらため》」が行われているが、中大坂町が町奉行所に提出した安政四年（一八五七）の「帯刀人改帳」では、「家持　御所官方　山田屋次《（治）》兵衛事　山中主殿」という書式で名前が書いてある（写真6―3）。ここでの「事」は、第二章で述べた通り、改名ではなく同時使用を意味し、彼の壱人両名は町奉行所も公認していたことがわかる。この「事」による表記は、帯刀人改帳における壱人両名表記の定型書式で、同時期に地下官人である御香水役人「前川隼人之助《まえがわはやとのすけ》」とも名乗った、御用町人「前川五郎左衛門」も同様の書式で記載されている（写真6－4）。

山田屋治兵衛は古くから扇屋を営み、京都扇屋仲間年行事《ねんぎょうじ》（仲間の代表）として、町奉行所で訴訟をかかえており、写真6－1は嘉永六年（一八五三）に、扇屋仲間年行事として町奉行所に提出した願書に捺印したものである。一方写真6－2は、明治元年（一八六八）に駕輿丁として東京に供奉《ぐぶ》した時、手当金受け取りの際に捺印したものである。山田屋治兵衛と山中主殿という名前は使い分けているが、実印は同じものを使っていた。ちなみに印文は「淑養《よしなか》」で、これは彼自身の名乗《なのり》（実名）である。

なお先の諏訪氏も、当初は町人松屋加兵衛と賛者諏訪内匠少允とで同じ実印を使用していた。ところが天明三年（一七八三）、当主が高松藩用達として実印を持って高松に旅行に行った後、京都で「諏訪内匠少允」としての宗門改に捺印が必要になり、大いに困惑するという事件が起こった。そのため「実印を紛失した」と届け出た上で、改印届（実印の変更届）を提出して乗り切っている。そのため少なくともこの当主の時代は、以後別印を使用したようである。

自分の家に自分が同居

地下官人には、①専業の地下官人身分（町人身分ではない）と、②町家兼帯の者がある。地下官人にも様々な役職があり、専業でしか許されない役職と、「町家兼帯」でも許可されるものとがある。そのため町人などが地下官人になる場合、この①と②の形態があった。①の場合、一般の武士などと同様、常時、刀・脇差を帯びる「常帯刀《じょうたいとう》」の格式だが、②の場合、その苗字帯刀は「役儀」限定でしか行使できない「非常帯刀《ひじょうたいとう》」である。

町人などが①専業の地下官人身分になる場合、表向きには前任者の地下官人との養子縁組などの方法をとりながら身分移動の手続きを行った。第二章で見たように、その手続きには現在の「支配」から離脱する「身分片付」が必須となるから、町人としての身分は、息子などの後継者に譲渡する必要がある。息子は町人で、本人（父）は士分――その町人の息子のもとに「身分違」の父が「同居」するとすれば問題なかったのである（これは第五章の屋号処理・同居の理由とも重なる）。

息子のほか母・妻・娘など、家族の誰かを町人別に入れて町人としての当主とし、自分はそこに「同居」する専業の地下官人だと処理するまでなら、たとえ事実上、商活動の主導権を官人になった元町人当主が依然として掌握していても、「身分片付」は行われているので違法ではない。だが町人当主のもとに、専業の地下官人身分の者が「同居」すると称しながら、実はその町人当主と同居の地下官人が、名前を変えただけの全くの同一人物――自分（町人）の家に、自分（官人）が同居するという体《てい》――という、秘密裏の壱人両名も存在した。これも相当数存在したことが確認できる。

幕末期に図書寮史生《ずしょりょうししょう》（近世地下官人の職名）を務めた小島伊勢少目《いせのしょうさかん》（名乗は長敬《ながゆき》）は、自宅を「中路与市《なかじよいち》」という町名代を置いて所有していたが、実は与市は小島自身の別名であり、非公認の壱人両名であった（尾脇［二〇一四B］）。小島は専業の地下官人身分となる手続き上、町人与市の同居人という処理で済ませていたのである。これは「町家兼帯」と違って表向きは公認されていない、非合法の壱人両名だが、同様の者はほかにもあった。内膳司膳部《ないぜんしぜんぶ》という職名の地下官人も、表向きは何屋何兵衛の家に膳部が「同居」しているとの手続きをとっていた。元治元年（一八六四）に内膳司膳部になった「杉本七位」は、町奉行所からの問い合わせに、「ならや新左衛門」方に同居しており、「壱人弐名」、つまり町家兼帯ではないと返答している（西村［二〇〇八］）。なお杉本は、明治初年の時点で従七位上《じゅしちいのじょう》「杉本上総大目《かずさのだいさかん》」（名乗は為賢《ためかた》）と名乗っているが、その実は京都矢田町の町人「奈良屋新左衛門」その人でもあったようで、実態はやはり小島と同じであろう。

「同居」というなら「同居」である

朝廷側は公認された「町家兼帯」と、「同居」と処理して専業の地下官人と称しながら、実は町人の兼帯である者について、どのように考えていたのだろうか。地下官人である禁裏衛士《えじ》役人松井《まつい》織部《おりべ》の実態は、その認識の一端を知ることのできる好例である（「藤井家文書」）。

松井織部は、もとは油小路三条上ル町の町人葉井屋八郎兵衛《はいやはちろべえ》の悴《せがれ》清次郎という人物（苗字は松井）で、文政十年（一八三〇）、衛士岡本縫《ぬい》殿の「従父弟《いとこ》」と称し、その「養子」となって衛士となった。この「従父弟」は継承を円滑に進めるため、父系近親者に擬制する常套句であり、松井と岡本は、血縁関係の確認できない赤の他人である。なおかつ清次郎は当時十二歳の少年でしかなく、その実は父葉井屋八郎兵衛が銀十五貫目を岡本に支払い、子供の名義で衛士の株を購入したものであった。なお銀十五貫目は金二百五十両ほどに相当する、かなりの大金である。

父親の金で衛士となった清次郎は「岡本織部」と名乗り、「葉井屋八郎兵衛」のもとに「同居」することを壬生官務に届け出ている。この時点での「同居」は文字通り事実で、父は町人、子は官人という全くの別人であった。この頃の衛士は「町家兼帯」が認められない職とされていたため、専業の官人となる手続きが必要だったのである。なお衛士を退役した岡本縫殿は、今後は「帯刀」せず「三文字屋多四郎」と名乗ると町奉行所に届け出ている。養子縁組といいながら、以後彼は「養子」の岡本織部と全く関係していない。なお京都町奉行所は、寛政九年（一七九七）四月に京都の町々に「地下官人や公家の家来などが官職を辞したり、主人から解雇されたりした場合は、町奉行所に届け出て、町の「人別」に漏れないようにせよ」と命じており（『京都町触集成』）、官人や家来は辞めれば朝廷や主人の「支配」から離れて町「人別」に加わり、町方の「支配」に属したのである。

次いで文政十三年、岡本織部は「松井」に「改姓」する手続きを行って、以後「松井織部」と名乗った。天保十年（一八三九）に実父八郎兵衛が死去すると、町人としての活動は「実母」の名義で行ったが、その後実母も死去すると、今度は松井織部本人が町では「葉井屋八郎《はちろ》右衛門《えもん》」という名前も使用する壱人両名の状態となった。但しあくまで表向きは専業の地下官人である「松井織部」が「葉井屋八郎右衛門方に同居」すると届け出ていた。葉井屋八郎右衛門と松井織部は同一人物、つまり壱人両名であって、実態は「町職兼帯之様《ちょうしょくけんたいのよう》」になっていたが、あくまで「町家兼帯」ではないことになっていた。

ところが嘉永七年（一八五四）、朝廷側による地下官人の「町家兼帯」の確認調査が行われた。松井織部は、自分はどうしたらいいのかと、同役の衛士藤井土佐掾《とさのじょう》に対応を相談した。藤井は壬生官務にこれを報告すると、官務はこう答えた。「これまで「同居」と届け出ているのだから、彼のことは今回の調査でも「町家兼帯」の人数には含めない」。藤井は松井が右の〝真実〟を申告する官務宛の書類も持参して示したが、官務はこれを受け取らなかった。ただ一言、「衛士職においては、町家兼帯抔《など》甚《はなはだ》不相当」だと松井に伝えるよう、藤井に述べただけであった。

松井織部は「葉井屋八郎右衛門方に同居」と届け出られていたが、実は同一人物による壱人両名であり、実態でいえば町家兼帯である。けれども表向き、「松井織部」は「葉井屋八郎右衛門」宅に「同居」しており、両者は全くの別人ということになっていた。今回の調査対象は「町家兼帯」であるから、「同居」は当然計上しない――。それが官務の答えであった。

これでは町人と官人との兼帯実態は、正確に把握できていないではないか。〝真実〟は違うではないか――。だがそれでよい、というのが当時の秩序観なのである。彼らにとって〝真実〟なぞ重要ではない。「同居」が「同居」であろうとなかろうと、「同居」ということですべてはうまくいっている。――そこに支障がないのなら、〝真実〟など優先されはしないのである。

大島数馬と利左衛門

先に見た「山田屋治兵衛」と「山中主殿」のように、公認されている身分と職分による壱人両名ですら、名前だけでは同一人物だとわからない。ましてや非公認の壱人両名の場合、表向きは全くわからないのである。しかし幸いにして、そんな非公認の壱人両名の当事者が日記などを残した、大島家の事例がある（尾脇［二〇一四A］）。

序章で述べたように、山城国乙訓郡石見《いわみ》上里《かみざと》村に住む大島氏は、代々公家の正親町三条家に仕える公家侍《くげざむらい》「大島数馬《おおしまかずま》」でありつつ、同村の百姓「利左衛門《りざえもん》」でもあった。第三章で述べた通り同村は相給であり、利左衛門は同村領主のうち、大炊道場聞名寺《おおいどうじょうもんみょうじ》領に属した百姓であった（図6－2）。

元禄期の当主であった安田《やすだ》利左衛門重賢《しげかた》は、百姓「利左衛門」として、村内複数領主の庄屋を務めた有力者であり、正親町三条家領の「代官　安田利左衛門」とも称して活動していたが、身分はあくまで百姓であった。その養嗣子安田彦五郎宗重《ひこごろうむねしげ》の代に、すべての庄屋役を辞め、宝永四年（一七〇七）、正親町三条家の主命により、上級の公家侍である六位侍《ろくいのさむらい》に取り立てられた。六位侍はその名の通り、正六位上《しょうろくいのじょう》に叙されるため、地下官人である右馬寮《うまりょう》の大島右馬少允《うまのしょうじょう》の猶子《ゆうし》となり、相応の身分格式を整えた上で、名前も安田彦五郎から「大島数馬」へと改名し、実名も宗重から直武《なおたけ》と改めた（「武」は右馬寮大島氏の偏諱《へんき》）。この時直武は、百姓利左衛門の側面を息

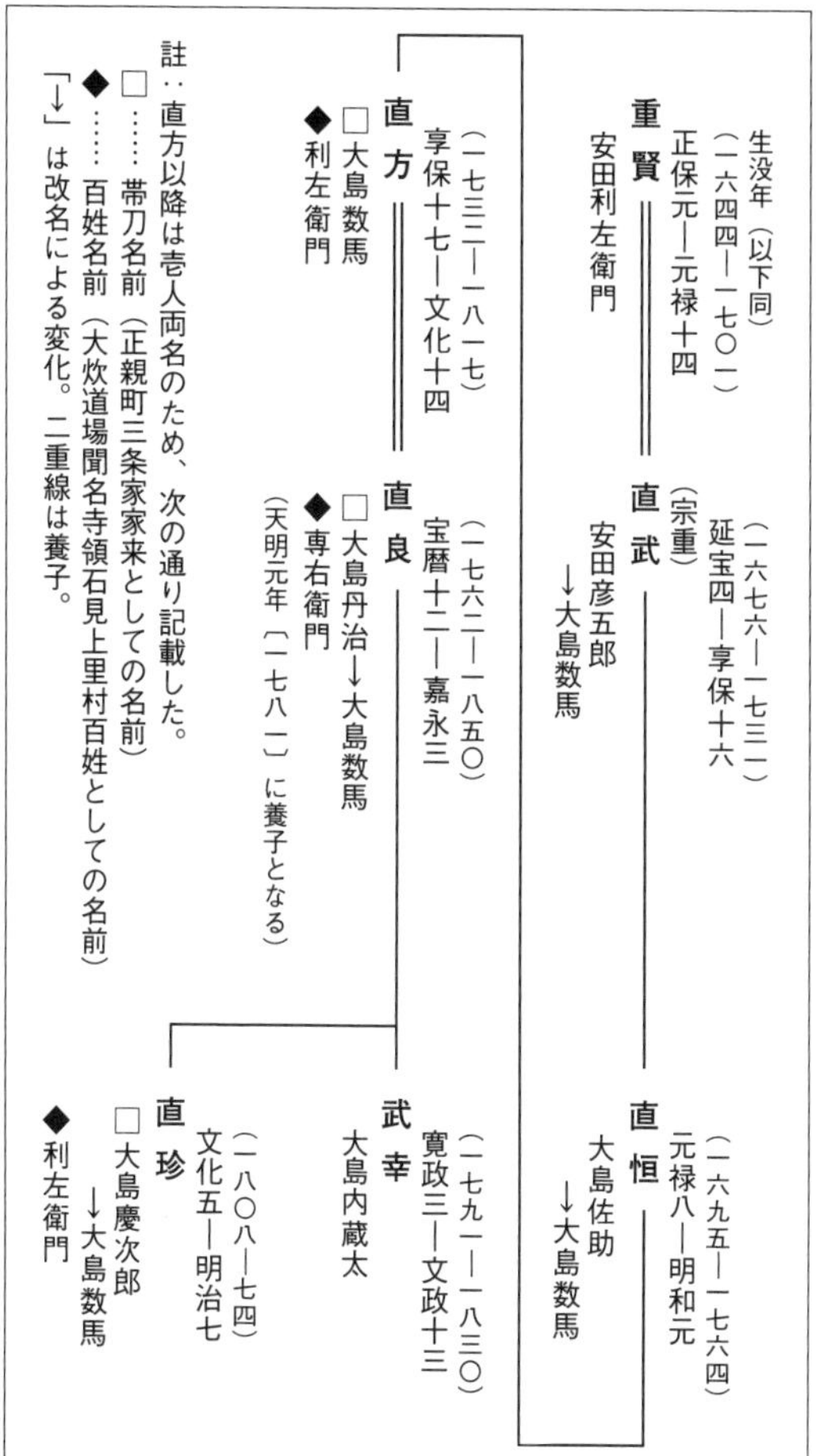

図 6-2　大島家略系図（重賢から直珍まで）
出典：尾脇秀和『近世京都近郊の村と百姓』（思文閣出版、2014 年）をもとに作成

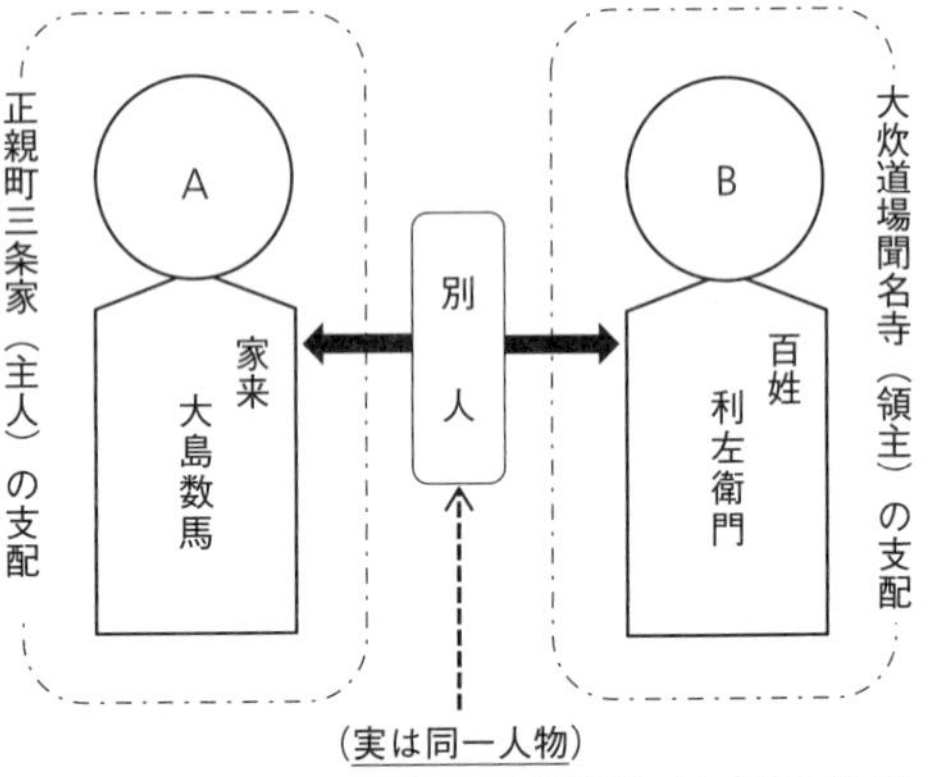

図6-3　非公認の壱人両名への支配認識（大島氏の場合）
支配側からの公的な認識としては、全くの別人である。本人は2つの身分格式と名前を適宜使い分ける。大島氏の場合、両者の関係は公式には一切表明されていないが、AをBの「同居」人などと届け出ている場合もある。

子の佐助《さすけ》（直恒《なおつね》）に譲った。つまり「身分片付」をして公家家来になったのである。これまでにも登場した、父が士分で子が百姓という、父子で身分が違う状況になったのである。

その後の当主は六位侍にはならなかったが、正親町三条家に譜代の家来として、明治初年まで仕え、由緒ある「大島数馬」の名前を襲名し続けた。この家の当主は、養子も含めて、直武—直恒—直《なお》方《かた》—直良《なおよし》—直珍《なおしず》と継承し（直良の長子武幸《たけゆき》もいるが、襲名・家督相続以前に死去しているので除く）、全員が大島数馬と名乗っている。ところが直恒の死後、その子直方には実子がなく、男子一人となった期間が生じた。そのため直方は「大島数馬」と従来の百姓名跡《みょうせき》「利左衛門」を一人で担う壱人両名の状況となり、以後は男子が二名いる場合でも、この形態が定着、継承された。もちろん京都町奉行所の帯刀人改の際も、「大島数馬」は専業の公家家来として届け出られており、非公認の壱人両名であった（図6-3）。

写真6-5は、天明七年（一七八七）、直方が京都町奉行所に「正親町三条殿家来　上里村

大嶋数馬」として提出した書面で、写真6－6は、翌年に「利左衛門」が、石見上里村に提出した証文である。名前は違うが、よく見ると印は全く同じものを押しており、直方が両名を使い分けていたことがわかる。印文は「直武」で、直方は祖父直武の印を襲用して実印としている。先祖の印を実印として使用する襲印慣行は、先にも触れた通りである。

写真6－7、6－8は、天保元年（一八三〇）に家督相続した直珍自筆の署名・捺印である。彼も庄屋「利左衛門」と「大島数馬」の名前を使い分けていることがわかるが、こちらも印は両名で同じものを使用している。印文は「重賢」で、もとは先祖の重賢の印である。直珍は庄屋として、他人の土地証文などにも押印しているが、いずれもこの「重賢」印で、終生これを使用している。

（右）写真6-5　「正親町三条殿家来上里村　大嶋数馬」
（左）写真6-6　「利左衛門」
いずれも直方の自筆。
出典：大島家文書（京都市歴史資料館紙焼写真）

名前は使い分けているのにハンコは頑《かたくな》なまでに同じものを使っている。少なくとも「直武」「重賢」二つの印が大島家に存在するのなら、名前ごとにハンコも使い分けてもよさそうだが、そうはしていない。ちなみにいずれの印も、直武・重賢時代に本人が使用した文書も残っているので、直方・直珍時代になっ

（右）写真6-7　「借り主 大島数馬」
（左）写真6-8　「庄屋 利左衛門」
いずれもやや癖のある、直珍の自筆。
出典：6-7は国文学研究資料館所蔵三宅家文書。6-8は大島家文書（京都市歴史資料館紙焼写真）

て、新たに作られたものではない。江戸時代の実印は本人を表す重要なものとされ、公的な効力も強かった。この押印はその慣習を重視した当然の行動なのだが、ここには、自身の壱人両名が非合法だから印を替えて隠そうとか、そういう意識がまるで感じられないのである。

みんな知っている

更に面白いのは、この何代にもわたる、大島数馬＝百姓利左衛門という事実が、石見上里村や領主を含む関係者の間では周知の事実で、誰も問題とは思っていないことである。

天保四年（一八三三）、直珍は、領主の一つである大炊道場聞名寺から「数馬さん、利左衛門名義の方で、庄屋をやってくれませんか……」と要望された。直珍は「大島数馬としての格式のままでなら、やりましょう」と答えて、以後その庄屋を明治初年まで務めた。彼は正親町三条家に出勤するので、同じく京都にある聞名寺に行く時、丸腰ないし脇差のみ帯びた百姓の姿で出向くのが不都合だったからであろう。聞名寺は就任要請の以前から、明らかに利左衛門が大島数馬であることを承知している。

嘉永七年（一八五四）には大島家に泥棒が入った。この時、村の下役《したやく》である忠蔵《ちゅうぞう》が、「数馬さん、被害届はどっちの名前で出すの？」とわざわざ聞きに来ており、直珍は「「帯刀名前《たいとうなまえ》」だといろいろ手続きなども違うだろうから、「利左衛門名前」でやってくれ」と答えている。ちなみに大島家では、帯刀する公家侍である「大島数馬」という名前を「帯刀名前」、百姓としての「利左衛門」という名前を「百姓名前」と呼んでいた（ここでは「利左衛門名前」とも表現している）。

正親町三条家も当然このことは知っている。寛政七年（一七九五）、同家への「常勤」を命じられた直良は「私は村に住んでいて耕作などもありますから」と言って断っており、幕末の直珍の代にも同様の要請を断っている。なお諸史料の表現から、普段大島家当主は周囲から「数馬殿」と呼ばれていたこともわかっている。江戸時代後期になると、もともとの名前である「利左衛門」という「百姓名前」が完全に書類上の名義と化す、逆転現象が起きていたのである。

忠右衛門、空気を読む

石見上里村といえば、「我意《がい》」を貫いた忠右衛門がいた（第三章）。若かりし日の彼は、まだ富《とみ》小路《のこうじ》家百姓の一人という立場だったが、天明八年（一七八八）の村の官途成《かんとなり》（いわゆる成人式）

の場で、その頃新たに富小路家から帯刀御免となった百姓を上座《かみざ》に座らせるように主張した。このとき上座の大島家について、「大島は正親町三条家では大島数馬だが、村では平百姓《ひらびゃくしょう》の仙右衛門《せんえもん》ではないか」などと言って下座につくように要求した。ちなみにこの時期の大島家は、息子直良も父の直方とともに正親町三条家に出勤していたため、当主の直方が大島数馬＝百姓利左衛門で、嗣子の直良が大島丹治《たんじ》＝百姓利左衛門の忰専右衛門《せんえもん》（仙右衛門）という壱人両名になっていた（前掲図6－2参照）。忠右衛門の発言で、名前の関係に混乱が見られるのは、この記録が晩年の直良の手になるためである。

要するに忠右衛門は、富小路家から帯刀御免となった百姓は「役儀」のみで帯刀を許されるものの、私用では一切その格式を行使できないのであるから、それと同様に、「大島数馬」と「利左衛門」も分けて扱うべきだ、そうでなければ富小路家の帯刀人も当然上座につけろ――という、理屈をこねた要求であった。結局この時は大島家の欠席により衝突が回避されている。なお、確かに大島家は直武の時代に庄屋を辞めてから、のちの直珍の庄屋就任まで、庄屋を務めていない平百姓であった。

ところが文政期の六右衛門一件の時、忠右衛門は「大島も壱人両名だぞ」と町奉行所に暴露したりはしていない。それを表沙汰にしてしまえば、自分が牛耳《ぎゅうじ》ろうと思っている村そのものを、更に無茶苦茶にしてしまいかねない。彼も〝村の一員〟として、越えてはいけない一線はちゃんとわかっていたのである。

壱人両名は、江戸時代の社会秩序の大前提、特に縦割りである各「支配」との関係から、表面上うまく処理するために行われていたのである。その状態が他人を騙したり村や町を苦しめたりしない限り、表沙汰にされることはない。だがどんな時代にも、いわゆる〝空気を読めない〟困った人間や、わざと周りに合わせない人間がいる。そんな者たちに、これが慣習だとか、作法だとか言ってもしかたがない。特に狡猾なのは、そのような秩序や慣習を逆手にとり、己の要求を通そうとする族《やから》である。

〝非合法〟な壱人両名の場合、そもそも非合法なのだから、それ自体を合法にすり替えるのは難しい。一方〝合法〟な壱人両名は存在を認められている。だがそれは本人を含む関係者が、きちんと「支配」ごとに名前や格式を使い分けるといった、いわば〝空気を読む〟ことを前提に成り立っている。実際には、その身分・職分をめぐる正・副の認識に齟齬があるなど、曖昧にしておくことで成り立っているような危うい弱点もあった。それゆえに〝合法〟な壱人両名の方が、次第に問題を引き起こしていったのである。

二　作法の最前線

御白洲の座席

一人が持つ身分と職分とを、分離して取り扱う。その場ごとで、名前や帯刀の格式を使い分ける――。どちらでもある状態は、この方法でうまくいく。だが人間の体は一つしかない。そんな彼らが評定所や奉行所の御白洲《おしらす》に呼び出された時、その取り扱いはたちまち破綻してしまうのである（尾脇［二〇一二］）。

それは、評定所・町奉行所などの江戸時代の法廷、つまり御白洲の座席が、身分の上下によって、その着席場所が区別されていたからである。御白洲の座席は、下から砂利（白洲）・下椽《したえん》・上椽《うわえん》の三段に分かれていた（図6－4）。なお、江戸時代「椽」という字は現在の縁側《えんがわ》の「縁」と全く同じ意味で使用され、必ず「エン」と訓じた。

砂利は最も格式の低い砂利敷の場で、狭義にはこれのみを白洲とも呼んだ。上椽と下椽は二段の縁側である。京都町奉行所などの遠国奉行《おんごくぶぎょう》では、いずれも板敷であることが多いが、評定所では上椽が畳敷であるため畳椽《たたみえん》、下椽が板敷であるので板椽《いたえん》・落椽《おちえん》などとも呼ばれた。

図 6-4　白洲の座席

俯瞰図としての表現上、屋根を除き、実際より大きく描かれている。白洲は時代劇のように野外であることはなく、必ず屋内に設けられている。

出典：安藤博『徳川幕府県治要略』（赤城書店、1915 年。青蛙房復刻本〔1965 年〕による）をもとに作成

砂利は足軽以下、庶民、浪人の席、下椽は中級から下級の武士、僧侶、神職などの席、上椽は上級武士、格式の高い僧侶や神職などの席となっていた。様々な身分のものを、この三段のどこかに座らせねばならないから、実際にはもっと複雑で、相当な調整が必要であった。なおかつ、どこに座らせられたかが、社会的な身分の高さを示す客観的な証拠ともなったため、出廷する側も、そこに異様な拘泥をみせるようにもなる。

身分で座席が決まっている。ならば一人の人間が百姓でもあり武士でもある時、一体どこに座ればよいのか。

二通りの取り扱い

幕府は身分と職分の使い分けによって、各「支配」の貫徹に支障の出ないことを重視した。ゆえに白洲という、身分を確定せねばならない空間でも、この方法を適用して処理したのである。幕府領の牧《まき》（馬を放牧する地域）を管理する牧士《もくし》は、村に住む百姓だが、牧に関する野馬方御用を務める時には、幕府野馬奉行の支配に属する武士として扱われた（四両二人扶持）。牧士は百姓身分だが、「役儀」のみ士分という「百姓より兼帯《けんたい》」の者であり、身分と職分の分離によって果たされていた。しかし文化八年（一八一一）、彼らの評定所での座席の取り扱い方が問題となった時、以後、牧士の身分に関することで出廷した時は下椽、百姓の身分に関して出廷した場合には砂利に着座させることにした（『御仕置例類集』）。同一人物でも、どちらの側面で出廷したかでその都度、下椽か砂利か、その席を変える方法によって処理されたのである。

また、近江国甲賀《こうか》郡の村に居住した甲賀士《こうかし》も、文化十三年に白洲での座席取り扱いが問題化した（『御仕置例類集』）。甲賀士は、現在俗にいう甲賀忍者の末裔《まつえい》を称し、岸和田藩岡部家より士分として扱われていた。彼らはその身分格式を示すため、評定所への出廷の際、縁側に座ることを望んだのである。しかし評定所が調査したところ、居住する近江国甲賀郡の村（岸和田藩領ではない）では普通に人別に記載されており、そこには苗字すら無記載のものもあって「全くの百姓」として扱われていた。そのため評定所は、「甲賀士」にかかわる事で出廷する場合は下椽、それにかかわりのない、百姓として出廷する時には、砂利に着座させることに決めた。

このほか、身分は百姓だが神職の一種である富士浅間の師職《ししょく》や伊勢山田の師職も、師職に関する出廷なら下椽、百姓としての出廷なら砂利として扱うことにしており、幕府御用達町人の手代の場合も、主人の代わりとして出廷する場合は下椽、それとは関係なく本人の身分に関する事件で出廷する場合は砂利に着座させて取り扱った。白洲という空間でも、身分・職分の厳格な使い分けによって、身分秩序の建前的な維持が図られたのである。

同一人物が、訴訟内容によって、二通りの身分の取り扱いを受ける。しかし人間の活動は、そんな明確に線引きすることは難しい。どうしても無理が出る。非合法の壱人両名なら、旗本前島寅之助が浪人吉田平十郎として出廷したように、しれっとどちらかの名前で出廷してしまえば済んでしまう。ところが身分と職分による二重身分の場合は、それが公認された〝合法〟であるがゆえの無理が表に出てしまうのである。牧士・甲賀士いずれの事例も、この扱いでその場は取り繕える。しかし幕府は、実は彼ら自身が抱えている、「俺たちは武士が百姓なのか、百姓が武士でもあるのか」という根本的な問題を、曖昧にしたまま済ませているのである。

なお、私領主から苗字帯刀を許可された百姓・町人などが幕府の役所に出廷する場合には、私領主免許の格式の行使を許されず、一般百姓・町人として取り扱うことになっていた。明確に私領主から士分に登用されて、武士身分に編入されていれば、元百姓でも武士として扱われるが、

「村方人別を離れざる者は、百姓並に取扱」うことを原則とした（『公裁録』）。この原則は、町人の場合も同様であった。「人別」の有無が、百姓・町人ではない専業の武士身分（「身分片付」によって完全に身分が変わっている）か、百姓・町人身分のままで、苗字帯刀を格式として許可されたり、「役儀」限定で士を兼ねているかを区別する、重要な身分判断の材料ともなっていた。

丈右衛門の結末

序章で述べた百姓丈右衛門《じょうえもん》こと藤波家家来永嶋《ながしま》丈右衛門を思い出してほしい。評定所が彼の取り扱いに困ったのは、この白洲での座席をどうするか、ということだったのである。

さて、丈右衛門らの対決を一旦延期した評定所は、丈右衛門の身分の調査を行った。まず伊勢山田奉行に対し、これまで丈右衛門をどのように取り扱ってきたのか、その「仕来《しきたり》」について問い合わせた（『祠曹雑識』）。山田奉行によると丈右衛門は「（伊勢神宮の内宮・外宮）両宮長官神主共《ども》支配之者」であり「田畑其外《そのほか》土地」に関することは両長官より山田奉行へ申し出ている、つまり伊勢神領の「百姓之取扱」である。その人別にも、「祭主下　丈右衛門」と記載されている。しかし伊勢祭主の藤波家が、丈右衛門に「祭主臨時　勅使用意金貸附方」を申し付けているのは確かであり、「祭主家来永嶋丈右衛門」としての身分については、前々から両宮長官神主や山田奉行では支配していない、と回答してきた。

結局、評定所はこう考えることにした。「丈右衛門は斎宮《さいくう》村百姓で、田畑も所持し、商売もやってきた「有徳之者《うとくのもの》」（金持ち）である。だから藤波家より「家来分」にとりたてて、金子貸付《きんす》方を申し付けたのであり、その本体は依然として百姓である。村の人別にも苗字を記載せず「祭主下　丈右衛門」（「祭主下」という微妙な肩書は無視している）と書き出している上は、藤波家の申し立てに構わず、「百姓之積取扱《つもりとりあつかう》」べきである」と。つまり最終的には、これまで見た、身分と職分を分離した、「両支配」などを取り扱う場合の原則を適用し、今回の訴訟は、「藤波家家来」としての「役儀」にかかわる問題ではないから、普通の「百姓」として取り扱うべきだ、と決したのである。

丈右衛門は、身分把握上、村方の人別帳に「祭主下　丈右衛門」と記載される「斎宮村百姓」であったが、実態は往還に住居して商業を営む「泉屋丈右衛門」であり、更に祭主藤波家の家来「永嶋丈右衛門」としての側面を有した。三つの顔を持つ丈右衛門は訴訟に際して、自分にとって最も都合のよい、なおかつ訴訟を有利にも進めうる「永嶋丈右衛門」として出頭した。そのために吟味時の身分取り扱い上混乱が生じ、かかる支障をきたしたのである。しかしそれはあくまで、訴訟の発生によって、その取り扱い上の支障が発覚しただけである。丈右衛門はこの身分実態そのものによって咎められたり、処罰を受けたりはしていないのである。

職分の身分化

第二章で、百姓神職について述べた。彼らは神職としての名前を持つが、人別には百姓の名前で記載される。二章で述べた村上式部《むらかみしきぶ》のように、朱印状が発給されている程の由緒ある者であれば、身分が神職で、それ以外の側面を「百姓並」に扱う、という方法で処理される場合もあるが、多くの場合は、百姓身分の者が神職を兼ねていた。決して、神職身分の者が百姓を兼ねているのではない。ところがこの状態を、神職身分が百姓の職分をしているのだと逆転させ、神職身分への転身をはかる者も現れたのである。一つ事例を挙げよう。

文政十一年（一八二八）、三宅村三島明神の神職である「豊後《ぶんご》」は、神職を支配する吉田家より許状を受けて「宮崎豊後」と名乗り、自身は「神職之家柄」だから、人別にも「宮崎豊後」と書いてほしいと主張、領主の支配を拒否するようになった。幕府が吟味したところ、彼は「元来三宅村百姓」であり、人別にも苗字なしで「豊後と而已《のみ》」記載されていて「神職之家柄」などではなく、「身分之儀、百姓」だと確認された。そのため、神事祭礼などでは、御札やお守りに、許状に記載された「宮崎豊後」という名前を書くことは格別に認めるが、そのほかはすべて「百姓之取扱」とされ、神職身分ではないと断じられた（「類例秘録」）。

百姓神職は、普段は百姓でも、神職の職分に関しては神職としての名を名乗って帯刀もする。

苗字帯刀を職分に限定し、身分はこれまで通り百姓、とするのは、領主や地域社会の秩序との関係を考慮し、混乱を防止しようとしたからである。しかし「豊後」のように、専業の神職化を望む者は、人別に着目して、その目的を実現しようと試みたのである。

「人別」離脱の画策

彼らが村や領主側から規制されるのは、百姓身分としての支配関係があるからである。だから彼らは、当然次のように考え始めた。――それなら百姓としての支配関係をなくせばよい。支配関係の証明である「人別」から自分の名前を消せばよい。そうすれば、いくらでもいる百姓・町人の身分で職分だけ神職の奴らとは違う、特別な神職身分になれるのだ――と。

旗本天野弥《や》五《ご》右《え》衛門《もん》知行所である山城国相楽《そうらく》郡祝園《ほうその》村の百姓兵部《ひょうぶ》は、文政十年（一八二七）までは、ほかの百姓と一緒に村の人別に記載されてきたが、文政十一年より人別に押印しなくなった。村役人の説得にも応じなかったという。彼は村の鎮守である春日明神の近辺に居住し社人《しゃにん》のようになっていたものの、もともとの神職ではなく、先年には神職になりたいとの願いも差し止められていた。しかしその後、吉田家に取り入って、「百姓之身分」でありながら「宮城土《と》佐《さの》守《かみ》」と名乗り、吉田家配下の専業の神職と称して「百姓ではない」などと主張、悴友吉も宮城相模守《さがみのかみ》と称した。困った天野氏は兵部を召喚して吟味しようとしたが、彼は勝手に寺社奉行松《まつ》平伊賀守《だいらいがのかみ》に訴え出た末、出奔してしまった。そこで息子の友吉を吟味しようとしたが、彼も領主天野氏の召喚を無視した。とうとう天保十年（一八三九）に至り天野氏は、手に負えないので、奉行所で吟味してくれるよう願い出ている（『御仕置例類集』）。

人別は江戸時代後期までに、支配・身分の確定材料となっていた。ゆえに身分以外の職分を有する者は、人別の記載に、職分などでの限定許可であるはずの苗字を加えさせようとしたり、町や村の人別そのものから離脱したりすることで、本来の身分より高い格式の職分を、その身分に転化させようとしたのである。一見便利に見えた身分と職分の分離は、このような「我意」の行動によって揺らぎ始めたのである。

支配替は名誉か?

江戸の一般町人は「町方人別」に入っている。それが普通のことであった。しかし「人別」が庶民の籍として、どこの「支配」に属するかという、身分そのものを公証するものとみなされ出した時、「町方人別」から離れて「他支配」に属することを、何か特別な名誉なことだと捉える意識が芽生え始める。

江戸町人が町方以外の「支配」から「御用」を命じられた場合の「支配替」は、職務上そうなるだけの話であった。「両支配」は、「支配替」をすると商売も続けられず、本人にとっても不都合だったから、そうしていたのである。しかし町人が町方「支配」に属さない、町方「人別」がないことを何か偉いことと思い始めたことが、早くも天明期には確認できる。

天明六年（一七八六）二月、幕府の御同朋頭《ごどうぼうがしら》は、江戸の一般町人箔屋《はくや》市郎兵衛《いちろべえ》・紙屋治助《かみやじすけ》について、これまで御同朋頭の御用向を長年出精してきた褒賞として「御同朋頭支配」にしたいと、江戸町奉行に掛け合ってきた（「安永撰要類集」）。これを受けた江戸町奉行曲渕甲斐守《まがりぶちかいのかみ》は、強い不快感をにじませながら、次のように述べている。

「「町方支配」を離れて「御同朋頭支配」になることが、どうして長年出精の褒賞になるのか。わけがわからない。「町方支配」から「他支配」に移る事を、「身分宜敷《みぶんよろしく》」なる名誉なことだと町人たちみんなが思うようになったら、町方支配を行う上で支障が出るではないか」

結局この時は、町奉行が御同朋頭の要請を拒否したが、町方支配から「他支配」への移動を名誉なこと――この時の用語で「規模《きぼ》」（名誉なことという意味）という――と捉える意識は、既にこの段階で御同朋頭側や町人側にあった。この意識は次第に醸成され、町奉行もやがてはこれを認めざるを得なくなっていく。「小普請奉行支配にする」といった、町人を「他支配」に加えること、更にそれに伴う「町方人別」を離れることの許可が、まるで苗字帯刀許可のような褒賞として実施されるようになっていったのである。

第二章で触れた、町人が他支配に属した場合の、「支配替」と「両支配」という二つの方法は、これに対応する形で整理されたものでもあった。しかし町人身分のままの「両支配」では、かたや「中口惣七」として偉そうにできるのに、町では並みの町人「惣七」として、名前と格式の使い分けを行い、周囲から二通りの扱いをうけねばならない。「支配替」になると使い分けはいらない。二通りに扱われることもない。「苗字帯刀」などの身分標識を、制限付きで得たいか、それとも制限なしで得たいか。そのどちらを欲するかは、結局その人物次第ではある。

だがどうやら人間なるものは、集団の中で、自分だけが違う、特別なものだと思われたいらしい。そんな人間の虚栄心を、あくまで現状の社会秩序の範囲内で実現しようとした結果、様々な二重身分が生じてきたとも指摘できよう。

伸びる魔の手

江戸時代後期になると、苗字帯刀の身分格式を得たがる百姓・町人の増加に対応して、さまざまな「支配」が、礼金などの見返りを求めて、彼らに苗字帯刀の許可を与えはじめた。領主が領民に与えるまでなら、それは「支配」内で完結している。だが他領他支配の者にその格式を免許すれば、各「支配」に支障をきたしかねない。実際に享和元年（一八〇一）には、京都近郊などの公家領主などが、幕府代官所支配の百姓らに苗字帯刀許可を与えていたことが問題化し、同年八月、幕府は「領主がその支配する自領の百姓・町人に苗字帯刀を免許するのはよいが、「他領之者」に苗字帯刀を許可することは禁止する」、と全国向けに触れを発した（『御触書天保集成』）。

但し領主が百姓・町人を「家来」（正規の士分）に登用することを禁止したものではない。百姓・町人身分のまま、他支配から苗字帯刀許可を与えられ、支配が混乱することを嫌悪したのである。もっとも幕府評定所はこの評議において「強硬に禁止すれば、どんな支障が出るかわからない。だが捨て置くこともできない。禁止だという触れを出しておいて、自然となくなるように「穏に《おだやか》」しておこう。問題が発生したら、その都度対応すればよい」と決めており（『御仕置例類集』）、実際には三都町人などをはじめ、他支配から苗字帯刀許可を得る者は以降も存在している。

また既に見たように、神職などの職分を支配する京都の公家などが、地方の百姓・町人に格式を与えた。自領の百姓・町人にそのような許可が与えられた場合、領主は神職などの「職分」限定での苗字帯刀に限り認めたものもあるが、たとえ「職分」限定でも絶対に認めないと、強い態度に出た領主もおり、対応はさまざまであった。また先に見たように、「職分」を「身分」に転化しようとする動向も生じており、〝身分は一つ〟〝所属する「支配」は一つ〟という大前提は、次第に混乱をきたすようにもなっていった。

紀州藩は思い切る

壱人両名からは少し話が逸《そ》れたが、二重身分をめぐる様々な動向の中で、表向きの身分秩序にも次第に混乱が見られるようになった。下級武士が農商業に従事する場合、これを「支配」側がどのように処理しているかは、その「支配」による地域差があるが、本書では壱人両名を用いた調整方法をとった、紀州藩の事例を見よう。

紀州藩では同心株の売買が進展した結果、町人から同心になり、更にそのまま元の商売も継続する者が現れた。嘉永五年（一八五二）七月、紀州藩が町に出した触書は、こうした町人による同心株などの買得によって生じた壱人両名の解消方法、つまり調整方法を、公《おおやけ》の側から触書で指示したことが確認できる事例である（『和歌山県史 近世史料 二』）。

その触書は、当時紀州藩で、同心株などを買った町人がもとの町人名前を依然保持して商売を続ける「一人両名之者」となり、「町人共取締方《どもとりしまりかた》」（町方の支配）に支障をきたす状況があると指摘する。そして、同心になってからも「商売」をしたいのなら、その同心の家族のうち誰か一人を町人別に入れて「名前人」（ここでは町方人別に記載される町人としての当主）を設定せよ——つまり商店を営むのは同心ではなく、その名前人の町人であるという状態をとるようにせよ、と町々へ命じたのである。なお、「名前人」にする家族がいない場合は、「店を張って商売をすることはできないはずである」と、同心本人の商活動を禁止している。

同心となった人物を町人当主（同心の家族）の「同居」人と処理すれば、町を構成する各家の当主には町人しかいない状況が表面上作り出せるから、町の秩序が維持できるというわけである。

この方法は、既に見た「支配替」による「身分片付」や、地下官人の「同居」処理などと、同じ理屈による調整方法である。もちろん名前だけ幼い子供や妻を町人当主にしても、その経営を同心になった元町人当主の「同居」人が掌握していれば、その活動の実態は「一人両名之者」である場合とほとんど何も変わるまい。「名前人」にすべき家族がいない場合も、結局架空の名代・町人名前を作り出して同心本人が壱人両名になり、その「同居」人だと称してしまえば、触書の条件は簡単にクリアできてしまう。事実そんな事例を、我々はもう見てきたではないか。

まさか紀州藩ともあろうものが、その程度のことに気づいていないとは思えない。この触書による指示の真意は、表向きには壱人両名にせず、町人の「名前人」を設定して、うまく処理せよと命じたものなのである。藩側は、町の秩序が表面上穏便に治まっていれば、強いて壱人両名を穿鑿《せんさく》・処罰する意図は全くない。この触書は「支配」別の大前提に基づき、「表向きはうまいことやってくれよ」という、「支配」側の、率直な意識の表明だったのである。

三　仁政と慣習

それは何のためか?

百姓「与八《よはち》」が神職としては「河上掃部《かわかみかもん》」と名乗る。そんな壱人両名(第二章)は、名前がその身分や地位を示すために生じているものでもあった。しかし江戸時代、このような使い分けをおかしいと考える者がなかったわけではない。国学者の多田南嶺《ただなんれい》は、その随筆『南嶺子《なんれいし》』（寛延三年〔一七五〇〕刊）で、次のように述べている。

「近年、「神道者といふもの」が増えてきた。町人が神職の免状を得て、「たとへば米屋の太郎《たろ》兵衛《べえ》なれ共《ども》、神道の方にては林玄蕃《はやしげんば》と名づき、豆腐屋の二郎七《じろしち》なれ共、神拝の時は松川左京《まつかわさきょう》と号する」者たちである。だが、よく考えてみてほしい。神棚に拝する時だけ、普段の町人としてとは違う「替名《かえな》」になって、烏帽子《えぼし》や浄衣《じょうえ》を身に着けている。その格好では町内の集まりはもちろん、神社に参詣すら行けない。両名を使い分け、まるで「歌舞伎のごとく」しているのは、「向《むか》ふ所の神を偽るためか。他《ヒト》の見る所をおどろかしむるためか」。そんな「非礼」を神が受け入れるだろうか。よく、考えてみなさいよ――」

もっともな道理、にも聞こえる。しかし神道者たちにしてみれば、その場に相応しい名前とそれらしい姿は、現実の職業において必要なのである。目の前でお祓いをする男が豆腐屋二郎七と名乗る普段着の男か、立派な格好をした松川左京か。どちらに〝客〟は来るか。現実は綺麗ごとだけでは片付かない。人は見かけで、名前で、肩書で判断する。よって「他《ヒト》の見る所をおどろかしむるため」にしているというのが、事実、正解の一つであった。

領主たちの対応

一人で名前が二つあるのはおかしい。「支配」側も当初はそう考えていた。ゆえに第二章で見たように、幕府に壱人両名への対応を問い合わせていたのである。早いものでは元禄五年（一六九二）、京都で町人身分のまま公家の家来となって帯刀する行為が禁じられたとき、朝廷が公家に対して、「公家家来に「一人にて二名之輩《ともがら》」がいるが、これはよくないから、「以後一名」にさせろ」と命じている（「基量卿記」）。

津山藩では寛延二年（一七四九）、村々に人別改を命じた際、百姓に「壱人にて公儀名《こうぎな》・内証《ないしょう》名《な》と二《ふた》ツ付《つけ》」る者がいることを指摘して、「左様にては万事《ばんじ》紛敷事《まぎらわしきこと》」であるから、「壱人両名これ無き様《よう》」にと命じている（『岡山県史 第二十五巻』）。これは公《おおやけ》の場で、人別に記載された名前（これを「公儀名」という）以外の「内証名」（内輪で使用する名前。人別に記載はない）を使用することを禁じた。支配の混乱要因を排除するための禁令である。これは公儀名が二つあるわけではないので両人別などの二重身分ではないが、当初はこのような私的な名前との併用すら、領主たちは嫌悪していたのである。

天明四年（一七八四）三月、佐渡《さど》奉行も「佐渡国《さどのくに》には「是迄《これまで》壱人にて名前二つ持候《もちそうろう》もの共《ども》」がいるようだが、それは以ての外の心得違いである。これまでのことは容赦するので、以後は「宗門人別帳に記《しる》し候《そうろう》名前の外《ほか》、両様《りょうよう》名前出候《いだしそうろう》もの」があれば、厳しく処罰するぞ」と命じている（『新潟県史資料編九 近世四 佐渡編』）。つまり人別に記載された名前を唯一とし、それ以外の名を公の場で（一人が二つの名前を）名乗る行為を禁じたものであった。

百姓の商業従事や出稼・出店による壱人両名は、第三章・第四章で述べた。これも当初禁止を明言した藩があった。天明五年（一七八五）、尾張藩は「村方之者之内、壱人にて名二ツこれ有り、百姓にては何と名乗り、売用にては何と申類《もうすたぐい》、万一これ有り候《そうら》はゞ、早速相改《あいあらため》させ、一名に致さすべき事」と命じている（『東海市史 資料編 第二巻』）。ここでは百姓でも商業上で別名を使用することを禁じ、一名化を指示している。

また文政十二年（一八二九）八月、萩藩では「一人両名は天下一統の制禁也」と断言し、村から萩城下に出稼や奉公、あるいは引っ越しによって一家でやってきた者が壱人両名・二重戸籍であることを指摘した上で、現在住居の地の人別に入って故郷の人別を除外し、一人が二重に登録されることのないよう、町奉行・代官中へ指示している（『山口県史料 近世編 法制 下』）。これらは公の場で一人が二つの名前を使用することによる、支配の混乱を回避するためであろう（ここでの「一人両名」は、両人別とほぼ同義である）。

しかし壱人両名による名前の使い分けは、現実の多様な活動と「支配」側の把握との矛盾をうまく解消するためのものであったから、やがてこれらは表向き、何らかの支障により発覚しない限り、処罰されないようになっていったのである。

江戸時代の社会は、各支配が支障なく行われることを最優先する社会である。現代社会のように、個人を「国民」として、その諸活動を徹底的に管理束縛する考えは、そもそも前提にない。ゆえに個人の複数の活動を一元的に把握する仕組み自体がなく、それを行おうという意識そのものもない。現代社会に生きる我々にとって、そのような江戸時代の社会構造とそれに基づく価値観は、容易に想像し難いものなのである。

仁政の時代

江戸時代を貫く「上下の差別《しゃべつ》」という秩序観は、上位者に下位者への慈愛を、下位者には上位者への敬意を求めた。領主と百姓の関係でいえば、領主は百姓が存続できるようにする「仁政」を行わねばならず、百姓たちは、領主に敬意を以て従い、年貢を納めることでその仁にすがり、庇護を受けた。このような領主と百姓の関係は、日本近世史の研究では「仁政イデオロギー」とも呼ばれる（深谷［二〇〇九］など）。

百姓たちは現状の秩序を壊すことを欲しない。この関係が存在することで、百姓は時に「我々は御百姓である。領主は我々御百姓を慈《いつく》しみ、哀れんで助けねばならない」と領主に様々な要求をすることができたからである。俗に百姓一揆と呼ばれるものも、領主にその領主の義務としての「御救い」を求めるものであり、社会的分業の価値観の大前提のもと、領主は領主の務めを果たせ、という要求であった。領主など「支配」側そのものの打倒や、社会秩序そのものの転覆・変革を行う意識はない。それがいいとか悪いとかいう話ではない。そういう社会なのである。

このような時代の治者と被治者の関係は、儒学的な理想においては親子の関係にもなぞらえられ、為政者は「民の父母」ともいわれた。父母として、子たる庶民に対して、仁慈に満ちた「仁政」を行うことが道徳的に求められた。しかし父母の愛情には様々な形がある。壱人両名への対応でも、甘い親もあれば、厳しい親もあった。次の事例の町奉行は、やや厳しい親ということになろうか。

壱人両名の男、呼び出される

大坂町奉行《ぶぎょう》久須美佐渡守《くすみさどのかみ》の日記には、天保十四年（一八四三）、代官築山茂左衛門《つきやまもざえもん》支配所の摂津国《せっつのくに》西成郡加島村の百姓元三郎《もとさぶろう》と、大坂小倉町山城屋卯兵衛《うへえ》借屋の紅屋清助《べにやせいすけ》とが「壱人両名」だったことの発覚の経緯が記録されている（『大坂西町奉行久須美祐明日記』。この事例は高槻泰郎氏のご教示による）。ちなみに久須美は七十三歳にして大坂町奉行に就任した人物であった。

代官築山茂左衛門は、支配所の百姓元三郎が大坂市中に住居していたため（寄留の届けを出していたとみられる）、大坂町奉行に問い合わせた。元三郎が吟味されるに至った事件そのものについての記述はなく、不詳である。築山から連絡を受けた久須美は、元三郎を町奉行所に出頭させて吟味した。やってきた元三郎は「私は、大坂小倉町山城屋卯兵衛借屋の紅屋清助方に逗留《とうりゅう》しております。決して両人別でございません」と申し立てた。元三郎と清助とは別人なのだという。久須美は次に紅屋清助を召喚した。しかし彼は来なかった。代わりに出頭してきたのは、その家主山城屋卯兵衛である。卯兵衛は言った。「清助は、四国巡礼の旅に出ております」。

久須美は、事件を担当する吟味役与力・松井与五右衛門《よごえもん》に次のように命じた。「百姓元三郎と紅屋清助が壱人両名であることは間違いない。しかし吟味になったから、清助というものがあくまで別にいると主張しているのだ。その線で捜査せよ」。

姑息の愛

しかし松井はしばらくしてこう報告してきた。「風聞探索などをしてみましたが、清助という者が前々より住居していることは確かに相違ないようです」――。

久須美は、松井の言葉の裏にある、その思いを見抜きながらも、元三郎及び家主卯兵衛の再召喚を指示し、自ら両人を白洲で吟味した。すると元三郎と卯兵衛は「実は壱人両名の趣《おもむき》、速《すみやか》に有体《ありてい》に申立《もうしたて》」た。あっさりと、百姓元三郎＝紅屋清助という壱人両名を認めたのである。この壱人両名の事情はその後史料に記述がないが、恐らく百姓元三郎は商売上、紅屋清助という名前を得て活動していたものと思われる。久須見が松井にこの申し立てを聞かせると恐れ入って「赤面之様子」であったという。

久須美は松井与五右衛門を「柔弱」ながら「貞実」な男だと、一定の評価を日記に記しつつも、吟味などを取り扱うべき人物ではないとして、続けてこう記している。「大坂町奉行所では、とかく吟味やお仕置筋《しおきすじ》を、なるだけ軽く済む様に手心を加えてやることを、いいことだと思っているようだ。「姑息之愛《こそくのあい》」を「御仁慈」だと、心得違いしているのだ」と。そしてそれが同奉行所の「仕癖《しくせ》」、つまり長い間の慣習となっており、矯《た》めがたいことを嘆息している。

「姑息之愛」とは、貝原益軒《かいばらえきけん》の『和俗童子訓《わぞくどうじくん》』や、中江藤樹《なかえとうじゅ》の『翁問答《おきなもんどう》』などに見える、子供を叱らずに甘やかす親の態度を指す言葉である。久須美の言わんとするのは、民の父母たる為政者として、子たる民に姑息の愛、つまりその場しのぎの情愛を以て甘やかせば、その一時《いっとき》子供は喜ぶにしても、長い目で見れば子供の為にならないのだ、ということである。松井が情けをかけて壱人両名をわざと見逃そうとしていたことを久須美は看破した。「姑息之愛」は、決して百姓・町人の為にも、もちろん幕府の為にもならない――。久須美は自ら吟味の場で壱人両名を白状させ、それを松井に示したのである。松井が赤面したのは、彼自身の見込みが違っていたからではない。久須美の意を悟ったからである。しかし百姓・町人側からすれば松井のような「御仁慈」の方が本当はありがたかったのである。それは次のような「美談」からもわかる。

きれいな手錠

幕末の江戸でのことである。両国吉川町《りょうごくよしかわちょう》に三吉《さんきち》という遊び人がいた（『幕末百話』）。

彼は博奕で捕まって手錠のうえ町預けとなった。手錠という刑罰は、「手鎖」ともいい、鉄製の手錠で両手を拘束することになっているが、実際は「ユル〳〵」で「両手がヌキサシのなるようになっている」ものであった。だから実際は手錠を外して遊びにいくこともでき、ただ数日おきに役人が確認するので、その時だけ付けていればよかった。江戸時代後期などは、「御仁慈」のためか、こういう慣習になっていたようである。

しかし三吉が遊びに行っているうちに吉川町が火事になって三吉の家も焼け、手錠も焼けてしまった。町預けであるから、困ったのは名主や町内の者たちである。彼らの心配をよそに三吉は餅と紙で手錠っぽいものを拵《こしら》えた。なかなか上手くできていたという。しかしそこに町奉行所から呼び出しがかかった。町内の者は「どうしよう」と戸惑ったが、掛《かか》りの与力鈴木藤吉郎は、三吉を目の前に呼び出した。「三吉、其方《そち》の手錠は大層キレイだな」「ヘイ、御大事に致して居りました」「少し緩いようだな。コラ外《ほか》のと取返《とりか》えてやれ」というやりとりで、手錠を交換され、無事に収まった、という。鈴木は火事で焼けたことくらい先刻承知していたらしい。鈴木藤吉郎は幕末期には名の知られた与力で、明治期になっても「真に慈善で義侠心のあった仁《かた》でした」と記憶されたのである。

まるで落語のような話だが、体験談として語られたものである。しかし重要なのは、この話の実否ではない。これが「美談」として語られているという事実である。現代人はどう感じるか。人情味あふれると見るか。役人が不正をしているじゃないか、責任はどうなるんだとか、がなりたてるのではないか。事実、法に厳格に照らせば、これはいけないことには違いない。

久須美に言わせれば、これこそが「姑息之愛」にほかならない。しかし世の中は、〝真実〟のありのままを究明することが、本当に幸せなことだろうか。三吉を厳しく処罰して、火事にあったばかりの吉川町の人々に罰金を科すのが正しいことだろうか。江戸時代、人々は何を、正しい、あるべき行動だと思っていたのか。どうするのが合理的だと考えていたか。少なくとも法なり規則を、杓子定規に適用することを、「支配」側ですら、いいことだとは思っていない。こうした行動について、現代人の価値観に基づいて、善か悪かで判断することに意味はない。現代人の価値観という色眼鏡を抜きで、江戸時代の人間の意識によって考察しなければ、壱人両名という行為も、永久に理解できないであろう。

「習慣」を回顧すると

江戸時代の人々の考え方や習慣は、もう我々現代人からは想像できないほど、遠いところに行ってしまった。江戸時代の人々も、明治期の近代化、西洋化の中で、それまでの習慣が案外あっさりと変わっていくことを目の当たりにした。

こんな話がある。江戸時代、朝廷行事である新嘗祭《にいなめさい》の潔斎《けっさい》中、僧尼《そうに》は宮中に参内《さんだい》することが禁じられていた。神事であるから僧侶は入ってはならない、という理由である。しかし医師は僧《そう》形《ぎょう》のものが多い。右の期間中に天皇や女御《にょうご》に御不例《ふれい》（病気）があって医師が参内する必要が生じた場合、普段名乗っている僧官を俗名に改めさせて、義髻《ぎけい》（付髪《つけがみ》）して参内するのを例としたという（『幕末の宮廷』・「思ひの儘《まま》の記」）。なるほど、僧にカツラをかぶらせて名前も変えれば、表向きは僧でなくなるから参内できる――というわけである。

元検非違使《けびいし》の勢多章甫《せたのりみ》は、明治期に回想を記したその著「思ひの儘の記」で、この逸話を次のような短い、けれども興味深い所感で締めくくっている。

「是《これ》は習慣にてあれば、怪しみ思ふものなけれども、奇異の事なり」

「習慣」が習慣として行われている時、誰も不思議にも思わない。しかし今になって回顧してみると「奇異」なことだ、というのである。習慣が浸透し、人々がそれに馴れきっていれば「奇異」と感じることはない。本書序章で見た、「商」が「士」に姿を変えたりする光景や、時に名を変え、姿を変えていた壱人両名も、このカツラをかぶる医師と同様、当時は「怪しみ思ふものな」い「習慣」の一つであったろう。

しかし人々が長い時間をかけて作りあげてきた慣習は、のちに「明治維新」と呼ばれた政治闘争に伴う変革によって、跡形もなく叩き潰されていく。あれほど当たり前だった壱人両名という「習慣」は、その言葉の前提である「名前」もろともに、すべてが忘却の彼方へと追いやられていくことになる。

あるけれどもない

壱人両名の発生原因を踏まえれば、一人で二つ以上の名前を持つこと、つまり一人三名も一人四名も、それ以上もありえたはずである。実際に本書で述べた正親町三条家家来大島数馬（直良）は、文政元―二年（一八一八―一九）の一時期、主家側の事情により同家家来として、同時に「加田文之進《かだぶんのしん》」という名前も有し、家来としても両名義を適宜使い分けている（尾脇［二〇一四A］）。その頃の彼は、村では百姓当主として「専右衛門」でもあるため（前掲図6‐2参照）、大島数馬＝加田文之進＝百姓専右衛門という、一人三名といってよい状況であった。だが幕府評定所や「支配」側が、このような状態を表沙汰にし、それを〝一人三名〟などという言葉を使用して吟味・処罰した事例を、筆者はまだ見たことがない。

一人三名やそれ以上の状態は、現実にはあるけれども、評定所において吟味になること自体、まずありえない。壱人両名の処罰さえ、評定所が血眼になってこれを捜索して吟味した結果ではなかった。それは壱人両名の当事者が「我意」を振るい、村などの集団の利益に反して「迷惑」をかけたために、集団から訴えられたからとか、あるいは吟味過程における身分確認でそれが発覚してしまったからとかで、評定所がやむなく処断したというものばかりであった。評定所が壱人両名の被疑者に対し、いわば同種の〝余罪〟の有無を追及した例もない。あの前島一件では、前島と類似の事例は確実に存在するのに、それを追及すらしなかったのである。

　壱人両名が表沙汰になった時点で、罪状としては十分である。その上に一人三名・四名であると暴き立てても、複数の「支配」を巻き込むことにしかならない。そんなしょうもない〝真実〟を追求しても、事件を複雑化させるだけである。そもそも、江戸時代後期までに、壱人両名は、多方面での活動を「表向《おもてむき》」うまく処理する作法と化し、「支配」側は表沙汰にならない限り黙認していた。その認識を踏まえれば、評定所がわざわざ壱人両名以上の重複を暴くために労力をかけて動くことは考えられない。〝一人三名〟などの表現や、その吟味が評定所で見られないのは、壱人両名なるものが存在した事情・背景を理解すれば、至極当然のことなのである。

第七章
壊される世界——壱人両名の終焉

一　改変される社会の中で

作法の斜陽

壱人両名は、江戸時代の社会における「支配」別の身分把握、身分格式、身分の株化などを背景として発生していた。普段は百姓だがある時だけ武士になって帯刀する、あるいは武士が町人にもなったりする。一人が二つの名前と身分を両有した時、二人の人間としてこれを使い分ける行動は、社会の秩序に齟齬をきたさない状態を「表向《おもてむき》」に作り出すためのものであった。壱人両名は社会秩序に沿って行われた慣習、一種の作法としての機能が大きかったのである。

正直に言うとダメだが、慣例的な建前を押し立てると可能になる。それによって社会が円滑に、

「穏便」に推移させられるから、治者・被治者ともにそれを暗黙裡に認めている。名前と姿をその時々で変える、どこか不思議な壱人両名という在り方は、江戸時代の人々がその社会構造を前提としてたどり着いた、彼らにとっての合理的な姿だったのである。

壱人両名は、各「支配」を前提とする社会であるがゆえに、存在したのである。しかし近代では、「国家」が日本全体を統治し、各「支配」の縦割り管轄やそれぞれの「仕来《しきたり》」を否定して、「国民」を一元的に管理するようになる。社会構造や秩序そのものが変化したことで、壱人両名が存在する前提自体がなくなっていく中、壱人両名の当事者たちはどうなったのだろうか。

徳川から新政府へ

慶応三年（一八六七）十月十四日、十五代将軍徳川慶喜が大政奉還を上奏し、翌日勅許された。これまでは将軍が大名らに領地を宛行《あてが》うことで全国統治の権を握っていたのだが、それをこのとき手放したわけである。十二月九日には、従来朝廷を運営していた摂政・関白、及び幕府などを今後廃絶することが宣言され、新政府が樹立された（いわゆる「王政復古の大号令」）。但しこの時点での徳川慶喜は旧幕府直轄領を保持し、外交権も握っていた。しかし翌年一月三日の鳥羽伏見の戦いにより慶喜は反逆者とされ、新政府はその追討令を発した。四月十一日には江戸開城が行われたが、戊辰《ぼしん》戦争と呼ばれた内戦は明治二年（一八六九）五月、榎本武揚《えのもとたけあき》らの五稜郭《ごりょうかく》開城により終結するまで続いたのである。

新政府は、慶喜追討令後の一月十日、旧幕府領を直轄領とすることを宣言し、後にこれを「府」と「県」、旧大名の「領分」を「藩」と公称するようになる。政治闘争の結果としての「御《ご》一新《いっしん》」は、やがて一般庶民に否応なく変化を強いていく。以下ではその結果、壱人両名がどうなっていったか、主に京都府下の事例から見ていくことにしたい（以下本章は尾脇［二〇一四B］、同［二〇一五］をもととする）。

京都府戸籍仕法

明治新政府の身分政策は、まず江戸時代の様々な身分を明確に区分して、誰がどの「支配」に属するかを整理・把握する方針で進められていった。

明治元年（一八六八）十月、京都府は「戸籍仕法書《こせきしほうしょ》」を制定し、府下の町や村に「戸籍」編製を命じた。これは幕末期に横行した脱籍浮浪者、つまり脱藩して「支配」との所属関係が不明になっている浪士や、無宿人などを「戸籍」に登録することで、治安の安定を図ることが目的であった。なおここでの京都府とは、旧京都町奉行所の支配領域などを引き継ぐ新政府の地方行政機関の名称であり、現在の京都府のことではない。

京都府は、統一された書式と規則による「戸籍」の編製を目指し、詳細な雛型を印刷して頒布《はんぷ》

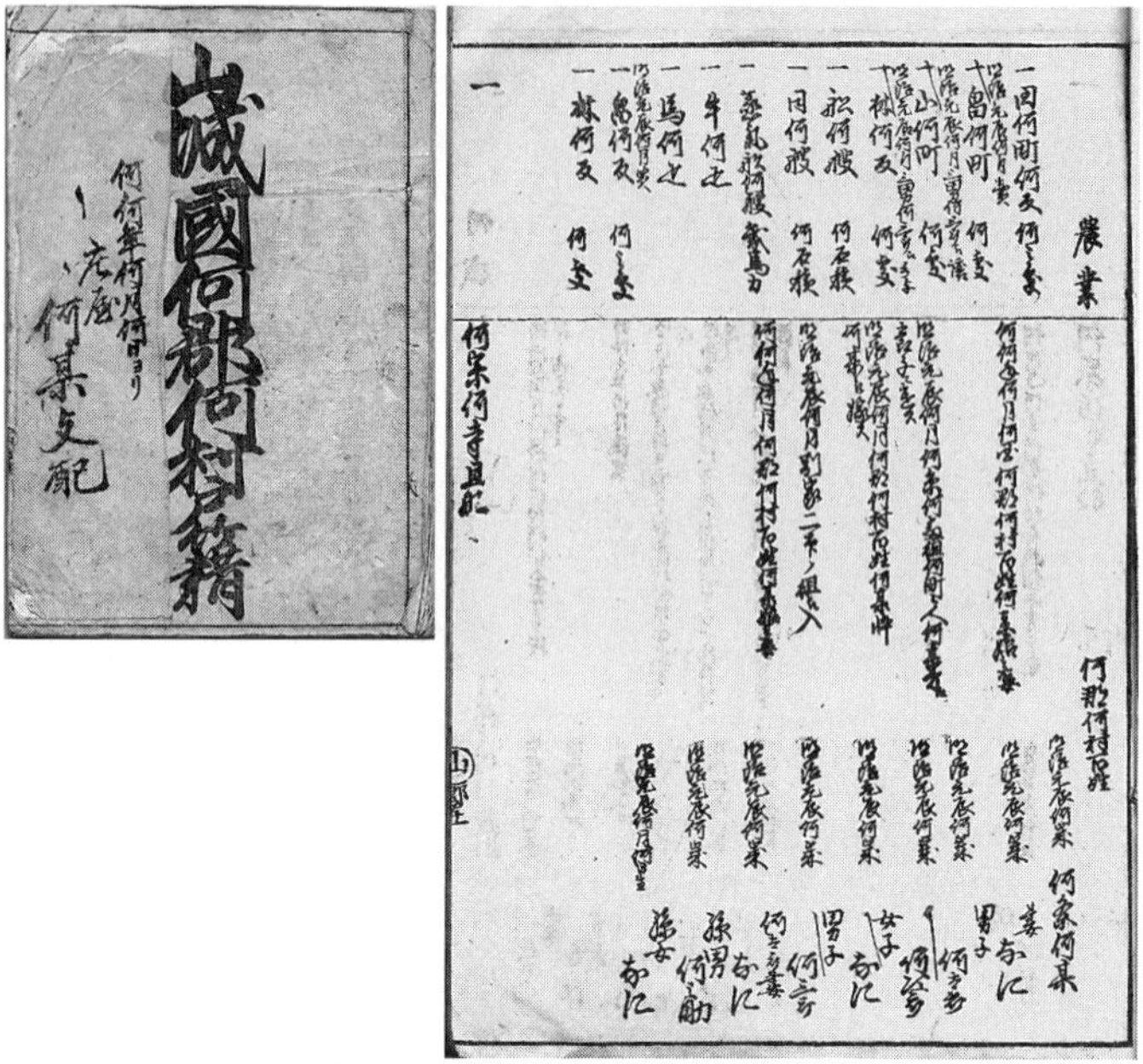

写真 7-1　京都府戸籍仕法書（郡村用）

版行された京都府戸籍仕法書のうち、郡村戸籍の雛型（個人蔵）。左上は表紙。上段の職業・財産欄に「農業」、下段の名前の肩書に「何郡何村百姓」と見え、身分肩書（「○○村百姓」）だけではなく、上段には実際の生業（「農業」・「何職」・「何商売」）が記載される。なお表紙の貼紙は、庄屋が交代すれば上から貼り足していく規定である。こうすれば冊子自体は毎年作りかえる必要がなく、記載の加除で長く使うことができるというものであった。

している（写真7－1）。これによると京都府管轄下の町や村の戸籍は、町・村を単位として作成され、その内容も、一頁に横線を引いて二段にし、下段に名前と年齢、上段に職業や土地・屋敷などの所有財産の情報を記載させた。人別より情報がかなり細かい書式で、「人民」の実態を把握するための台帳となっていた。明治二年（一八六九）六月四日、新政府は、全国府県でもこの京都府戸籍仕法を実施するように命じた。

族籍別の戸籍編製

京都府戸籍仕法の重要な点は、町や村の戸籍とは別に、武士は士籍、神職は社籍、僧侶は寺籍と、従来庶民のような人別が作成されなかった身分についても戸籍の編製を命じた点である。それは族籍（身分）別に編製するため、武士や神職や僧侶は、居住する町や村の戸籍には記載されないという特徴を有していた。「戸籍」という名前が使われたが、この時点では「国民」を同じ台帳に記載して、一元的に管理するようなものではなかった。

なおこの戸籍は、従来の人別に代わって作成されたのではない。明治元年（一八六八）十月二十五日、新政府は宗門人別帳の作成継続をわざわざ命じている。従来の人別は、切支丹ではないことを毎年証明する宗門改の性質を有し、檀那寺の押印を必要とした。一方戸籍は、宗旨の記載箇所はあるが寺の押印の必要はなく、宗門改の代用にはならない。従来の人別は明治四年（一八七一）十月三日に「戸籍法改正」（明治四年戸籍法。後述）を理由に廃止されるまで、戸籍とは別に存在した。しかし領主支配の解体により、「支配」との所属関係を証明するという人別の役割は次第に失われていく。例えば明治元年十一月二十五日、新政府は、公家領・寺社領・旧旗本領の村々に対し、年貢徴収は府県が行うことを通知し、「宗門人別帳は、村々より直《じき》に府県へ」提出することを命じている。

この時の戸籍は、族籍別である。つまり身分を明確にしないと編製できない。百姓でもあり武士でもある――そんな曖昧な存在には、当然、消えてもらわねばならない。

「曖昧」の「判然」化

京都府は、戸籍仕法の準備を進めていた明治元年（一八六八）十月二日、新政府に次のように建議している。「農工商の身分で、朝廷の御用を務めている者や、宮家・堂上《とうしょう》公家・諸藩・社寺の用達を務めている者の中には、苗字を称して帯刀し、あるいはその家来となっていながら民籍をも離脱していない者がおります。これでは「事《こと》曖昧に渉《わた》り、戸籍正しからず」、いまや御一新の折柄ですので、これらを「判然」としたい。特に「家来に相成《あいな》り、尚《なお》民籍を脱せざるものは一人両名に付き、屹度《きっと》差留《さしとめ》」るべきです」。

つまり、身分は百姓や町人だが、朝廷の御用を務めている者（町家兼帯の地下《じげ》官人《かんじん》もここに含まれる）や私領主の用達を務め、あるいは家来に召し抱えられたのに、町や村の人別（民籍）に加入したままの者は、戸籍編製に必要な区別を「曖昧」にしてしまう。これを禁止したいと提案したのである。新政府は、この京都府の建議を是として、十二月十六日には「京都・東京・大坂府下の者など、自分の領民以外の者に苗字帯刀を許し、「家来」にすることを禁止する」と布告して、二重身分の発生要因をなくそうとした。

しかし「町家兼帯」の地下官人らは、明治二年（一九六九）三月になっても「苗字を称し両刀を帯し、尚商籍を脱せず、一人両名」であるという状態が「其儘《そのまま》」であり続けた。彼らは専業の地下官人らとともに、「旧官人」という分類で新政府の管轄を受けたが、その一方では「商籍には町人名前を以て編入」していた。旧官人としての名前と、町人としての名前という異なる二つの名前を用い、戸籍も二重化している、公認されていた壱人両名の状態（「町家兼帯」状態）が続いていたのである。

明治三年（一八七〇）十二月に至り、こうした旧官人は士族・卒《そつ》・町籍のいずれかに整理された。専業の旧官人は士族ないし卒とされたが、「町家兼帯」の者など、「町人にて官人相勤候《あいつとめ》者」は、自分で族籍を選択できるとされた。但しこの時期には、華士族や卒籍の者が商業や農業をしてはいけないという従来の秩序が継続していたため、士族・卒になると生活ができなくなる。そのため実際には原則として「町籍一方」への「帰籍」、つまり平民となることで処理された。前章で見た山中主殿＝山田屋治兵衛なども、このとき町籍となっている。

旧官人の壱人両名は、これで解消された――ように見えた。しかし長きにわたった慣習は、そんな簡単にはなくならなかった。実はこの時処分された「町人にて官人相勤候者」は、公認されていた「町家兼帯」のことだけである。「同居」などとして処理していた、非公認の壱人両名(前章)は、表向きは専業の地下官人であったため、士族・卒籍に入った者がいたのである。やがて彼らは、土地所有をめぐる政策などの中で問題化していくことになる。

身分違いの土地所有

江戸時代には、武家地・町地・百姓地といった身分別の土地設定があったが、実際は、町地・百姓地にも武士がいるという状況が、様々な形態をとって常態化していた(第五章)。明治元年(一九六八)十二月八日、新政府は、身分違いの者が村や町の土地を所有する場合、必ずその土地に相応しい身分の「名代」を置くように命じた。それは、江戸時代には実現できていなかった「土地と住民の身分一致原則」(横山[二〇〇五A])を貫徹させ、戸籍同様に「曖昧」なものを除去し、「判然」化することを目指したものであった。しかし「名代」の設定命令は結局、従来通りの手法による身分違いの土地所有を許容したことにほかならなかった。それは例えば士籍の「井上少進《しょうじん》」が町籍の「井上屋むめ」の家に同居するといった、従来の「表向」だけの調整を推奨したことにもなるから、次第に問題と認識されるようになったのである。

明治三年（一八七〇）十二月九日、京都府は「名代の弊害」を列記して名代廃止を建議した。京都府は、「一人両名は、御一新来禁ずる所、然《しか》るに土地に本主有りて、又名代を置くは、人にして一人両名を唱《とな》ると同理に之《これ》あるべき事」と、名代設定では壱人両名と同じことになる、と指摘した。この建議で京都府は「諸事正直にし、偽詐《ぎさ》を誡《いまし》むるは政教の本旨」だと明言している。つまり江戸時代のように「表向」だけ秩序に叶うように調整する慣習は、「正直」ではない「偽詐」、つまり〝真実〟を偽《いつわ》り詐《いつわ》る行為だと否定したのである。

翌四年一月十日、民部省《みんぶしょう》は京都府の名代廃止案について、「弊習一洗、至当の論」だと賛成し、以後、身分違いの土地所有では「名代」を設定せず、持ち主本人名義にすべきと考え、明治元年十二月八日の布告を取り消す布告案まで作成したが、新政府は、名代廃止の布告には踏み切らなかった。

家族で族籍を分割

「名代の弊害」は、否定しようのないものとして明らかになっていった。明治四年（一八七一）七月八日、京都府は新政府に対し、士族や卒籍となった旧官人らの中に、依然町籍でもあり続けている者がいる状況を次のように説明し、その処理を願い出ている。

「旧官人などは、明治三年十二月に、士族・卒・町籍のいずれかにして処分したはずである。

しかるに、卒籍になった者の中には、幼年の子供や弟などを町籍に加入して置いて、その名前で、以前通りの商店などを開き、卒になった自らを、その家の「同居」と称し、「表面は子は商、親は卒」などとしている者がいる。もちろんその実態は「全く一体の商家」である。更にひどいものは、「夫婦にして夫は士、婦は商」としている者までもいる。こんな者たちは不都合であるが、どうしたら宜しいでしょうか」

父子の身分分割や、町屋敷を妻などの名義にして「同居」するといった行為は、江戸時代に二重身分を「表向」問題なく調整するためのものであった（その事例は前章までに見た通りである）。この時期、華・士族・卒籍の者が農工商業に従事することは依然として禁じられていたため、士族・卒になった後、本来の本業である商業を継続するには、このような父子などによる身分（族籍）の分割保持や、「同居」という旧来の調整方法が、依然として効力を有したのである。

新政府は京都府に対し、そのような者は取り調べて、町籍に加入させる（つまり士族・卒籍から除外する）ことで処理するように回答している。だが、身分違いを調整せねばならない様々な要素が明治初年にはまだ存在していた以上、江戸時代に培《つちか》われた、「表向」に二重身分を解消できる「同居」や壱人両名の慣習は、まだ十分存在する価値があったのである。

解消の自主申告

こうした状況が問題視されていた明治四年（一八七一）八月七日、京都府の士族触頭《ふれがしら》（士族の行政手続きや触伝達・戸籍編製を行う者）は、各士族に対し、その邸宅地などの所有状況を調査し、提出するように通達した。その通達には「家族中之内、止宿《ししゅく》之都合等にて、町籍へ差入《さしいれ》、壱人両銘《（名）》之弊、兎角《とかく》これ有り、以之外《もってのほか》」であると明記され、士族がその家族を町籍に入れて名代にする行為について、名代が本人でもある壱人両名も含めて、これを止《や》めるように通告している。「壱人両銘《（名）》之弊」という言葉が示すように、もはや壱人両名は「弊」、つまり悪しき慣習とみなされている。実際この通達の前後、士族側から申告してこの状況を解消した者たちが確認できる。

例えば通達直前の七月二十五日、烏丸通《からすまどおり》四条下ル水銀屋町《すいぎんやちょう》の町年寄寺西伊助《てらにしいすけ》は、町内に住む京都府の士族畑惟穣《はただしげ》（元は典薬寮《てんやくりょう》医師・従六位上・畑大和介《やまとのすけ》という地下官人）の買得地について、「青木実蔵」という者を畑氏の町名代と申告してきたが、「実蔵と申す者は、名前而已《のみ》にて人体《じんてい》これ無き」者、即ち実在しない架空名義であったと述べ、別の人物を町名代とすることを申請し、許可されている。書類上、畑惟穣＝青木実蔵という壱人両名であったともいえるが、この願書は畑本人ではなく町年寄・五人組が差出人となっており、名代の設定は町側の都合で町が主体となって行っていた、という体裁になっている。

十月には、第六章でも述べた士族小島長敬《ながゆき》（元は図書寮史生という地下官人で、従六位下・小島伊勢少目《いせのしょうさかん》）が、伏見街道五条上ル金屋町《かなやちょう》にある自身の屋敷について、自らが「中路与市《なかじよいち》」という「町籍名前」を名乗って小島の町名代になっていたことを「壱人両名之段、恐れ入り奉《たてまつ》り候」と述べ、以後、別に実在する人物を名代にすることを申告している。こちらの書面は小島本人が差出人であるが「町分《まちぶん》之処《ところ》、差支《さしつかえ》につき余儀なく」行っていたと述べており、やはり町側の規制に応じた結果だと述べている。もちろんそういう面もあったろうが、小島はもともと小間物屋か何かを営む町人で（『幕末の宮廷』）、官人株を買った者であったらしく、江戸時代から「町家兼帯」ではなく、専業の地下官人と称する非公認の壱人両名（第六章の松井織部と同じ「同居」形態）だったとみられる。これはその延長線上で行われた処理でもあったろう。

潰えゆく大前提

華・士族・卒籍では農・商業もできない。「土地と身分の一致原則」もある。ゆえに名代が必要であった。だが明治四年（一八七一）十二月十八日には、華・士族・卒（官吏は除く）に、農工商の職業を営むことが許可される。同月二十七日には、東京府では武家地・町地などがその呼称とともに廃止され、以後は同様に、土地の権利証書である地券が発行されることになった。

明治五年二月の土地売買の自由化以降、地券発行の対象も徐々に拡大され、土地と身分の関係が消えていった。京都府は同年七月、土地売買の自由化に関連して、「今後は身分違いの土地所有でも名代を置かず、本人の名前にするように」と布達している。かくして名代や同居、壱人両名による調整を必要とした社会の大前提そのものが徐々になくなっていった（写真7－2）。

写真 7-2　潰えゆく社会の大前提

明治初年には、新時代の「開化」（「文明開化」）を素晴らしいものだと鼓吹する本が多く出版された。図はその一つである『開化の本（もと）』という本の挿絵である。「天地の秤にかけて人民に上下（うへした）の別（わかち）なき図」と題されており、人間に「上下の別」は、生まれながらにしてないものだから、秤にかけてみても同じだ、という図である。旧来の価値観を悉く悪い慣習（「旧弊」）として否定する上で、「差別」なき新たな価値観を称揚する、現実とは全くかけ離れた印象操作的なイメージ図である。

江戸時代は社会的分業意識のもと、「上下の差別」を肯定した社会であった（第一章）。その大前提が明治新政府によって否定されて潰えていく中、それを背景にした慣習・作法などによる行動も急速にその意味を失っていく。やがて人々は各「支配」に属する代わりに、「国家」により一元的に管理される「国民」として編成される、全く異なる価値観の社会で生きていくことになる。

出典：明治 7 年（1874）刊『開化の本』（個人蔵）

二　現実の優先

属地主義の戸籍法

京都府は族籍別の戸籍編製方針を継続し、明治四年（一八七一）一月には華族籍法を新設、士籍法・卒籍法・社籍法・寺籍法それぞれを改正した（写真7－3）。ところがそれから間もない同年四月、新政府は全く異なる戸籍法を全国に布告する。この布告では、「戸籍旧習の錯雑《さくざつ》ある所以《ゆえん》は、族属を分《わか》つて之《これ》を編製」しているからだと、族籍別の戸籍編製の問題点を指摘し、新たな戸籍は族籍別に編製せず、同じ町や村に住む人間をすべて同じ戸籍に編製するものとした。この明治四年戸籍法に基づいて翌年作成されたのが、いわゆる壬申戸籍《じんしんこせき》である。

この編製方針の変更は、族籍別の戸籍編製を進める京都府と、既に東京に移っていた中央政府との対立があったという。ただ京都府も明治四年六月二十七日に、町に居住しながら町籍にも加わらない「孰《いず》れの管轄とも相分《あいわか》らざる身分曖昧なる者、今以間々《いまもってまま》これ有り」と認識し、官吏や士族卒など「其町《そのまち》之戸籍外にて町内居住之者」の調査を命じている。族籍別の戸籍では現住の人員が把握できないという大きな問題が、自覚されつつあった。

明治四年戸籍法により、華族も士族も平民も、居住地の、同じ戸籍に記載されるようになった。この変更は、近代の戸籍が現実の「戸数人員」を遺漏・重複なく正確に記載することを重要視したからである。その目的のもとでは、かつての人別で見られた、実在しない名跡《みょうせき》が現実に存在する人間と全く同じように記載されたり、または両人別をはじめとした、名跡株を前提として調整したりする行為は、到底容認されうるはずがなかった。

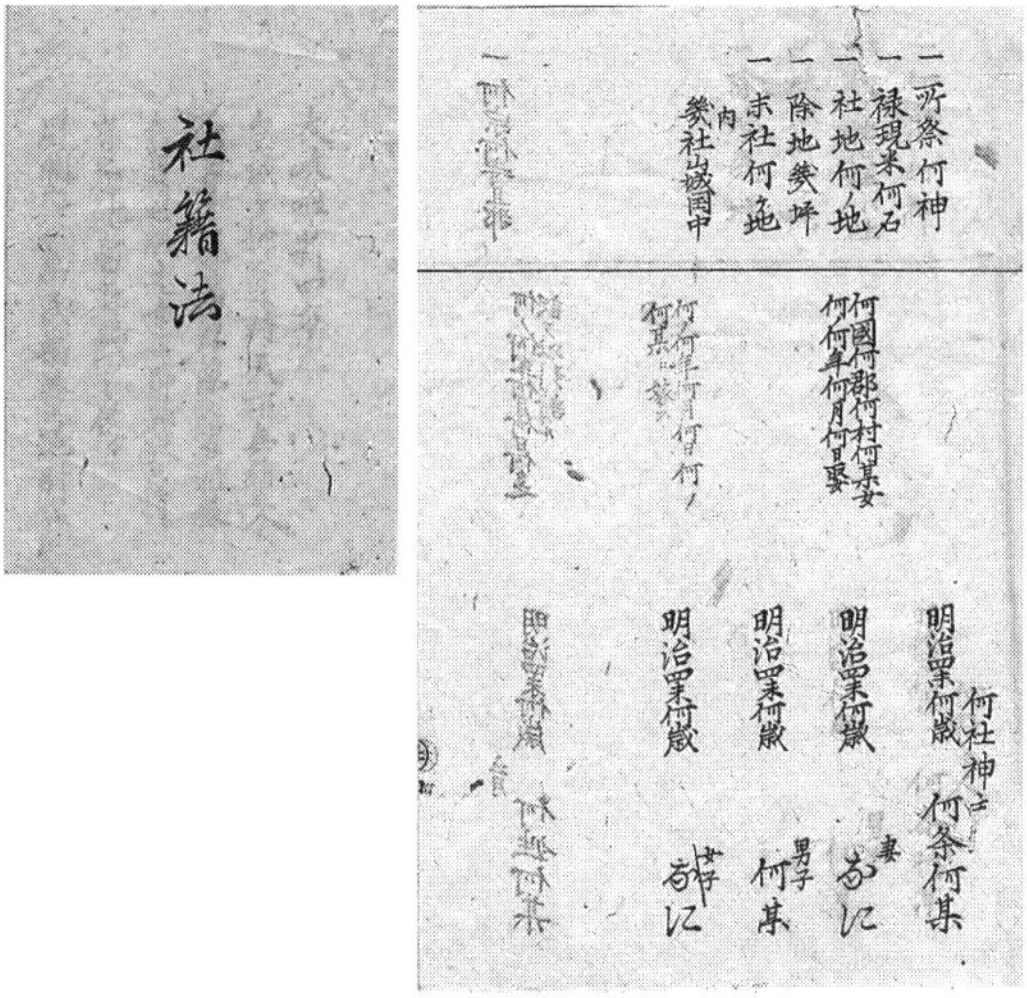

写真 7-3　社籍法

京都府戸籍仕法書の内、明治４年改正「社籍法」の雛型（個人蔵）。これも版行されたもの。
左上は表紙。書式は平民籍のものと同じだが、上段には禄米や奉仕する神社の情報のみで、生業の記載はない。下段の名前の肩書に「何社神主」、「何社々人」などと記載する。

実在する人間だけを

商家の場合、商売上、非実在の「名前人」などが設定されていることがあった（第四章）。これは壱人両名が発生した背景の一つであり、壬申戸籍編製においても当然問題になったのである。

明治五年（一八七二）四月九日、大阪府では戸籍編製の心得が再度詳しく通達され、そこには「名前人」や壱人両名に関する注意事項が見える。これを整理して挙げてみよう（『大阪府布令集』）。なおここで使用されている「一身両名《いっしんりょうめい》」という用語は、同一人物が戸籍に重複記載されること、いわば「両人別」に近い意味で使用されていることに注意してほしい。

①未亡人や幼年男子が当主の場合、別の代理人（代判《だいはん》）を立てるのが一般的だが、その場合、代判の者が戸籍に重複記載される「一身両名之弊」を生じさせて「現員之実」を失うことになるから禁止する。②家に男子が不在で現実には「女のミ」であるのに、従来の亡夫亡父などの名前（家名・名跡）をそのまま使用する行為は「空名《くうめい》」（架空名義）を出すことであるから禁止する。③借家を貸す場合、実際に借りる人間の名前ではなく別の「名前人」を立てて手続きをして、実際に借りる人間をその「名前人」の「同居」と処理してきたものがある。その「名前人」が他町に籍がある人間の場合、「一身両名」になるので、今後は実際に借りる人間の名前で直接に貸し渡すようにせよ（身分違いの調整のための名代設定や「同居」処理の禁止）、④これまで「名前人」といいながら、実は「人体《じんてい》これなき者」や数年前に死んだ人間の名前を表向きそのままにしている、「無実之名前」を出すといった行為は、「現在之人体これなき、所謂《いわゆる》有名無実なるもの」を戸籍に載せることになるので、今後禁止する（この「現在」は、〝現実に存在する〟という意味で、〝今〟という意味ではない）。また戸籍では「この家に名前これ有り、又彼《か》の家にも名前これ有り候《そうら》いては、一身両名に相成候間《あいなりそうろうあいだ》、能々《よくよく》注意」せよ、とも述べている。

近代の戸籍は、現実に存在する人間だけを重複なく記載するものである。従来の人別のように、名跡株と化した実在しない人間と実在する人間とが、同じように記載されていては困る。また身分違いや商業上の都合で設定される「名前人」などの処理も、重複や架空名義を生む原因であるから当然排除されねばならなかった。現実重視の戸籍編製が企図された明治初年、壱人両名は現実の把握を阻害する「弊習」、〝真実〟に対する「偽詐」とされて、消されていったのである。

名前の変化と「一人一名」の強制

「名前」そのものもまた大きく変わっていった。「越前守《えちぜんのかみ》」とか「右京大夫《うきょうのだいぶ》」といった官名は、明治二年（一八六九）七月の職員令という政府官職の制定に伴って廃止され、官名に紛らわしい百官名《ひゃっかんな》・国名《くにな》を名前として使用することも、同二年七月と三年十一月に禁止令が出された。名前で身分格式を示すという習慣が潰《つい》えていったのである。

明治五年五月七日、「従来通称・名乗《なのり》両様相用《あいもちい》候輩、自今《じこん》一名たるべき事」という太政官布告が出される。明治五年頃の官吏や華士族は、公文書など公的な署名には「苗字＋名乗（実名）」（大久保＋利通など）を使用することが規定されていたが、同時に従来の名前であった「苗字＋通称」（大久保＋一蔵）も日常では併用していた。この布告は彼らを対象に、今より以後、通称か名乗、どちらか一つだけを自分の「名」として使用するように命じたものである。通称だけが名前であった庶民にとっては特に関係のないものであった（尾脇［二〇一九］）。

庶民の名前に対しては、明治三年（一八七〇）九月十九日、苗字公称の自由化が布告されたが、苗字をわざわざ書かずとも実生活には何も困らないため、その使用は必ずしも浸透しなかった。だが国家にとって、それでは国民を把握する上で都合が悪い。そのため明治八年二月十三日、政府は今後、絶対に苗字を名乗れと強制する命令を発した。かくして日本国民の名前は否応なく「苗字＋名」（のちこれを「氏名」という）に統一されたのである。

なお明治五年八月二十四日にはあらゆる改名が禁止された。幼名からの改名、当主名の襲名も、国家による国民管理を阻害する要因だとみなされたのである。実情を無視して厳しく改名を禁じたため反発も生じ、やがて一定条件を満たした改名・襲名や、ペンネームなどの別名使用は、明治十三年（一八八〇）までに次第に緩和されていく。但し戸籍名のみを本名とする「一人一名」主義は、法制上今日まで継続している。

諏訪信敏の「自首」

町人松屋加兵衛《まつやかへえ》でありつつ、賛者《さんじゃ》という職名の地下官人としては、諏訪《すわ》木工少允《もくのしょうじょう》などと名乗った「町家兼帯」の人物を覚えているだろうか（第六章）。彼の子孫も代々壱人両名のまま明治維新を迎えた。幕末期の当主は高松藩松平家の用達として「諏訪登代次郎《とよじろう》」（豊次郎とも表記される）、賛者としては「諏訪士佐介《とさのすけ》」（位階は正七位下）と名乗る壱人両名であった。

しかし明治三年（一八七〇）九月、「元高松藩用達」であった由緒から高松藩士に編入されて、「諏訪登代次郎」の名で「高松藩士族」となった。ところが同年十二月の旧官人の族籍処理がなされた時、旧官人としては「諏訪《すわ》信敏《のぶとし》」という名前で、京都府貫属《かんぞく》士族ともされたのである。

明治四年八月十五日、諏訪は京都・高松両方で、別名で士族となっている「一人両名の次第」を京都府に「自首」した。前述したように、同月七日には士族触頭が屋敷地の所有調査の通達を出しており、諏訪の「自首」もこれに触発されたものであろう。調査の結果、二重に士族籍を得たのは、高松藩が諏訪を士族に編入した際、京都府に通告しなかったことが原因と判明した。最終的に明治五年八月晦日、「発覚前自首」したので罪を免じるとされ、今後の身分は京都府の士族とすることが命じられた（なおこの事件の審議中、高松藩は廃藩置県により高松県となり、更に香川県に合併されている）。

諏訪の発想

この時、諏訪が「自首」の願書で述べた弁明が面白い。彼は言う。「私は元高松藩用達で、以前は平民ながら元賛者御役を務め、叙位任官しておりました。御一新後、高松藩より藩士に取り立てられましたので、元賛者御役の方は「養子相続」させるつもりでした。それが彼是《かれこれ》心痛当惑しているうち、苦心の余り時間が経過し、「一人両名」で今日に至りました。京都府士族を辞して家禄を返上し、高松県士族一方に帰属したいので、お願いします」。面白いのは傍点部である。諏訪は元賛者京都府士族の諏訪信敏と、高松藩士族の諏訪登代次郎の二つを、いわば「株」、つまり二軒の家として、それぞれで継承できると、平気で考えている。近代国家では許されない江戸時代的な「株」の発想が、彼の中では変わっていないのである。

ではなぜ、本人を高松藩士族、子を京都府士族とする方法を試みなかったのか。それは当時の諏訪家における、後継者や血縁関係者の不足が原因にある。幕末期の諏訪家は、分家筋から養子を迎えてなんとか相続されていた。しかし当主の早世が続き、唯一生き残った分家の嫡子である信敏がやむなく本家筋の諏訪家を優先して相続していたのである。そのため賛者を譲りうる血縁男子が、事実存在しなかった。他人に「養子相続」の体裁で身分を売ることも当然念頭にあったろうが、さすがにこの時期には、その買い手もなかったのではないか。もう少し年月がたてば、「養子」という体裁で京都府士族になりたい平民も出たろうが、彼はそれを待たず「自首」という選択をとったのである（信敏は「自首」の四年後に病死）。

三　そしてすべてが消えてゆく

壱人両名という用語

壱人両名とは、文字通り「一人で二つの名前を持っていること」を広く意味する言葉であった。ゆえに寛延二年（一七四九）の津山藩では、百姓が「壱人にて公儀名《こうぎな》・内証名《ないしょうな》と二ツ付《つけ》」ることを「壱人両名」といって、「公儀名」以外の使用を止めさせようとしていた。つまり同一人物が同時に二つ名前を使っている紛らわしい状態を、領主などの「支配」側は壱人両名と呼んでいた。一方、幼名留吉《とめきち》が成人して正右衛門《しょうえもん》と改名する、といった時間的経過を伴う改名の習俗は、壱人両名とは呼ばれない、全く別の習慣であった。ところが近代戸籍が次第に改名を規制する中で、壱人両名という言葉の使われ方も変わっていくのである。

明治政府側の改名規制志向は、早くも明治三年（一八七〇）四月十八日に、品川県《しながわけん》が「当午《（明治三）》戸籍差出候《さしだしそうろう》以後、猥《みだり》に男女とも改名いたし候義は相成《あいな》らず」として、安易な改名を戒めたことからも窺えるが（この「戸籍」は京都府仕法戸籍である）、更にこのとき同県は、「是迄《これまで》公儀名と唱《とな》へ、又は幼名を呼び、壱人両名の唱へ間々これ有り、紛敷《まぎらわしき》儀に付き、以来都《すべ》て戸籍に書載《かきのせ》之外《ほか》、相唱へ申間敷事《もうすまじきこと》」と命じた（『大田区史（資料編）加藤家文書 2』）。ここに見える「壱人両名」は、津山藩での「公儀名」と「内証名」の両用に近い意味であるが、こちらでは「幼名」も挙げられているように、改名習俗も、戸籍の名前以外の使用につながり、国民を管理する側にとって不都合だ、という品川県の意識が見てとれる。また六右衛門一件で壱人両名と同義語に使用されていた「一身両名」が、明治五年の大阪府では戸籍の重複記載を指して使用されていたことも、既に見た通りである。戸籍編製の中で壱人両名という言葉は、これまでと異なる意味でも使用され始め、遂には全く別の意味も加わることになる。

「一人一名」の浸透

壱人両名に、江戸時代になかった全く別の意味が加わったのは、官吏や華士族に、通称・名乗（実名）どちらか一つだけを「名」とするように命じた、明治五年（一八七二）五月七日の太政官布告に原因がある。布告本文は「自今一名」、つまり今後は一名にせよ、という表現だが、のちには「明治《めいぢ》五年《ねん》の五月に一人《にん》一名《めい》の御布告《ごふこく》が出《で》て」（「読売新聞」明治十年十二月七日。振り仮名は原本ママ）などといわれ、この布告が「一人一名《いちにんいちめい》の制《せい》」を定めたものと表現された（同上明治十九年四月二十九日。振り仮名同上）。通称・名乗、どちらか一つにすることを「一人一名」と呼んだ結果、壱人両名という言葉は、江戸時代の意味とは全く関係なく、その対義語としても使用されるようになってしまう。

例えば、海外留学のため明治五年に日本にいなかった医師の池田秀之は、帰朝後の明治九年五月二十日に、これまで使用していた実名（名乗）の「秀之」を廃し、通称「謙斎」を使用したいと届け出た（池田文書研究会［二〇一五］）。その届書には「明治五年五月、一人両名相成らざる御《お》達に付き」と見え、先の布告を、「一人両名」を禁じた法令と表現している。ここでの「一人両名」は、一人に通称と名乗、両方がある状態を指しており、江戸時代の意味とは全く違っている（なお池田謙斎は近代医学に寄与した著名な医師で、のち男爵）。

「両名」が通称と名乗を指して使われたことは、ほかでも確認できる。例えば広島県士族で海軍省に出仕していた士族田口太郎は、明治五年の布告の際には英国留学中であった。そのため帰朝後の明治十年（一八七七）十月、田口太郎（通称）と田口悳《めぐむ》（実名）という、「依然両名」を称していたので、通称の「太郎」を廃止し、以後「田口悳」にするという、「通称実名一名定御《さだめお》届《とどけ》」を出している。ここでは「一名」が「両名」の対義語となっている。

明治初年、戸籍名を唯一の名前とする「一人一名」化政策を通じて、壱人両名という言葉は、戸籍名以外の名前を名乗る行為、あるいは通称・実名の両方を名乗る意味が加わり、むしろその意味が主なものとして上書きされてしまった。かくして江戸時代における壱人両名の意味が、ほとんど失われてしまったのである。

壱人両名の亡霊

明治二十年代の半ばともなると、江戸時代に、壱人両名と呼ばれた二重身分の作法・習慣が存在していたことすら忘れ去られていった。しかるに一人の男が、江戸時代の壱人両名に関する、ある処置をめぐって、裁判所に訴え出るという行動に出る。当時花輪正摸《はなわまさのり》と名乗っていたこの男は、江戸時代には南部盛岡藩領に住む佐藤屋庄六《さとうやしょうろく》という商人であり、なおかつ奈良伝右衛門《ならでんえもん》という名で盛岡藩士でもあるという、壱人両名だった本人であった。

佐藤屋庄六は盛岡藩領花輪町に居住した豪商で、度々の献金により南部家の家来となった。もっともそれは「佐藤屋庄六」のまま、知行七十石の藩士「奈良伝右衛門」にもなるという、壱人両名で両身分を兼帯したものだった（金で武士の株を買ったのであろう）。ところが安政四年（一八五七）、彼は奈良伝右衛門としての不正行為で罪に問われ、闕所《けっしょ》（財産没収）に処された。このとき同時に「佐藤屋庄六」としての財産までも没収されてしまったのである。

その後、庄六は各地を転々とし、花輪正摸と名乗って維新後まで生き延びた。そして明治二十六年（一八九三）、彼は、藩政時代に旧盛岡藩主南部利剛《としひさ》が奈良伝右衛門の処罰に際し佐藤屋庄六の財産まで没収したのは不法であると主張し、伯爵南部利恭《としゆき》を相手取って、その名誉回復と「佐藤屋庄六」の財産返還を求め、東京下谷《したや》区治安裁判所に訴訟を起こしたのである。

最終的に花輪の敗訴となったが、花輪は明治二十七年十一月、裁判での主張や、南部家への怨念に満ちた攻撃を書き綴った『旧盛岡藩華族南部氏兇悪大略』を刊行する。内容のほとんどは根も葉もない南部伯爵家に対する誹謗中傷で、そこに見るべきものはない。但し彼自身の体験に基づく壱人両名の存在形態、同藩で行われていた「人民籍」と「家来籍」を持つ「一人両名」の慣習については、本書で触れてきた壱人両名の諸事例と一致する、興味深い内容を語っている。

花輪の説明

花輪は、自身が壱人両名であった前提として、盛岡藩では武士身分が金で獲得できたことを説明する（実際に盛岡藩や仙台藩などでは武士身分売買の公定価格まで定められていた〔深谷［二〇〇六］〕）。そのような身分売買の結果、「人民籍」と「家来籍」を持つ「一人両名」が存在したことを述べ、その場合の慣習・作法について具体的に説明している（以下「　」内の（　）及び傍点は筆者〔尾脇〕による）。なお、花輪は明治期の表現で説明しており、「人民籍」「家来籍」などの用語自体は当然江戸時代のものではない（花輪は「家来籍」とほぼ同じ意味で「家来席」も使っているが、「家来席」は江戸時代にもある用語で、家来としての身分のことである）。

彼は自身が体験した盛岡藩領での壱人両名の慣習について、次のように述べる。

まず家屋敷について。「拝領屋敷所持これ無く（つまり領主から武家地として与えられる屋敷がなく）、町村に住居する者は、平民戸籍を設け、村並《なみ》町並役金銭・夫役相勤め、右籍に同居届出る事」「町村役地（町地・百姓地）に住居する者は、平民籍を元とし、家来籍を同居致し、一人にして両名とす、町村役地を買得るも借受るも同断、（本当に）町村平民の方に同居する者は、別に平民の名前を設くるに及ばず」――つまり武士になってから町や村に住む場合は、百姓・町人としての名前を設定して人別に入り、その名前で年貢や夫役など庶民としての義務を担ったこと。それを表向き、武士が百姓・町人宅に「同居」すると処理したが、本当に「同居」である場合と、自らが百姓町人としての名前を持ち、そこに「同居」と申請する壱人両名の場合があったことを説明している。

土地に関しては「役地田畑を買得る者は、別に平民籍名義を以て売買致すべく候、家来席名義を用ゆるを禁止す」「町村に於て役地・家屋敷・貸家等買得る者も、前同断」――つまり、身分違いの土地所有の場合、すべて「平民籍名義」で行い、「家来籍名義」（武士としての名前）を使ってはならない、つまり使い分けることが決まっていたという。なお盛岡藩の武士は、「通り名」と呼ぶ百姓名前を設定し、百姓地を所有していたことが確認されている（『秋田県史 第三巻 近世編下』）（これは第五章で述べた、萩藩と同様の処理といえる）。

武士になった場合の農・商業については、「家来席の者は、商業農業営むを禁止」「家来席の者、商業営む時は、別に平民籍名義にて営業の諸役相勤むる事」――つまり、武士が商業農業を行う場合、武士としての名では許されないので「平民籍名義」の併用によって行われていたという。

その名前と身分の使い分けについても述べている。「家来組付の何者の論無く、民籍名前へ仰《おおせ》付《つけ》られ候御用は、異儀なく相勤《あいつとめ》候事」「家来席名義より起る事件は、平民籍名義に相拘《あいかか》わらず候事」「平民籍名義営業より起る事件は、家来席名義に相拘わらず、一方に引受る事」「民籍の営業に付、士分の威権兼用するを禁止」などの慣習があったという。つまり、藩士として名前と町人としての名前は、本人が全く別人として使い分け、そのように扱われたと説明している（これもここまで確認できた通りである)。なおこれに関連して、「一人両名の者、家来席・平民籍同時に御用これ有り候節は、民籍代人差出候事」とも述べており、つまり「佐藤屋庄六」と「奈良伝右衛門」が同時に呼び出されたりしたら、町人の方は代人が出る慣習であったともいう。これは第六章で述べた百姓元三郎＝紅屋清助の例も思い出される。

花輪は壱人両名の慣習について、「斯《か》くの如く規定の明白なるは、独り南部家而已《のみ》ならず、諸大名御私領に於て、多く此の習慣これあり」と述べている。確かに本書がこれまで述べてきた、ほかの壱人両名とも符合するものばかりで、明らかに一定の信憑性が認められる。

「裁判官たる者の無知識」

しかし、社会の構造も壱人両名という言葉の意味もすっかり変わっていた明治二十六年（一八九三）に突然これを説明されて、すんなりと理解することは、かなり難しかったと思われる。東京控訴院《こうそいん》の裁判官小杉直吉は、花輪のいう壱人両名を全く理解できなかった。花輪は自分の説明する壱人両名が理解されぬもどかしさをこう憤慨している。「小杉直吉は、一人両名と云えば、今日の強窃盗《ごうせっとう》等が、初犯には南町修助名前にて刑を受け、二犯には北町の信助と云う名前にて刑を受けたるものと同然に思ふは、裁判官たる者の無知識なり」と。しかしこれを、小杉の「無知識」ということにはできまいと思う。

明治になって二十六年——。それは大きな歴史の中では、そう長い時間でもあるまい。だが一人の人間にとっては、決して短くはない時間である。この二十六年の間に、〝近代化〟の名のもとで、社会はあまりにも大きく変化していた。その変化は、かつて存在した壱人両名という作法・慣習を忘却の淵に沈め切るには、十分過ぎるものだったのである。

終章

壱人両名とは何だったのか

壱人両名の群像劇

本書には、江戸時代を生きた数多くの壱人両名の人物が登場した。平和裏に、淡々と壱人両名を続けた者もあれば、処罰を受けた者もあった。あっさりと白状した者、逆に凄《すご》んでみせた者、狐と狸の化かし合いの如きやりとりを繰り広げた者……。本書はそんな〝名もなき者〟たちの、壱人両名をめぐる人生の断片を、いわば群像劇的に示してきたともいえる。その群像劇を通じて、壱人両名の実態やその発生の事情は十分明らかになったものと思う。

壱人両名が存在した江戸時代は、もう遥か遠い昔のことには違いない。髷《まげ》を結って腰に刀を差した人間は現代にはもういなくなったし、江戸の大名屋敷は消えて高層ビル群に姿を変えた。古写真で見る江戸末期の姿はほとんど別世界の観すらある。江戸時代に当たり前であったものが、現代では想像することさえ困難になったものもある。いわゆる〝近代化〟とか〝文明の進歩〟とか、そう呼ばれているものとともに、日本人そのものがまるっきり変わってしまったようにも感じてしまう。

だが、壱人両名なる行為は、思いもよらない原始人の習慣のように、全く理解に苦しむようなものであったろうか。むしろ読者の多くは、次のような感想を抱いたのではなかろうか。

「なるほど、昔の人も、うまいことやっていたのだな」——と。

ありのままより建前を

社会には、秩序やルールというものがある。個人が銘々、ありのままの価値観に従って活動すれば社会は成り立たない。ゆえに、ルールに反し秩序を破壊する行為は当然認められないのである。だが秩序に反する行為や状態であっても、それを頑《かたくな》に許さないことが却《かえ》って不都合な事態を招くことがある。そのような場合、秩序そのものを改変・破壊することなく、何とか表向きの折り合いをつけて、それを認める方法が模索される。杓子定規に法・規則を適用するのではなく、秩序と実態との齟齬をうまい方便で解消して両方を成り立たせる、いわば融通の利いた柔軟な処理が希求されるのである。

例えば江戸時代、百姓が村で専業の医師になりたいとする。その場合、「百姓を辞めて医者になりたい」と事実ありのままに届け出ても、年貢を負担する百姓が離農して減少する事態を、領主は原則として容易に許可するわけにはいかない。しかし、「私は病身《びょうしん》で、百姓としての農作業ができません。ですから、しかたなく、村で医者になって生計を立てたい」と申請すると、領主は「病身なら仕方がないな」という体《てい》で、一代限りでこれを許可する慣行があった。本来認められないことだが、「病身なので仕方がない」という建前によって、従来の秩序を損ねることなく成立するのである。それは一代限りの約束であるから、当然その息子の代には百姓に戻ることになっていたが、実際にはこの手続きを繰り返すことで、代々村医者という状態も成立していた（内藤［一九八二］）。毎度毎度繰り返される「私は病身でして……」という建前的な申請が、社会の秩序において実際の支障をきたさない限り、領主は「本当に病身か？　どこが悪いんだ？」とか、「なんで医者になる奴は揃いも揃って病身なんだ」とか、問い質《ただ》すような真似はしない。わかりきった建前だからである。それを領主側が、真実なるものを優先し、「健康なのに病身などと嘘を言っている、許せない」として認めなかったら、単に村や地域の医療環境が悪化するだけではないか。それで最終的に困るのが領主自身であることぐらい明白であろう。

実際の個人の活動は、別に望み通り、ありのままでもよかろう。だが世の中に生きる社会の一員として、建前としてはありのままではなく、秩序を守り、筋を通して処理することが求められるのである。

それは不正か融通か

事実ありのままではなく建前を重視した処理は、百姓・町人たちばかりではなく、大名が幕府に対して行う手続きにおいても慣行化していた。例えば大名には、生前に相続者を選定して幕府に届け出ておかねばならない規則があった。届け出がない状態で大名の当主が死ねば相続は認められず、原則としてその大名家は断絶となる。しかし実際はそんな状態で当主が死んだ場合、家臣や親族たちがなお当主存命の体《てい》を装って、当主が病床から後継者を届け出るという手続きを行った。つまり「死ぬ前にちゃんと届け出ていた」という状況を建前として作り出すことで、無事に相続が認められたのである。このほか、相続人として幕府に届け出ている長男が死んだ場合、次男を長男本人ということにしてこれとすり替えた事例や、当主が十七歳未満で死去すると相続が認められないという先例上の規則を意識して、幕府に実年齢とは異なる年齢を届け出る年齢操作が、様々な事情によって常態化していた。これらはいずれも「公辺内分《こうへんないぶん》」と呼ばれ、幕府には一切秘密裏に進められた。しかしその内情は、実は幕府も承知の上であり、表向き知らない体で黙認していたのである（大森［二〇〇四］）。

仮に大名が相続人未届けで死去し、その家臣が「当主が相続人を選ぶ前に亡くなりました。でも相続は許して下さい」などと、幕府に泣きながら訴えたとしよう。人は事実ありのままに申告した彼を正直者だと言うだろうか。ほとんどの人は「もっとうまいことやれよ」と呆れるだけであろう。幕府としてはそんなありのままに歎願されても、表向きこれを認めてやるわけにはいかないのである。事実とは異なっていてもそういうことに擬装したほうが、お互い支障がなくて皆にとって喜ばしい結果になる。ゆえに、こうした建前的な処理が暗黙の了承下で行われるのである。

江戸時代の秩序観

真実なるものは、平穏な現状を犠牲にしてまで、強いて白日の下に曝《さら》される必要はない。事を荒立てることなく、世の中を穏便に推移させることこそが最優先されるべきであり、秩序は表向きにおいて守られていればよい——。そのように考えて、うまく融通を利かせて調整・処理するのが、長い天下泰平の期間に醸成されていった、江戸時代の秩序観なのである。

壱人両名は、その秩序観に基づいた顕著な方法であったといえる。特に非合法とされた壱人両名（第二章・図2－1）は、事実に即せば明らかに、支配される側の下位の者が、支配する側たる上位の者に虚偽の申告を行っている行為である。だが「支配」側が、それを「うまいことやっているだけ」だとして黙認していることも多い。ただ何かしらの要因でそれが表沙汰になった場合、その事実は、「上下の差別」を重視する社会の秩序に反するから、処罰せざるを得ないだけのことなのである。江戸時代の社会秩序は、極端に言えば、厳密に守られている必要はない。ただ建前として守られているという体裁がとられていることを重視するのである。

このような建前を重視した処理は現代の日本にも存在し、むしろ当然のこととも考えられていよう。建前と実態が違って、それをうまく調整することは〝嘘をついている〟虚偽・不正行為ではなく、融通を利かせて〝うまくやっている〟と認識される。もし、いかなる場合でも真実ありのままを明らかにせねばならないのだとしたら、社会の秩序も安寧も麻の如く混乱した末に、やがて崩壊せざるを得まい。

秩序立った社会とは、秩序に反する者が存在していないことではない。そのような者が存在していても、表面上、従来の秩序に反していない形をとることで、これまで同様の平静が保たれている状態全体のことをいうのである。秩序は、それに反する存在そのものではなく、その存在が表向き問題視され衆人の前に露呈することによって、脅《おびや》かされるのである。

但しこのような調整行為の本質は、真実に即して言えば明らかに虚偽・不正である。その本質による危うさもやはり見逃してはなるまい。この建前的な調整方法が、表向き堂々と明言されたり声高に推奨されたりしないのは、偏にその本質ゆえである。

目の見える盲僧

こんな事例がある。文化三年（一八〇六）五月、府内藩領に住む盲僧の慶山は、「実子の円慶は盲目ではないけれども、盲僧として自分の跡を継がせたい」と領主に願い出た。領主松平主膳正《しゅぜんのかみ》は「これを認めてよいのだろうか？」と、寺社奉行大久保安芸守に問い合わせた（『三奉行問答』）。寺社奉行はこう答えた。「目が見えるのなら、盲僧にはできない」と。当たり前である。しかし大久保はこう付け加えた。「盲僧の実子で、両目が悪くて、ほかの職業ができないのなら、跡相続を願い出た場合、許した例はある」と。大久保が、継承可能になりうる処理方法を暗に教えていることは明らかであろう。それは百姓が「病身なので医者になりたい」という申請が認められる建前と、何も変わるところがない。

しかし目の見える我が子を「盲僧」にしたがる慶山の行動は、己の財産や利権を息子に譲ろうとする利己的動機に過ぎないのではないか。いくらなんでも目が見えるのに盲僧ということにするなんて――と、現代人なら慶山に良い感情を抱く者はいないし、これを虚偽・不正行為と見るだろう。だがこれが、成り立つ融通か、成り立たない不正かは、同時代の周囲の人々がどうみなすかによって左右されたのである。

融通となるか不正となるか。その基準は、偏にその行為によって生じる結果が、社会にとって「迷惑」であるか否かによる。江戸時代において、多数の他者を苦しめ、既存の秩序を乱すことを「迷惑」という。その意味での「迷惑」をきたす人物の利己的行動が「我意《がい》」とか「我儘《わがまま》」と言われたことは既に見た通りである。江戸時代の秩序観は、社会の秩序を乱す「我意」を強烈に嫌悪して、その排除へと動き出す。建前と実態の乖離を調整する行為は、関係する者たちが「我意」・「迷惑」と認識した時には成り立たない。あるいは一旦〝融通の利いた調整〟として暗黙裡に了承されて成立しても、何らかの事情でその実情が表向きに露顕した時、たちまち虚偽・不正へと変わってしまうのである。

建前を重視した調整行為は、世の中を穏便に推移させる方法には違いない。だがその本質が虚偽・不正であるがゆえに、使い方次第で、それは毒にも薬にもなるものであった。

夢の跡

世の中にはいろいろな人間がいる。すべての人間が思い通りに平和に暮らしていくことは難しい。だが多くの人がそれなりに身勝手な自分の希望を叶えながら、平穏な日々を過ごしたいと考えている。そのためにはどうしたらよいか。他人に「迷惑」をかけず、誰もが「迷惑」を被らない平穏な社会であるためには、秩序を乱す「我意」を抑制・排除すること、そして現状の秩序が守られている状態を表面上作り出すことが、何よりも希求されたのである。

壱人両名は、このような江戸時代の秩序観に基づきつつ、社会の秩序を表向き維持して、波風を立てず現実的に推移させる、作法・慣習の一つであった。しかしその社会の大前提であった、江戸時代の各「支配」を基礎とする社会構造が、「国民」を一元的に管理する近代「国家」への改変に伴って否定されて変化したことにより、それは作法・慣習としての意味を喪失し、その存在は「国家」に不都合な「偽詐」として消滅させられていったのである。それは暗黙の了承下で行われていた調整行為であったがゆえに、やがて人々の記憶からも綺麗に忘れ去られていった。

けれども、壱人両名を作り出していた本音と建前のあり方、特に建前的な調整行為を是とする秩序観は、現代社会でも変わらないものではないか。壱人両名について、「昔の人も、うまいことやっていた」と現代人が感じるのは、社会の仕組みが変わった今でも、その秩序観自体は、まだ今のところ、日本人の底流にあるからであろう。

どういうことにすれば人は平穏に暮らしていけるか——。もはや消え去った、江戸時代の壱人両名は、それを追い求めた人々の、身近で切実な、夢の跡ともいえようか。

主な参考文献・出典史料

著書・論文

青山忠正『明治維新と国家形成』吉川弘文館、二〇〇〇年
青山忠正『明治維新の言語と史料』清文堂、二〇〇六年
青山忠正『明治維新（日本近世の歴史6）』吉川弘文館、二〇一二年
秋田県編『秋田県史 第三巻 近世編 下』一九七七年
朝尾直弘『朝尾直弘著作集 第七巻 身分制社会論』岩波書店、二〇〇四年
池田文書研究会「池田文書の研究（51）」、『日本医史学雑誌』第六十一巻第二号、二〇一五年
石川卓美編修『山口県近世史研究要覧』マツノ書店、一九七六年
磯田道史『近世大名家臣団の社会構造』東京大学出版会、二〇〇三年
井戸田博史『「家」に探る苗字となまえ』雄山閣出版、一九八六年
井戸田博史『氏と名と族称』法律文化社、二〇〇三年
井上智勝『近世の神社と朝廷権威』吉川弘文館、二〇〇七年
井上智勝「神道者」、高埜利彦編『シリーズ近世の身分的周縁1 民間に生きる宗教者』吉川弘文館、二〇〇〇年
岩淵令治『江戸武家地の研究』塙書房、二〇〇四年
氏家幹人『大江戸死体考』平凡社、一九九九年
海原亮『近世医療の社会史』吉川弘文館、二〇〇七年
大石慎三郎「江戸時代における戸籍について」、福島正夫編『戸籍制度と「家」制度』、東京大学出版会、一

九五九年
大竹秀男「江戸時代前期人別改考」、『法学』第三十巻一号、一九六六年
大竹秀男「江戸時代後期人別改考」、『神戸法学雑誌』第二十二巻一号、一九七二年
大藤修『近世農民と家・村・国家』吉川弘文館、一九九六年
大藤修『日本人の姓・苗字・名前』吉川弘文館、二〇一二年
大森映子『お家相続 大名家の苦闘』角川書店、二〇〇四年
奥村弘「明治初年の戸籍における「国民」把握と社会調査」、『部落問題研究』百十五号、一九九二年
奥村弘「地域社会の成立と展開」、歴史学研究会・日本史研究会編『日本史講座』第七巻、東京大学出版会、二〇〇五年
尾脇秀和「近世「壱人両名」考――身分・職分の分離と二重身分」、『歴史評論』七百三十二号、二〇一一年
尾脇秀和「吟味座席と身分・職分」、『日本歴史』七百六十六号、二〇一二年
尾脇秀和「近世禁裏御香水役人の実態――地下官人の職務・相続・身分格式」、『古文書研究』七十五号、二〇一三年
尾脇秀和『近世京都近郊の村と百姓』思文閣出版、二〇一四年A
尾脇秀和「地下官人と壱人両名の終焉――近世二重身分の作法とその解体」、『鷹陵史学』四十号、二〇一四年B
尾脇秀和「近世身分支配と壱人両名」、『鷹陵史学』四十一号、二〇一五年
尾脇秀和「近世地下官人「賛者」の実態と「町家兼帯」」、『古文書研究』八十二号、二〇一六年
尾脇秀和『刀の明治維新――「帯刀」は武士の特権か？』吉川弘文館、二〇一八年A
尾脇秀和「近世身分の移動・二重化と「人別」の取り扱い」、『日本歴史』八百三十九号、二〇一八年B
尾脇秀和「近世「名前」の終焉と近代「氏名」の成立――官位の通称利用の破綻とその影響」、『明治維新史

研究』十六号、二〇一九年
片倉比佐子『江戸の土地問題』同成社、二〇〇四年
鹿角市編『鹿角市史 第二巻 下』一九八七年
川島武宜『日本人の法意識』岩波書店、一九六七年
川西町史編さん委員会編『川西町史 通史編 上巻』一九八五年
久留島浩「牧士」、久留島浩編『シリーズ近世の身分的周縁 5 支配をささえる人々』吉川弘文館、二〇〇〇年
笹本正治『真継家と近世の鋳物師』思文閣出版、一九九六年
新見吉治『壬申戸籍成立に関する研究』日本学術振興会、一九五九年
新見吉治『改訂増補 下級士族の研究』日本学術振興会、一九六五年
高倉新一郎「松前出稼商人と戸籍」、『高倉新一郎著作集 第二巻』北海道出版企画センター、一九九五年
田原昇「江戸幕府御家人の抱入と暇」、『日本歴史』六百七十七号、二〇〇四年
千葉真由美『近世百姓の印と村社会』岩田書院、二〇一二年
塚田孝「身分的周縁論」、歴史学研究会・日本史研究会編『日本史講座』第六巻、東京大学出版会、二〇〇五年
戸石七生『むらと家を守った江戸時代の人びと』農山漁村文化協会、二〇一七年
内藤二郎『本百姓体制の研究』御茶の水書房、一九六八年
内藤二郎『本百姓体制の諸問題』八千代出版、一九八二年
西村慎太郎『近世朝廷社会と地下官人』吉川弘文館、二〇〇八年
馬場憲一「江戸幕府御家人株売買の実態について」、『古文書研究』三十六号、一九九二年
林董一「徳川幕府戸籍法研究序説（一）・（二）」、『名古屋大学法政論集』3（1）・（2）、一九五五年

林元「渡辺新七の「日記」にみる山口藩禄制改革」、『山口県史研究』第二十一号、二〇一三年
速水融『歴史人口学研究』藤原書店、二〇〇九年
日野町史編さん委員会編『近江日野の歴史』第七巻、二〇一二年
平塚理子「京都近郊豪農と門跡寺院」、京都府立総合資料館『資料館紀要』三十八号、二〇一〇年
平松義郎『近世刑事訴訟法の研究』創文社、一九六〇年
平松義郎『江戸の罪と罰』平凡社、二〇一〇年
深谷克己『江戸時代の身分願望』吉川弘文館、二〇〇六年
深谷克己『深谷克己近世史論集 第一巻』校倉書房、二〇〇九年
福島正夫編『戸籍制度と「家」制度』東京大学出版会、一九五九年
福島正夫『福島正夫著作集 第九巻』勁草書房、一九九六年
藤井譲治『徳川将軍家領知宛行制の研究』思文閣出版、二〇〇八年
藤田貞一郎「徳川期近江鋳物師の他国出稼」、『社会科学』四十七号、一九九一年
堀田幸義『近世武家の「個」と社会』刀水書房、二〇〇七年
松本良太『武家奉公人と都市社会』校倉書房、二〇一七年
水本邦彦『徳川の国家デザイン（全集 日本の歴史 第十巻）』小学館、二〇〇八年
水本邦彦『徳川社会論の視座』敬文社、二〇一三年
宮崎勝美「江戸の土地――大名・幕臣の土地問題」、吉田伸之編『日本の近世 9』、中央公論社、一九九二年
森本一彦「近世初期における宗門改帳の記載様式――美濃国安八郡楡俣村の事例」、『日本研究』二十四、二〇〇二年
安岡重明・天野雅敏『日本経営史 1 近世的経営の展開』岩波書店、一九九五年

山本英貴『江戸幕府大目付の研究』吉川弘文館、二〇一一年
横田冬彦「近世的身分制度の成立」、朝尾直弘編『日本の近世 7』、中央公論社、一九九二年
横山百合子「明治維新と近世身分制の解体」、歴史学研究会・日本史研究会編『日本史講座』第七巻、東京大学出版会、二〇〇五年A
横山百合子『明治維新と近世身分制の解体』山川出版社、二〇〇五年B
渡辺理絵『近世武家地の住民と屋敷管理』大阪大学出版会、二〇〇八年

主な史料（未刊行史料含む）

「安永撰要類集」国立国会図書館所蔵
「以上并武家御扶持人例書」石井良助監修・京都大学日本法史研究会編『近世法制史料集 第三巻』、創文社、一九七七年
石井良助・服藤弘司編『三奉行問答 問答集 1』創文社、一九九七年
石井良助・服藤弘司編『時宜指令・三奉行伺附札 問答集 2』創文社、一九九八年
石井良助・服藤弘司編『諸例撰要・諸家秘聞集 問答集 3』創文社、一九九九年
石井良助編『御仕置例類集』名著出版、一九七一—七四年。但し画像は国立国会図書館所蔵の原本を使用
石井良助校訂『徳川禁令考』創文社、一九五九—六一年
入間市史編さん室編『入間市史 近世史料編』一九八六年
岩生成一監修『京都御役所向大概覚書』清文堂出版、一九七三年
「越後国魚沼郡木落村文書」個人蔵
大阪府史編集室編『大阪府布令集 一』大阪府、一九七一年
岡山県史編纂委員会編『岡山県史 第二十五巻（津山藩文書）』一九八一年

「御仕置例」、前掲『近世法制史料集 第三巻』
金沢市史編さん委員会編『金沢市史 資料編 7』二〇〇二年
神沢杜口「翁草」、『日本随筆大成 23』、吉川弘文館、一九七八年
『寛政重修諸家譜（新訂）』続群書類従完成会、一九六四―六七年
京都町触研究会編『京都町触集成』岩波書店、一九八三―二〇一七年
「京都中大坂町山中家文書」佛教大学附属図書館所蔵
近世史料研究会編『正宝事録』第三巻、日本学術振興会、一九六六年
「吟味物口書一件」、石井良助監修・京都大学日本法史研究会編『近世法制史料集 第四巻』、創文社、一九七七年
近藤喜博編『白川家門人帳』清文堂出版、一九七二年
塩野適斎「桑都日記」国立公文書館所蔵
『祠曹雑識（一）内閣文庫所蔵史籍叢刊 第七巻』史籍研究会、一九八一年
「市中取締類集」国立国会図書館所蔵。『大日本近世史料』東京大学史料編纂所として刊行中
篠田鉱造『幕末百話』岩波書店、一九九六年
下橋敬長著・羽倉敬尚注『幕末の宮廷』平凡社、一九七九年
一宮市編『新編一宮市史 資料編 七』一九六七年
水利科学研究所監修・荒川秀俊校注『公裁録』地人書館、一九六三年
勢多章甫「思ひの儘の記」、『日本随筆大成 13』、吉川弘文館、一九七五年
「撰述格例」国立国会図書館所蔵
田端宏「〈史料紹介〉松前表出店之者名前等御尋之義ニ付御答書・松前出店人別一条写」、『松前藩と松前』第十三号、一九七九年

土井忠生・森田武・長南実編訳『邦訳 日葡辞書』岩波書店、一九八〇年
東海市史編さん委員会編『東海市史 資料編 第二巻』一九七四年
東京大学史料編纂所『大日本近世史料 市中取締類集 六』東京大学出版会、一九六六年
東京都太田区史編さん委員会編『大田区史（資料編）加藤家文書 2』一九八五年
中井竹山「草茅危言」、瀧本誠一編『日本経済大典』第二十三巻、啓明社、一九二九年
『南嶺子』寛延三〔一七五〇〕刊、国立国会図書館所蔵
新潟県編『新潟県史 資料編 九 近世四 佐渡編』一九八一年
花輪正撰『旧盛岡藩華族南部氏兇悪大略』岩手県立図書館所蔵
「藤井家文書」京都市歴史資料館紙焼写真帳
布施弥平治編『百箇条調書 第七巻』、新生社、一九六七年
武陽隠士『世事見聞録』青蛙房、一九六六年
「伯耆国河本郡本泉村山崎家文書」個人蔵
「前川五郎左衛門家文書」佛教大学附属図書館所蔵
松前町史編集室編『松前町史 通説編 第一巻下』一九八八年
三上景文著・正宗敦夫編・校訂『地下家伝』自治日報社、一九六八年
「宮華族地下宿所留」・「宮堂上諸官人以下宿所届」国立公文書館所蔵『雑種公文』のうち
宮代町教育委員会『東条原村岡安家文書（宮代町文化財調査報告書第十二集）』二〇〇三年
「向方御赦例書」国立国会図書館所蔵
「基量卿記」、『史料稿本』九十九編二十八冊、東京大学史料編纂所公開データベースより
藪田貫編『大坂西町奉行久須美祐明日記』清文堂出版、二〇一六年
山片蟠桃「夢ノ代」、水田紀久・有坂隆道校注『日本思想大系 43 富永仲基・山片蟠桃』岩波書店、一九七

三年
山口県文書館編集『山口県史料　近世編　法制　下』山口県文書館、一九七七年
「よしの冊子」、『随筆百花苑　第八・九巻』中央公論社、一九八〇―八一年
「類集撰要」国立国会図書館所蔵
「類例秘録」国立公文書館所蔵
和歌山県史編さん委員会編『和歌山県史　近世史料　二』一九八〇年

あとがき

私にとって壱人両名は、かれこれ十年ほど前から取り組んでいる研究テーマの一つである。本書はこれまでに発表してきた研究成果に基づきながら、これを一般向けに解説するために執筆したものである。

一人の人間が二つの名前を使い分け、百姓でありつつ武士でもあったりする――本書で見た壱人両名の者たちは、一般的な江戸時代のイメージをいろんな意味で裏切ってくれただろう。それは単に〝面白い〟だけの話ではない。〝なぜそんなことをしているのか〟を考察したとき、現代社会とは異なる江戸時代の社会の仕組みや、そこに生きた人々の価値観、秩序観……いろいろなものがみえてくるのである。

そんな壱人両名について――「壱人両名」という言葉そのものも含め――、前々から一般にも広く知られてほしい事象だと考えていた。そのような思いのあったところに、今回「壱人両名」を書名として、書き下ろしの一般書を上梓することが叶ったのは、実に望外の喜びである。

本書が出来たのは、神戸大学経済経営研究所の高槻泰郎氏から、NHKブックス編集部の倉園哲氏を紹介されたことがきっかけである。ちょうど、江戸時代から明治初年の「帯刀《たいとう》」の変遷を扱った前著『刀の明治維新――「帯刀」は武士の特権か？』（歴史文化ライブラリー472、吉川弘文館、二〇一八年）の執筆が、終盤に差し掛かっていた頃のことであった。本書はこの前著に引き続いての仕事となったが、その余勢を駆って一気呵成に――というわけにもいかなかった。それは、この機会に「壱人両名」を改めて整理しようと思った、全く自身の都合もあったが、壱人両名を理解するのに必要な江戸時代の社会についての前提を、一般教養書としてはどのように説明するか、また複雑な事例の場合、どこまで省略して要約するか――などといったことに、予想以上に呻吟したからである。

そんななか私が生来の懶惰にも流れず、なんとか一書を纏め得たのは、倉園氏の叱咤激励によるものである。結局丸一年ほどかかってしまったが、今は無事に出版できることに、とりあえず胸を撫で下ろしている。

本書やそのもとになった研究成果は、さまざまな方々のご協力、ご理解、ご支援があってできたものである。それらすべての方々に、衷心より謝意を表したい。

平成三十一年三月

尾脇秀和

尾脇秀和（おわき・ひでかず）
1983年、京都府生まれ。佛教大学大学院文学研究科博士後期課程修了、博士（文学）。
現在、神戸大学経済経営研究所研究員、佛教大学非常勤講師。専門は日本近世史。
著書に『近世京都近郊の村と百姓』（思文閣出版）、『刀の明治維新――「帯刀」は武士の特権か?』（吉川弘文館）がある。

NHK *BOOKS* 1256

壱人両名
江戸日本の知られざる二重身分

2019年4月25日　第1刷発行
2019年8月　5日　第3刷発行

著　者　**尾脇秀和**
発行者　**森永公紀**
発行所　**NHK出版**
東京都渋谷区宇田川町41-1　郵便番号150-8081
電話 0570-002-247（編集）　0570-000-321（注文）
ホームページ　http://www.nhk-book.co.jp
振替　00110-1-49701
装幀者　**水戸部 功**
印　刷　**三秀舎・近代美術**
製　本　**三森製本所**

Printed in Japan　ISBN978-4-14-091256-0 C1321

NHK BOOKS

＊歴史（Ⅰ）

出雲の古代史　門脇禎二
法隆寺を支えた木［改版］　西岡常一／小原二郎
「明治」という国家［新装版］　司馬遼太郎
「昭和」という国家　司馬遼太郎
日本文明と近代西洋―「鎖国」再考―　川勝平太
百人一首の歴史学　関　幸彦
戦場の精神史―武士道という幻影―　佐伯真一
知られざる日本―山村の語る歴史世界―　白水　智
古文書はいかに歴史を描くのか―フィールドワークがつなぐ過去と未来―　白水　智
日本という方法―おもかげ・うつろいの文化―　松岡正剛
関ヶ原前夜―西軍大名たちの戦い―　光成準治
江戸に学ぶ日本のかたち　山本博文
天孫降臨の夢―藤原不比等のプロジェクト―　大山誠一
親鸞再考―僧にあらず、俗にあらず―　松尾剛次
陰陽道の発見　山下克明
女たちの明治維新　鈴木由紀子
山県有朋と明治国家　井上寿一
明治〈美人〉論―メディアは女性をどう変えたか―　佐伯順子
『平家物語』の再誕―創られた国民叙事詩―　大津雄一
歴史をみる眼　堀米庸三
天皇のページェント―近代日本の歴史民族誌から―　T・フジタニ
禹王と日本人―「治水神」がつなぐ東アジア―　王　敏
江戸日本の転換点―水田の激増は何をもたらしたか―　武井弘一
外務官僚たちの太平洋戦争　佐藤元英
天智朝と東アジア―唐の支配から律令国家へ―　中村修也
英語と日本軍―知られざる外国語教育史―　江利川春雄
象徴天皇制の成立―昭和天皇と宮中の「葛藤」―　茶谷誠一
維新史再考―公議・王政から集権・脱身分化へ―　三谷　博
壱人両名―江戸日本の知られざる二重身分―　尾脇秀和

※在庫品切れの際はご容赦下さい。